阿部謹也自伝

阿部謹也
ABE KINYA

新潮社

阿部謹也自伝　目次

装幀・新潮社装幀室

阿部謹也自伝

第一章

この世に生を受けて私が最初に見た世界がどのようなものであったのかは今では確定できない。おぼろげながら記憶に残っている像を集めてみるといくつかの場面が残っていることに気づく。前後は定かではないが、一つは蚊帳である。夜遅くふと目を覚ましたとき、周りはぼんやりとした霧のようなもので覆われていた。その外には何があるのか解らず、母の名を呼んで泣いた記憶がある。母は私が何に怯えているのか解らなかったようだが、悪い夢でも見たと思ったのだろう。抱きしめて慰めてくれた。そのときには私も解らなかったのだが、翌朝目が覚めてみると私は蚊帳の中にいた。そのとき蚊帳を手に取ってみてはじめて昨夜の恐怖が何であったのかが解った。蚊帳を吊ったときも私は手伝ったらしいのだが、夢の中ではその蚊帳の記憶が全く消えていて、恐ろしいものに囲まれているという感じしかなかった。蚊帳を手に取ってみてこれが何故怖かったのか不思議でしょうがなかった。このような断片的な記憶はかなり残っているので、それらをまず集めてみてから私の幼年時について考えてみることにしよう。まず私が住んでいた場所からみていこう。

神田の頃

私は昭和十年（一九三五）の二月十九日に東京の神田で生まれた。家は本郷の金助町（小売り）と神田の末広町（卸）にあった。父親が自転車製造販売の仕事をしていたため、本郷には工場もあった。私は主として金助町の家にいたが、時々鎌倉の別荘に出かけた。鎌倉の家は今でも建っているが、当時の江ノ電の駅琵琶小路のそばにあり、鎌倉第一国民学校の懐の中にあるような家だった。私は正門ではなく、学校の破れた垣根をくぐり抜けて登校していた。本郷と鎌倉を二つの中心として私の幼年時が過ぎていったのである。

末広町の家はお成街道に面していた。この名はかつて徳川吉宗が上野の寛永寺に参詣するために通ったところからつけられたといわれているが、今では中央通りと変えられている。

卸売りの店だったから、子供には面白いものもなく、私は家の前の歩道の四角い敷石の周囲のゴミとも泥ともつかないものを折れ釘でほじくり出して遊んでいた。その私の周りを大人の靴が通り過ぎていったが、誰一人として私に気がつく者もいなかった。今でもある黒焼きの店は私の家の四、五軒先にあった。その店のガラス瓶の中の黒焼きをいつもこわごわ眺めた記憶がある。うさぎやのどらやきが私のおやつで、秋葉原から黒門町の間が私の世界であった。店の番頭にこうどんという人がいて、ある時親に断って私を連れだしたことがある。浅草にゆき、奥の方の大きな家に入った。広い部屋につれてゆかれ、こうどんはいつのまにかいなくなり、部屋の中央の火鉢のそばに座っているとお婆さんが入ってきて、お菓子を貰った。どれくらい時間が経ったのかは解らないが、こうどんが戻ってきて、家に帰った。こうどんが今日のことは親には黙っていろといったところから見て、今から思えばあれは遊郭であったのだろう。これが私が遊郭に行った最初で最後のことである。

家には私のねえやと姉のねえやがいた。私のねえやは大宮の出身で時々大宮に帰った。ある時私が店の階段でぼんやりしていると階段の拭き掃除をしていたねえやがいきなり「見たな」といったのでびっくりさせられた。上から階段を拭きながら下りてきたねえやのスカートの中が見える位置に私がいたのである。その瞬間は意味が解らず、ただびっくりしただけであったが、かなり後でその意味が解った。下で机に向かっていた父親がねえやの声で顔を上げたのが私には気になった。何か悪いことをしたらしいということは解ったが、何が悪かったのかは解らなかった。性の問題はこのようにして幼年期の私に外から近づいていたのである。

神田の家の中央には坪庭があり、その向こう側に六畳間くらいの離れがあった。そこにはお婆さんが住んでいたが、その人がどういう関係の人かは今となっては解らない。母に聴いたところでは親戚ではないらしい。父が何らかの関係で引き取ってきた人だという。私はしばしばその離れに行き、おやつを貰った。彼女はいつも私が行くと必ずおやつをくれたのである。現在の核家族化した家庭と違ってあのころはいわゆる他人が家にともに住んでいる場合も多かった。私の知人が函館の大火で焼け出されたとき、一緒に逃げたお婆さんに身寄りがなかったので引き取ってともに住んでいた例もある。

私の父親は母と十八年《とし》が違っていた。母は十八歳の時、後妻として阿部の家に入ったが、そのとき長男と次男、長女の三人の子供がいた。長女は母と三歳しか年が違わず、この頃は東京女子大学の学生であった。長男は家で働いていたように思うが、次男は慶応大学の学生であった。次男の日出男は大学の仲間とともに夏休みを鎌倉の家ですごそうとしていた。そのとき私も連れてゆくという話になっていたが、大学生としてはまだ三、四歳の子供を連れてゆくのがいやで、私を連れずに出かけてしまった。それを知った私はひとしきり、騒いで、泣いたらしい。父親はそれを見て珍しく私を連れて外に出た。家から少し離れたところに模型飛行機の店があった。そのショーウインドウには絹張りの四角い胴をもった模型飛行機が飾られていた。私がそれを欲しがっていたことをどうして父親が知っていたのだろう。それを買って貰い、私はさっきまで泣いていたのに意気揚々として家に帰った。

家にいた店員達が興奮して二階の二つの部屋を開け放し、机を三つ並べて、滑走させ、飛び立たせようとした。確かに飛行機は飛び上がったが、その瞬間に窓にぶつかってしまった。私はその夜この飛行機を抱いて寝た。私が父親と二人で歩いたのはこのときだけのような気がする。父親は遠い存在で、恐ろしく、親しみがもてなかった。ある時父親の部屋から客と話をしている父親の声がした。確かに父親の声なのだが、どこかが違うのである。奇妙に思って隙間から覗いてみるとしゃべっているのは確かに父親であるが、その言葉が違っているのである。父親は高松の出身でこのときはその地方の言葉をしゃべっていたらしい。私ははじめて方言というものに接し、父親の中にある異質なものの存在を知って、父親のイメージが少し違って見えるような気がした。

家の階段の途中に棚があって、そこに大きな酒樽が三つも置かれていた。そばには杯も置かれていた。家に来た客が帰るとき、それを見てちょっと一杯やったりしているのを上からそっと見て、「美味いだろう」と声をかけるのが父親の好きな瞬間であった。そのくせ自分は酒を全く飲めず、かなり後のことだが、たまに鎌倉の家に来た父親が酒を出せというとき、母は私の見ている前でみりんなどを上手に混ぜて酒らしきものを作り、食卓に出し、あとで「お父さんは解らなかったよ」と話していた。暮れになると風呂場の入り口に鴨がたくさん吊されていた。下から見上げ、到底空を飛んでいたようには見えない鴨のだらりとした姿を眺めていた。

父親は写真が趣味で、ライカやローライを持っており、自分の書斎を暗室にして現像などもやっていた。暗室用に造られた部屋ではないから、他の部屋で電気をつけると書斎から、「電気をつけるな」と叫び、その都度私たちは真っ暗な中で過ごさなければならなかった。今でもその頃の写真があるが、父親は上高地の河童橋の上や大島での乗馬姿でうつっている。

父は、十代で高松から東京に出て、自転車屋に奉公し、自分から亀どんを名乗り、すべてをゆっくりやりますからと言って働いたと自分では言っていた。しかし実質はせっかちな人で、ゆったりとしたところなどはなかったと思う。人の噂では関東大震災の時に焼けた自転車を回収し、それにペンキを塗って売り、儲けたといわれていたらしい。焼けた自転車にペンキを塗っても売れるとは思えないから、これはやっかみからきた誹謗だと思われるが、確かにやり手ではあったらしい。私は先ほどの飛行機の時以外、父と話をした記憶もない。道で遊んでいるときに父親が通りかかると友達が「阿部君のお父さんだ」と声をかけても、私はそちらを向かず、黙っていた。そのことを父親は母にこぼしたらしい。しかしついに父親と親しい関係を結ぶことなく時は過ぎていった。

私は幼い頃身体が弱く、小学校に入学したときには病弱な子供を集めた養護学級に入れられていた。太陽灯照射をさせられ、肝油を飲まされていた。太陽灯は最近は見られなくなったが、大きな円筒の囲いの中心に太陽灯が光っており、子供達はその円周に少しの間立っているのである。確かサングラスのようなものをつけていた記憶がある。肝油は当時甘いものが少なくなっていたために、たった一個でもうれしかった。行進の時にも右足と右腕が一緒に前に出たりして、体操の時間はいつも恥をかいていた。そのような私の状態を見て、父は母に「横須賀の海軍工廠の職工にすればいいよ」と言っていたらしい。

私の姉は二歳上で、神田にいた頃はもっぱら姉たちと遊んでいた。姉の友達に何人かの娘さん達がいて、おままごとなどをするときには私も一緒であった。その中でも恭子ちゃんという近所の娘が私を特に可愛がってくれたことを覚えている。髪を長くのばし、目が大きな子で、ままごとの時にはいつも私の母親の役をしていた。私の下に妹が二人いたが、末の妹は鎌倉で生まれたので、神田とは縁がなかった。私が五歳、姉が七歳、妹が三歳の時の七五三の写真が残っている。神田の店の前で撮ったもので、撮影の時のことも覚えている。姉は和服を着ていたので、妹はそれを羨ましがってだだをこねていた。私は水兵服で眉間に皺を寄せて写っている。

この頃の私には周囲の出来事が自分とは関係なく過ぎていくように思われた。たとえば七五三の撮影の時もそうであった。妹がだだをこねていることは解っていたが、それはただ私の目に映っていた光景にすぎなかった。七五三の行事そのものもそうであった。親たちや店の者たちは可愛いねとかいろいろいっていたが、私には無縁なことが進行しているという風に受け取っていた。幼年時の出来事のすべてがそのように受け止められていたように思える。この頃のことを思い出そうとすると、薄皮を通してものを見ていたように思える。現在の自分の幼いときのことには違いはないのだが、現在の自分の前身がそこにあったと言うよりは、違った次元で生きていた別の

父・阿部清太郎。四十代後半の頃。
この数年後に亡くなった。

昭和十四年、末広町の自宅前にて。
七五三のお祝いの日。

自分のような気がするのである。それは何故なのだろうか。私には自我が形成される以前の自己のあり方と関係があるように思える。

現在の自分から幼い頃を思い出そうとすると、現在の自分に流れ込んでくる道筋を見ようとすることになる。しかし現在の自分と幼年時の自分との間には大きな距離があり、自然に現在の自分に流れ込んでいるようには見えないのである。その意味では、この文章はしばらく、自我が形成される以前の自己の探求ということになるだろう。

鎌倉の暮らし

鎌倉の家は玄関に四畳半、その奥に六畳の部屋が三つの小さな家であった。門を入ると狭い庭になっていて、玄関のところに内庭の入り口があった。内庭には父親が灯籠をおいたが、苔がつくのが待ちきれず、頭の部分を地面におろして早く苔がつくようにしていた。いつも頭がない灯籠を見ていたことになる。狭い庭なのにいろいろと木を植え、庭は薄暗くなっていた。その灯籠のそばで写した国民学校に入学したときの私の記念写真がある。慶応型の服を着て、黒い帽子をかぶった姿で撮っている。そのときのことも良く覚えている。鎌倉第一国民学校といい、現在は鎌倉第一小学校となっている。私の担任はお寺のお坊さんであったが、戦時のこと故、丸坊主で、国民服を着ていたから、最初は坊さんだということに気がつかなかった。ある時友達と先生の話をしていて、その友達が先生が坊さんだということを信じなかったので、私が確かめてみると約束した。たまたま私の家の法事の時でもあったので、母親に相談もせず、いきなり先生に家に法事に来てくださいと頼んだのである。先生はびっくりした顔をしていたが、その日になると衣を身につけてきてくださった。あとで母親に叱られたが、そのときの先生の顔も忘れられない。

私は学校が嫌いであった。すでに述べたように私の家は学校の懐の中にあるような家であったから、いつも生徒の声が聞こえていた。たまに風邪を引いたりして学校を休むと、こたつに入って父親の席に座り、時ならぬ食事などをしているとき、学校の生徒の声が聞こえてくる。そのようなとき幸せな感を深くしていた。私はしばしばずる休みをした。風邪くらいが適当なのだが、お腹を壊したとか、お腹が痛いなどというとご飯を食べさせてもらえないので、頭が痛いとかいろいろ工夫してできるだけ学校を休もうとしていた。

戦時中であったから禊をするためによく海までクラス全員で走ってゆくことがあった。そのような時私は一の鳥居の下をくぐらず、一人だけ鳥居を廻って走った。当然先生が走ってきて「阿部お前は何をしているんだ」と叱る。そこで私が「父が死んだので鳥居をくぐってはいけないのです」と答えると先生も仕方なく、それを認めるのである。その日の朝も鳥居をくぐって登校していたのだが。私の父は昭和十八年一月八日に死んだ。肝硬変であった。その知らせが入ったとき私たちは鎌倉にいた。皆で東京に向かう車中で私が鼻血を出した。すると義姉が「お父さんはもう駄目だ」と言った。肉親が死に掛けている時に鼻血などの出血をするものがいるとその肉親は助からないのだという。そのときは私のせいで父が死ぬのかと不思議で気味が悪い気がしたが、このことは後年に中世史研究の中で思い出すことになる。

「神判の世界とケガレ」を書いているとき、参籠起請の問題に行き当たった。鎌倉幕府法の中の文暦二年（一二三五）の式目追加に起請文失《しつ》条の編目として「鼻血を出すこと」があげられている。誓いを立てて参籠している者の身に何かが起こったとき、その者の起請は偽りとされたのである。その一つに鼻血があった。状況はかなり異なっているが、近親に死者が出ることも同じ失にあげられており、八百年の時を隔てて呪術的な観念が伝えられていることになる。義姉は後に高野山で尼となったから、そのような感覚を普段も持っていたのかもしれないが、鎌倉という土地の性格も与かっていたように思う。私の家の近くに和田塚があった。和田塚で遊んでいるときに拾った骨などを持って帰ると母にひどく叱られたものである。和田一族のタタリがあるというのである。

友達の家に遊びに行ったときなど、私たちは赤土に掘られた横穴を遊び場にしていたが、それがヤグラ(谷倉)であり、中世の墓所であることなどは知らなかった。友達の家などではヤグラを物置きにしていることもあった。鎌倉を思い出すときにまず最初に浮かんでくるのは土である。東京や川越そのほか北海道やドイツなどでも暮らしたが、鎌倉のような土はなかった。どこへ行っても柔らかな土が滑らかにそして平らに広がっているのである。長い間かけて人々が踏み固めてきた土なのである。私はそのような場所で育ったから、土が汚いものだとはまったく思っていなかった。私はその土の上に釘で絵を描いたりしていた。

東京と鎌倉の違いはその他には何よりも海であった。鎌倉に行くということは私には海に行くのと等しかった。私の家は由比ヶ浜に近く、当時は細い道を少し歩くと若宮大路の先の一の鳥居に出た。そこは松林の中で、松林を抜けると由比ヶ浜であった。夏になると森永や明治の出店が出て、松林の中ですでに海浜の賑わいが聞こえてきた。あるときふと今日は海に行っていないということに気がついた。母に「海にいこう」というと「海はおしまいなの」というだけで、連れ

小学校入学前。中央でしゃがんでいるのが著者。すぐ後ろが母。母の右に大宮のねえや。鎌倉・由比ヶ浜にて。

て行ってくれない。何度も何度も駄々をこねたらしい。ついに父が「連れて行ってやれ」といったので私は嬉々として水着を着てタオル地の上着を羽織り、ぶつぶつ言っている母と一緒にでかけた。松林を過ぎてもいつもの音楽がきこえてこないのである。変だなとは思ったが、海辺に出たとき、あっと思った。森永の店も明治の店もなく、人っ子一人見えないのである。ついこの間までの喧騒はどこへ行ってしまったのだろう。それだけではない。海からの強い風が私の足に砂を吹きつけ、足が痛いのである。私は「足が痛いよ足が痛いよ」といって母のスカートにまつわりついた。このとき初めて夏が終わるということ、つまり季節が終わるということを知ったのだと思う。あのときの砂の痛さは今でも覚えている。

海辺への道にあった松林は今はもうすっかりなくなっているが、戦争が激しくなったころ、足りない食料を補うために母がその松林に小さな畠を作ったことがあった。地主に借りたのかどうかは定かではないが、トマトやナスなどわずかな野菜を作っていた。私も畠つくりを手伝い、陽が当たらない小さな畠を楽しみにしていた。勿論それだけでは足りず、母はしばしば買出しに出かけていった。江ノ電に乗って藤沢まで行ったらしい。当時一番下の妹は三歳で、母はその妹を背負って買出しに行った。「一緒に行った仲間は何も背負っていないのに、私は最初から背負っているのだから、沢山は買出しが出来ない」とこぼしていた。買出しのつど母の着物が消えていった。私たちは母がでかけている間、家で待っていたが、そろそろ帰る時間となると私は江ノ電が琵琶小路に停車する音が聞こえると、そこから一歩一歩数えて母の歩く距離を測り、「ほら今踏み切りのところだ、いま玄関の前だ」と妹を励ますようにして自分も待っていた。私の言葉に合わせたように母が玄関の戸を開けたこともあった。しかし母が何も持たずに帰ってくることもあった。警察の経済課につかまって姉と買出しした芋などを没収されたのである。

戦争の初期にはまだ由比ヶ浜で地引き網も行われていた。私は網を引くというよりも網にぶら下がるようにして手伝い、バケツいっぱいの魚をもらって帰った。それを灯籠と梅の木の間に張った網の上で乾燥させた。乾いてきたころそれをつまむととても美味しかった。私が小さな魚などをつまんで食べているのを見ては母は「卑しい真似をする」といって悲しんでいた。このころ私が最も美味しいとおもっていたのはメリケン粉を溶いて油を引いたフライパンで焼いたものである。甘みも充分でないこのパンが最大の楽しみであった。戦前には母はよくドーナッツを作ってくれた。その記憶がなくなったわけでもないのに、戦争が厳しくなり食料がなくなると、メリケン粉のパンだけで私は満足し、ドーナッツのことなど思い出しもしなかった。

この頃家にはかなりのレコードがあった。私が聴いていたのは童謡が主であったが、中にはミス・ワカナのレコードもあり、落語というべきか、漫才というべきかそういうものにも親しんでいた。童謡には「ドーナッツの歌」や「ふきあげる」、題名は忘れたが、「叔父さん小児科子供好き、自転車売ってダットサン買った。チリリはよしてブーブーと鳴らす」という歌もあった。これらのレコードは何時の頃からか失われてしまい、その後この種の歌を聴いたこともない。私にとっては懐かしい幼年期の音の世界の一部であった。

戦争の末期には鎌倉の喫茶店などもたいていは店仕舞いをしていた。大町の駅の傍にあった凮月堂でジュースを売っていると言う噂が伝わったことがある。母が私に買ってくるようにいったので鍋を持って出かけていった。店のテーブルに着くとまわりは水兵ばかりであった。買い物に慣れていなかった私はジュースを五人前頼んでテーブルに座っていた。ガラスのコップに入ったジュースが五人前きたところでそれを皆鍋に空けた。近くにいた水兵がそれを見てアーアーと言ったので目だってしまい、恥ずかしかったが黙って鍋を抱えて帰った。この凮月堂は数年前まで営業していたが、最近鎌倉に行ったときにはもう店はなくなっていた。幼いころの記憶に残っている店がなくなることは寂しいものである。

またあるときは東京にでかけた帰りに駅前の森永だったか明治だったかの店に入ったことがある。そのときには焼きリンゴだけしかなかった。戦争末期に食べた焼きリンゴは別世界の味といってもよいほど美味しかった。

戦争中の食べ物といえばもう一つ忘れられないことがある。神田の店で働いていた松どんが横須賀の海軍基地にいた。彼の家はどこであったか覚えていないが地方であったから休暇にも帰ることが出来ず、鎌倉の家によくやってきた。松どんが来るのを私は楽しみにしていた。彼は家に来るとまず上着を逆さに持ち上げて振るうのである。そうすると上着の中からチョコレートや飴など当時は珍しくなっていた菓子が沢山降ってきたからである。酒保（兵営内の売店）ではそのような品が手に入ったが、持ち出しは禁じられていたらしい。松どんは私たちのために禁を破って持ち出してくれたのである。松どんが来た最後の日のことを覚えている。彼は翔鶴と言う航空母艦に乗っていたらしい。あるとき帰り際に母に「これが最後だと思います」といっていた。実際それ以後帰ってはこなかった。彼が乗っていた航空母艦翔鶴は昭和十九年六月にサイパン島の西の海上で魚雷を受け、沈没している。彼はハンカチを忘れていった。母が追いかけて渡すように言うので私が追いかけた。ところが松どんは歩くのが速く、追いつけないのである。六地蔵から若宮大路に入っても追いつけず、横須賀線のガードのところに当時は公衆便所があり、松どんがそこに入った間にようやく追いついてハンカチを渡すことが出来た。今でもがっしりとした松どんの背中を覚えている。

私の姉が同じ鎌倉の小学校に入ったときのことである。運動会に母と私も出かけていった。ぎっしりと集まった人々の中にようやく席をとり、座った後で母が何かを忘れてきたから家にとりに行ってくるといい、その間この場所を動いてはいけないといって戻っていった。母がいなくなると不安になった私は門のところまで出ていって母を待っていた。人込みの中から母の姿が見えた。そのとき私は何故か母がとても美しい女性に見えたのである。母はいっておいたのに席を動いてしまった私のことを叱っていたが、私はその言葉よりも母が帰ってきたことをうれしく思い、ただぼんやりとしていた。私はこのとき五歳くらいであったと思うが、おそらく当時の私は母を異性として憧れの感じを持っていたのだと思う。

姉のほかに妹が二人いた。二人とも現在はアメリカとカナダにいるが、母と兄弟姉妹の関係について話が出ると二人とも「お兄さんは特別だったのよ」という。私の母に対する感情に母も多少は応えてくれていたらしい。近所で葬式があり、母が出席できないときなど、私が母の代理として出かけてゆくことがあった。小学校の二年生が親の代わりに出て行くことは当時としても珍しかったらしい。母は近所の人たちがどのように私を遇したかを聞き出し、満足が行かないときにはそれなりの対応をしたらしい。その種のことは親戚との間でも起こった。東京の親戚の家にお使いに行ったとき、ちょうどその家では食事をしようとしていた。私は呼ばれないまま鎌倉まで戻ったのだが、その話を聞いた母はすぐに東京の親戚の家まで出かけてゆき、小学生が東京まで鎌倉からお使いに出たのに、食事もさせずに帰すとは何事かと文句を言ったらしい。何か手土産をもらって帰ってきた母からその話を聞いたことがある。父親がいないために馬鹿にされまいという気持ちが強かったように思う。

母は大正元年の生まれだから、当時三十過ぎであったと思う。若くて美しかったから、未亡人となると多くの男が寄ってきた。私は子供だったが、家に来る男については大体見当はついていた。中には私をだしにする人もいた。私の三輪車が壊れたとき、たまたまそれを見つけた人がいた。その人はわざわざ家に来て母親に三輪車を直してあげようといった。私は嬉しかったから、親切な人だと思っていた。母が三輪車の修理に気が進まないのを知って最初は不思議だったが、やがて理由が分かった。その男が母に言い寄っていたらしいのである。このようなことはしばしばあった。私の母に対する気持ちはそのようなことがある度に強まっていった。

小学校にて

鎌倉第一国民学校に入学したとき、どういうわけか私は養護学級に入れられた。特に病身ではなかったが、早生まれで他の子よりも成長が遅れていたためかもしれない。養護学級の授業が他の学級の授業とどのように違っていたのかは記憶がない。一年後には通常学級にもどった。

私が国民学校に入学したのは昭和十六年のことであった。この年の十二月には日本は英米両国と開戦することになる。そのような時代の影はすでに一年生の授業にも表れていた。今では信じられないかもしれないが、私の一年の担任の女性教師は国語の時間に北畠親房の『神皇正統記』の部分を読ませ、暗記させたのである。幼年時の記憶は確かなもので、私はそのときの文章を今

姉と妹と一緒に。

鎌倉の家で、父がお気に入りの灯籠と並んで。

鎌倉第一国民学校。最後列左より二番目が著者。

でも覚えている。

「『言語ハ君子ノ枢機ナリ』トイヘリ。アカラサマニモ君ヲナイガシロニシ、人ニオゴルコトアルベカラヌコトニコソ。サキニシルシハベリシゴトク、カタキ氷ハ霜ヲフムヨリイタルナラヒナレバ、乱臣賊子ト云者ハ、ソノハジメ心コトバヲツツシマザルヨリイデクル也。世ノ中ノオトロフルト申ハ、日月ノ光ノカハルニモアラズ、草木ノ色ノアラタマルニモアラジ。人ノ心ノアシクナリ行ヲ末世トハイヘルニヤ」

私は当時暗記が得意であったから、これだけでなく、歴代天皇の名なども今上天皇まで暗記していた。しかしこの文章を教師がどのように解説したのかは記憶していない。私の学校は鎌倉にあったし、当時は後醍醐天皇に関する説話をしばしば校長先生などからも聞かされていたから、南北朝の話があったのだと思う。

鎌倉という町には史跡が多い。一の鳥居の傍にも畠山重保の墓がある。重保は畠山重忠の子で、重保が元久二年（一二〇五）に北条時政とこの地、すなわち重忠の屋敷跡で戦ったことが現在は碑の中で記されている。重保についてはそれ以外の言及はない。しかし私は小学生のときこのそばに住んでいたために重忠の屋敷跡の前を通りかかることがおおかったが、そのころ私には重保は咳の神様として受け止められていた。話に聴いたのか、当時書かれたものがあって、それを読んだのかは定かでないが、重保が戦っている最中に味方が駆けつけた。暗闇の中で味方はどちらが重保かわからず、「どちらが重保か」と尋ねた。そのとき重保は咳が激しくて返事が出来なかったために、味方に討たれてしまったと言うのである。そのために重保は咳の神様としていままでも敬われていると言われていた。私はながい間この話を信じていたが、今はそれを確かめるすべもない。

家の近くに和田塚がある。和田義盛一族の怨念が今に生きていると鎌倉の人は信じていたのである。小学生だった私には和田義盛がどのような人であったか知る由もなかったが、たまたま家には『日本国史絵物語』という本があった。木村小舟著で昭和十七年に刊行されている。一日単位で歴史上の記念すべき日を絵と文章で解説したもので、その中に和田の合戦があった。建保元年（一二一三）五月和田義盛は北条氏を攻めたが、義盛を始め皆討ち死にし、幕府の権力は北条氏の手に帰したとある。この書物を読んでいると鎌倉は死者の町という印象を受ける。北条氏の敵となったものは皆殺されていた。

私にはこの本は大変興味深く、いつも覗いては今日はどのような日か知ろうとしていた。そのほかに例えば建保四年十一月に実朝が宋に渡ろうとして船を作らせたことが描かれている。陳和《ちんな》卿《けい》を呼び寄せて大船を作らせたが、あいにく由比ヶ浜は遠浅で、船が浮かばなかったとある。私が毎日見ている由比ヶ浜でそのようなことがあったということを知り、たいへん興味を引かれた。この船は結局朽ちるにまかされたとあったので、私は浜で古い木切れなどを拾うとそれが実朝の船の一部分ではないかなどと想像したものである。実際のところは遠浅のためというよりは将軍の渡宋に困惑した幕府が船が動かないように細工したためという説もあるらしい。将軍の身でありながら、自分の前世の地医王山を見るという計画を立てた実朝という人物に、私はたいへん関心を持った。由比ヶ浜に立って、自分が実朝になったような気分で水平線を眺めていたこともある。私はその本の知識を先生に披露し、「今日は何の日だか知っている」などと聞いたりしたものである。

滑川で魚釣りをしていたとき、私は川に落ち、背が立たなかったため溺れかけたが、防空監視所の人に助けられたことがあった。母はそのときのお礼におはぎを作って届けたことがある。学校では滑川については青砥藤綱の話がいつもなされていた。しかしその滑川にも防空監視所が出来ていて、来襲する敵機を監視していた。機銃も高射砲もないただの監視所ではあったが。

学校の授業もほとんどが鎌倉という土地と絡ませた戦争の話になっていた。私自身も予科練に行きたいと思っていた。しかしフープも出来ず、軍事教練でも失態ばかり演じていた私には現実に予科練に行く道はなかったと思う。そのようなある日、親戚から内原訓練所に行かないかと言う話があった。内原とは満蒙開拓青少年義勇軍の訓練所で、子供四人を抱えて未亡人一人で頑張っていた母を助けようという気持ちもあったかもしれないが、子供全員を養子に出して母を後妻に迎えようと言う人がいたためもあるらしい。母はいろいろと調べて歩き、内原にも出かけていった。私は何もわからず、内原に行ってもよいと思っていたが、母が絶対にあそこにはやらないと頑張ってくれたために、命を永らえたとも言える。

川越への疎開と敗戦

戦争も末期になったころ鎌倉も艦砲射撃を受けるという噂が飛び、川越に縁故疎開をすることになった。川越の郊外の伊佐沼という村で、学校は川越市の小学校に通った。ほぼ一時間も通学にかかったが、初めて農村で暮らす生活はそれなりに楽しかった。帰り道で鮒をとったり、鰻をとる簗《やな》をしかけたりした。ある日小学校で仲良くしていた松岡という少年とちょっとしたことから喧嘩になった。その喧嘩は帰り道でも続き、お互いに口を利かなかった。たまたま喧嘩をする前に私は松岡君にある本を借りていた。二人にはそれぞれの仲間がいて松岡君の仲間は「あの本は返してもらえよ」などと言っていた。私も彼の態度いかんでは本を突っ返そうと思っていたが、松岡君は本を返せとは言わなかった。私もその本は読みたかったので、本当は返したくなかった。それ以後松岡君とはまったくつながりはないが、そのときの彼の態度は立派なものだったと今でも思う。

昭和十八年に兄日出男が死去した。結核であった。兄が伯母と一緒に住んでいた阿佐ヶ谷で葬儀が行われた。葬儀が始まる少し前、黒い学生服の慶応の学生達五、六人に私は囲まれ、小路に連れ込まれた。彼らは兄の学友であった。皆真剣な顔をして私に「お兄さんがなくなったことを悲しんではいけないよ。お兄さんは幸せなんだから」と言う。「僕達はすぐに戦地にいかなければならないんだ。葬式だって出してもらえないんだ。お兄さんは結核でなくなったけれども、僕達は殺されてしまうかもしれないんだから」と言う。幼い私は彼らの語気の強さにおびえていた。おそらく迫っていた学徒出陣に対する思いを幼い私に伝え、自分達が抱いていた不安と怒りを口にしたのだろう。そのときの学生達のほとんどは帰ってこなかった。

ある夜南の空が真っ赤に燃えていた。東京が燃えていると誰かが言った。あまりの美しさに息を呑んだほどである。現実に私が知っている東京が燃えているという感じはなかった。空から降りてきた火が広がっているように見えた。生涯であのような経験をしたのは初めてで最後のことであった。たぶん昭和二十年三月十日の大空襲のときであったと思う。その時には解らなかったが、この日だけで浅草、本所、深川の十万人余の人が亡くなっている。私は今でも羽田から飛行機に乗って飛びたつとき、東京の全景を空から眺め、この大都会の全体が燃えていた当時のことを思い起こす。私の親戚の人々も家も火の中にあったにもかかわらず、そのことではなく、空の半分が燃えているそのすごさに打たれていたように思う。それと同時にこのときから東京は私の故郷としての位置を失ってしまった。故郷は変わらないところでなければならない。燃え落ちてしまう都市として東京は故郷としての位置を失い、私は故郷を持たない人間になった。

同じ年の八月六日に広島に新型爆弾が投下されたという報道があり、九日にはおなじ種類の爆弾が長崎に投下されたという報道があった。死者などの報道もはっきりせず、何か途方もないことが始まったという感じはあったが、現場から遠く、新聞報道だけでは実感がなく、よく解らなかった。後の報道では広島で死者十五万九千人、長崎で七万四千人に及んだという。いずれも初期の数字で、後にはさらに増加している。火に包まれた東京は、自分が遠くからではあるが目撃していたから、実感があった。原子爆弾についてはかなり後まで事実関係すらわからなかったのである。私が原子爆弾について学ぶことになったのは大学に進学してからで、私は自分がこのような大事件の同時代人であるということに一種の恐怖を感じていた。

第二次世界大戦の死者数も驚くべきものであった。ヨーロッパにおいては軍人千五百万人であり、市民がなんと三千五百万人に及んでいる。太平洋においては日本が死者百九十七万二千人であり、全世界では第二次世界大戦中の死者数は五千六百四十六万人に及んでいる。このような数字を見ると、歴史教科書などにおける数字の問題が改めて浮かび上がってくる。数字を挙げれば事件の説明は済んでいるような気分になってはいないだろうか。この数字の一つ一つが私と同じような個人であり、かけがえのない一生を送っていた人々であった。これらの人々は皆殺されたのであり、たとえどのような理屈が立とうとも、理不尽な行為であった。歴史学はこれらの人々をどのように遇するのか。死者の世界史が必要となっている。

このころには学校の授業もほとんどが戦時体制となり、国語や歴史だけでなく、音楽などは全て戦意高揚歌になっていた。そのころの戦況を反映してそれも切り込み隊の歌や玉砕の歌ばかりとなっていた。「身には爆薬手榴弾。二十重の囲み潜り抜け、敵司令部の真っ只中に散るを覚悟の切り込み隊」などという歌を皆で合唱していたのである。今でも幼いころの歌を歌おうとすれば、この種の歌しか出てこない私たちの世代の悲しさがある。

ある日私の祖母は叔父たちが集まっている中で突然「この戦争は負けだね」と言った。叔父たちがあわてて「そのようなことを言っては駄目だよ」といさめたが、祖母は「日本の飛行機がアメリカを空襲したという記事があったかね。それなのに日本は毎日空襲されているだけじゃないか。負けに決まっているよ」と言って聞かなかった。何かを聞かれて私が「そのときには僕はもうおばあさんの孫ではないんだよ。天皇の子なんだから」と答えたことがある。すると祖母は「そうかいそれじゃ、天皇さんに食わしておもらい」と言って私を黙らせてしまった。この祖母は戦争が終わったとき、これからは「天皇さんに秋刀魚が焼けましたからどうぞ、と言って持っていけるようになるよ」と言っていた。しかし実際にその予言は当たらなかった。

敗戦の詔勅を聞いたのは所沢の駅前であった。母と二人で鎌倉まで荷物をとりに出かけた帰りに西武線が停車し、皆電車から下ろされて駅前の店に集められた。ラジオから天皇の声が聞こえたが雑音が多くて私にはよく解らなかった。母もよく解らなかったらしいが、「われに利あらず」という言葉から負けたらしいということは感じたらしく、前にいた中年の男性に「これからどうなるのでしょうか」と尋ねた。するとその男性はひと言「ますます食えなくなるんですよ」と答えた。それを聞いて母は「あんなにぞーっとしたことはない」とあとで語っていた。そうでなくても戦時中は食うものにはなはだしく事欠いていたから、これからますます食えなくなると聞いて前途に絶望したのだと思う。実際戦時中よりも敗戦後のほうがはるかに食糧難は厳しかったのである。

私には戦争が終わったということが十分に理解出来ていなかった。戦争に負けたのに何故電車は動いているのだろうか。郵便屋さんは相変わらず郵便配達をしている。ラジオからは時折深刻な声も聞こえるが、普段と変わらない番組も流れている。敗戦の経験がなかったのは私だけではないが、日本人全体がどうしてよいのかわからなかったのであろう。学校も校長先生の話があっただけで、普段どおりの授業が進められていた。しかし私の生活は変わらざるを得なかった。それまではアメリカや日本の戦闘機に関心を持ち、その絵なども描いていたのだが、とたんにそのような関心は薄れ、予科練志望も消え、私の未来はまったくの空白となった。

牛込にて

母たちは東京へ帰る支度を始めた。とはいえ東京の神田の家は焼失し、跡形もなくなっていた。私の叔父はすばやく行動し、罹災届けの書類を送ってくれた。この叔父は戦時中は鎌倉のかつての私の家を買い取り、鎌倉の文人のための組織を作り、華族をその代表にしていたやり手であった。母と私はその罹災証明を持って神田区役所に行き、割り当てられた筑土八幡の住宅を見に行った。その場所は母の姉の土地でその姉は西武線沿線に住んでいて、当分筑土には戻らないという話であった。その仮設住宅を見て驚いた。二間の住宅であったが、屋根はアスファルトを流したような厚い紙で覆われており、窓枠と桟がはいった窓はあったが、ガラスは入っていなかった。何より驚いたのはトイレであった。トイレは別建てになっていたが、金隠しの下は普通の地面で便槽は影も形もなかったのである。

母はそこに御茶屋の看板を掲げ、ところてんや氷水などを出すことにした。窓枠の修理などは母が買出しに行く途中で知り合った西武鉄道の技師に手伝ってもらった。髭を蓄えた五十がらみの男で私を時に飯田橋のボート場に連れて行ってくれた。この男はせっせと食料を運び込み、我が家はしばらくの間は人並みな暮らしが出来るようになった。この男と母との関係については小学校五年生にもなっていた私にはある程度推察はついた。しかし実際のところはよくわかっていなかった。

私たちが住んだのは当時の牛込区の筑土八幡町である。筑土八幡宮のすぐ下にあるこの土地はすでに述べたように母の姉が戦争前に魚太という魚屋をやっていた場所であった。魚太の祖父は、神楽坂に住んでいた金子光晴が子供のころ、横須賀海軍基地からアメリカに密出国しようとして出来ず、八幡宮の階段でぼんやりしていたところを家に連れ戻したことがあった。このことは金子光晴自身が書いている。このころは焼け野が原で筑土八幡宮の上から東京湾が見えたほどである。私は焼け残った津久戸小学校に転入した。

私は焼け野原ににょっきりとたっている焼けた金庫の傍に穴を掘ってそこを隠れ家とし、親しい友人と二人で遊んでいた。この友人は熊沢倫といって小学校の同級生であり、今でも親交がある。熊沢君と二人で日本橋に出かけたことがある。白木屋が開店し、エスカレーターがあるという噂が飛んだためである。おりしも夏で私はランニングシャツ姿であった。白木屋に入り、エスカレーターに乗ると私の目にはいってきたのはデパートの床であった。四角い木が埋め込まれたその床は私が戦争前に父や母に連れられて歩いた床であった。その頃私は狐の襟巻きをし、同じ襟巻きをした姉と手をつないでいた。そのことを思いだした瞬間、私は現在の自分がみすぼらしく思え、熊沢君の手を引っ張って急いでその場を離れた。

当時のクラス担任は予科練帰りの青年であった。彼は暗い顔をしてどた靴で教壇に立ち、いきなりモラトリアムとは何か知っているかとたずねた。それからしばらくの間新円発行の意味、インフレの意味などを教わった。この授業はこれまでまったく知らなかった新しい知識を与えてくれた。民主主義についてはじめて学んだのもこの教師によってであった。「君たちは自由なのだ」と言われても自由とは何かが充分に解っていたわけではなく、それが解るまでかなりの年月を要した。クラスの運営も生徒同士の議論で行われたから、自治という言葉はある程度理解したと思う。当時の津久戸小学校には三輪田女学校が同居していた。一、二階は小学校が使い、焼けた二、三階を三輪田女学校が使っていた。私は同級生の榎本正君としばしば三輪田女学校に行き、女学生と一緒に遊んだ。

津久戸小学校の焼け残った部分はなかなか立派なもので、理科室などには旋盤もあった。理科の先生が私たちに理科室を開放してくれたので、さまざまな実験などもできた。当時私は将来は天文学者になりたいと思っていた。誠文堂新光社の「子供の科学」などを読むほか、しばしば上野の科学博物館に出かけた。ある時そこで天文学の学会が開かれているのを知って熊沢君と二人で無断で一番前の席に座って、報告を聞いた。ある時は三鷹の天文台に出かけていった。一つの建物の中で人の気配がしたので、ドアをノックしたが、応答がなかった。そこで紙に「望遠鏡を見せてください」と書いて、鍵穴から中に入れた。しばらくするとその紙が引き抜かれ、中から一人の男がドアを開けてくれた。この人は口が利けないらしく、筆談で話をした。ちょうど太陽の黒点の観測をしていたと言い、いろいろ説明してくれた。

津久戸小学校の同級生に高梨豊君がいた。彼は神楽坂に住んでいて、その頃から大人びていた。私は卒業と同時に津久戸を離れてしまったので、その後の付き合いはなかったが、今から十年ほど前に岩波書店の「図書」の会で別役実氏などと一緒に座談会をしたとき、再会した。高梨君は写真家としてすでに著名な存在であり、都市や町を主として撮影している。都会の片隅の光景や日本各地の生活の断片が写されている。それらの作品を見ると私には筑土八幡の上から見た敗戦直後の東京が高梨君の仕事の原点にあるような気がしてならない。一面に焦土が広がっている中に所々に焼けた金庫がにょきにょきと立っていた光景である。

津久戸小学校を卒業する頃のことである。飯田橋のそばを流れている神田川で死体が上がったことがある。東中野と大久保の間で満員の中央線の電車のドアが破れ、乗客が何人か投げ出され、川に落ちた。その一人が、何日もかかって飯田橋まで流れてきたのである。ゴザの下から女性らしい髪の毛と足が見えた。たくさんの蠅がたかっていた。戦争中にも私は多くの死体を見たが、それらは皆何かに包まれていた。しかしこのときの死体はゴザを掛けられただけで、靴が脱げてしまった足が生々しく、それまでに私が見たことがない何かであった。当時の新聞を見ると、この種の事件はしばしば起こっており、朝日新聞には「すし詰によるドア故障は一向に減らず、修理が追ひつかぬため現在六十二輛の省電がドアなしで『馬栓棒』だけで走つてゐる状態である」と書いてある。扉の事故でこの年にはすでに十四人の死者が出ている。この事件が起ったのは昭和二十一年六月四日のことであった。このとき私が目撃した死者は斎藤みつさんといい、当時二十四歳のタイピストであった。事故から五十年後に私はそのときの被害者の名前を知った。改めて斎藤さんの冥福を祈りたい。

父が死んだときも私は直後に病院に行き、遺体を見たが、耳から血を流していたことに気づいたくらいであった。あとは普通の父に見えた。しかしこのときのタイピストの死体はそれとは全く異なったもので、納得ができない不可解なものとして長く記憶に残ることになった。

当時の生徒達は皆進学に不安を抱えていた。学校制度が改まって、新制中学になり、無試験で入学できるという人もいたが、入学試験があるという人もいた。学校でも社会科が生まれ、『くにのあゆみ』という教科書が配られたが、それは製本もされておらず、新聞紙のような大きさの印刷された紙を自分で切って冊子にまとめた。戦時中は教科書は捧げ持たなければならないようなもので教科書を切ることなど考えられなかった。それが突然新聞紙のようなただの紙になり、自分で切ることになったのである。

そうこうしているうちにまた引っ越しをすることになった。筑土の土地の所有者である伯母が帰ってくることになったためである。今度は中野の沼袋に移った。中学校は中野五中で、今回も女学校と同じ校舎を使っていた。中野の生活は長くは続かなかった。戦後の混乱がまだ続いており、母親一人の力では生活が成り立たなかったからである。母は私たちを預けて自分は働きに出る決心をした。問題はどこに預けるかである。母はさまざまな施設を見て歩いた。その結果無料の施設は母の気に入らず、有料だが、設備その他が良さそうだということで、あるカトリックの施設にゆくことになった。

カトリックの修道院にて

私が入ったのは修道院が経営する施設であった。小高い丘の上にあり、あたかもその頃はやっていた「鐘の鳴る丘」のモデルのような建物であった。実際は進駐軍の兵舎を転用した建物で、そのためにトイレなどはふつうのものより位置がかなり高めであった。四人一部屋で、勉強机もあり、設備としては一通り揃っていた。しかし戦争直後のことであり、食事はきわめてお粗末なものであった。塩味だけのオートミールが多く、ご飯がついてもおかずが少なく、サツマイモの茎を煮たものが主菜であった。中学一年という食欲旺盛な時期にオートミール一杯ではとても足りなかったが、やがていろいろなことを覚えていった。

私より二歳くらい上の笠木忠雄という青年がいた。彼とは気が合い、よく二人で出かけた。ある時彼が焼き芋屋に連れていってくれたことがある。いつもお腹をすかしていた私にはその焼き芋は大変美味であり、お小遣いが続く限りしばしば出かけた。毎日の食事はお粗末であったが、時にカトリック教会の司教が来ることがあったり、修道院長の視察があるときには大変なご馳走が出た。院長は普段の食事の内容を知らないように思えた。彼女はそのような機会に演説をし、このような食事ができるのはアメリカをはじめとするカトリック教会の援助によるものだから、感謝しなければいけないと語るのであった。

ある時新しい館長が来た。まだ若い男で、院長の知り合いらしかった。彼は畳を敷いた礼拝堂で大仰に両手を広げて祈り、みなの失笑を買っていた。彼の言動は私には偽善的に見え、好きになれなかった。このころカトリック教会にも慣れ、私は周囲をかなり批判的に見ていた。しかしその中に、ドイツ系の神父で日本語も達者で、漢文の素養もあるヨーゼフ神父がいた。この人の知識は素晴らしく、公教要理というカトリック信仰の基本原理を教えてくれる時など、いろいろと日本のことわざなども引用し、その知識には驚くべきものがあった。私はそのような面で彼を尊敬していたが、ある時彼の信仰に疑問が生まれた。

教会の敷地の中に掘っ立て小屋があり、そこに一人のおじいさんが住んでいた。彼は靴の修理をしたり、ちょっとした大工仕事をしたりして生計を立てていたらしい。住まいは二畳ほどの部屋だけで、きわめて貧しい生活をしていた。彼はミサに行かなかったし、教会の行事にも参加しなかったから、修道女達から疎まれていた。私はどういうわけか彼が好きでしばしば彼の小屋を訪ねた。ゆけば必ず何かのお菓子をくれたからかもしれない。しかし修道女達は私に彼のところに行ってはいけないと言っていた。そのおじいさんが亡くなったのである。その時神父は葬式の説教の中で「この人は現在は煉獄にいるでしょう」と語ったのである。煉獄とは普通の人が死んだ時、全ての罪を償ってはいないから、その償いが済むまでしばらく滞在する場所としてヨーロッパ中世の後半に教会によって考え出された場所のことである。私は神父がおじいさんは煉獄にいると断言したことが気に入らなかった。そんなことは人間にはわからないのではないかとおもったからである。

アマビリスという名の修道女がいた。彼女は小柄だが、いつもニコニコして感じがよかった。

時にはこっそりと私にジャムをたっぷり塗ったパンをくれたこともある。一緒に遊んでいた時、突然一匹の蛇が出てきたことがある。子供達は大騒ぎをしたが、シスター・アマビリスは落ち着いた声で、蛇は悪魔の使いだから殺さなければいけません、といって率先して棒で蛇をたたいた。この時も私には違和感が残った。私には蛇が悪魔の使いだとは思えなかったからである。

カナダから新しい神父が来たことがある。彼はモダンな人で、ジープに乗り、当時は日本になかったワンタッチの傘を持ち、テープレコーダーを使わせてくれた。まさに教会の中の進駐軍であった。その神父がある日私に出かけようと誘った。彼の修道会へ出かけて行った。それは旧家を教会などに転用した家で、小高い山の中にあった。神父さんたちと一緒に夕食をご馳走になった。スープから始まって、ステーキなど当時の日本では考えられないようなご馳走であった。今でも記憶に残っているのはデザートのアイスクリームである。ライスカレーの皿ほどの大きさの皿に盛られたアイスクリームの美味しさは陶然とするほどであった。そこでの話の内容は忘れてしまったが、その夜忘れられないことが起こった。

一晩泊まることになり、寝室に案内され、休んだ。夜中にトイレに起き、自分の部屋が解らなくなってうろうろしていると、院長が出てきた。彼は私を部屋へ連れて行ってくれたのだが、そのとき寝ぼけ眼に彼が手にピストルを持っているのが見えた。後になってそのことを思い出し、私が泥棒だったら、院長は私を撃ったのだろうかと考えた。それまでにカトリック教会の教理はいろいろ学んでいた。そしてそのほとんどを私は信じようとしていた。カトリック教会の中にいるとそれらを信ずることが容易なのである。しかしいろいろな人との出会いの中で私の心の奥に疑問が生まれていた。その疑問はそのときには教会の雰囲気の中で押し隠されていたが、かなり後になって噴出してくることになる。

しかし当時はカトリック教会の雰囲気全体が私の気に入っていた。今になって思えばいろいろと問題は見えてくるが、当時の私にはそれはまったく新しい世界であった。何よりも私が修道院で接した人々はそれまで私が知っていた人とはまったく違っているように思えたのである。その多くは外国人であった。すでに触れた日本語がよく出来、漢文の素養もあるヨーゼフ神父は私達に公教要理を教えてくれたが、私には人間が大きく、それまで私が知っていたどの人よりも開かれているように思えた。彼は外国人らしくなかったのである。今になって思えば彼にも故郷があり、母国の言葉があったはずである。しかしそういうことを当時の私はまったく想像できなかった。私には彼がカトリックを体現しているように思えたのである。どんな人間にも生まれ育った地域や環境の影響があるはずである。しかし彼にはそのようなものを暗示させるところがなかったように私には思えたのである。

夕方など神父たちが集まってお茶を飲むことがあった。そのような時にある神父はカナダの民謡などを教えてくれたりしたが、彼はそのようなときにもニコニコしているだけで、自分の育ちの話などはしなかった。そのような神父がカトリックの教理を教えてくれたのである。それは私にはまったく新しい世界であった。カトリック教会の中にいた私にはそれ以外の世界は見えず、その中にいる限りは全てが極めて論理的で、明快であるように思えた。私は始めて世界が解ったと思った。

どういう地位の人であったかはわからないが、半田春雄という人がいた。私よりも五歳くらい年長の人で司祭になる勉強をしていた。私はこの人と特に親しくなり、いろいろと学んだ。彼に教えられて満江巌と言う人の『ナイルの流れ』という本を読んだことがある。キリスト教史を中心としたヨーロッパ史で、私が読んだ最初の西洋史の本であった。中学生にも読める書物で、私にはよく理解できた。その書物は今では手許にないが、私に西洋世界をはじめて見せてくれた書物であった。

そのころ私に見えた西洋世界は何よりも合理的な世界で、私はそのような世界の雰囲気にどっぷりと浸かっていたが、当時の私には普通の世界との窓口もあった。町の中学に通っていたからである。そこである日ブラウニング作、上田敏訳の「春の朝」という詩が紹介された。「時は春、日は朝《あした》、朝は七時、片岡に露みちて、揚雲雀《あげひばり》なのりいで、蝸牛《かたつむり》枝に這ひ、神、そらに知ろしめす。すべて世は事も無し」という詩である。そのときある女生徒が感想を述べて「前段はいいが、突然神が出てくるところがいやらしい」と言った。私は驚いてしまった。当時の私の世界とはまったく違った感性の人がいることがわかったためである。同じクラスに後に小説家になった阿部昭君がいたが、当時はまったく付き合いはなかった。彼は学習院の制服のように縁取りがある黒の学生服を着ていた。同じ姓であったが、別世界の人のように私には思われた。私は家庭を持たず、普通の生徒ではなかったからである。

私達が住んでいた建物のすぐ下に戦時中軍が掘った洞穴があった。私はよくその洞穴に入って遊んだが、ある日その中に住んでいる人にあった。復員軍人でその町の人であったが、戦争から帰ってみると妻は別の人と結婚しており、家に帰ることも出来なくなってこの穴にすんでいるという。私は彼と親しくなり、時々必要な品などを手に入る限りもって行ってあげたこともある。満州での軍の生活などの話には興味が尽きなかった。そのことを中学校で友達に話したことがある。するとその日の夜に大勢の人が私を尋ねてきて、その穴に案内してくれと言う。その男の親族であった。洞穴は空で、誰もいなかった。そういえば数日前にその男に会ったときには仙台に行くと言っていた。せっかく皆が来てくれたのに気の毒なことであった。その洞穴には飯盒と箸その他が残されていただけだった。

ある日寮の仲間の一人風間通君がなくなった。通君は三人兄弟の末っ子でおとなしい子であった。小学校低学年であったと思う。病名は覚えていないが、あまり苦しまずになくなった。臨終の時には皆が集められ、一人一人が通君と最後の別れをした。私は死が悲しむべきものではないと思っていたので、笑顔を浮かべて挨拶した。通君も少し笑ったように見えた。通君の死は私にとって親しかった友達のはじめての死で、どのように理解してよいのかわからなかった。その後しばらくして修道女が死んだ。この時の土葬の儀式を良く覚えている。深い穴を掘り、そこにロープで支えた棺を下ろすのである。がっしりとした頑丈な棺が腐敗してゆくには長い年月がかかるように見えた。その間の死体の変化などを想像していると、死というものが再び解らなくなるのであった。

中学の同級生や町の人から見ると私たちは特殊な人間に見えたかもしれない。一人一人の生徒はどこも他の生徒と変わらなくとも、私達にはそこでは家庭がなかったからである。父親も母親もいないものばかりであった。私には母親がいて、時には会いに行くことも出来たし、お小遣いなどももらえたのだが、他の生徒にはそのような機会もなかった。その為に院の中で私はやや微妙な位置にあった。例えば私が母親に会いに行く時、寮長は皆さんに挨拶してゆきなさいと言った。そんなことをすれば皆が寂しくなることはわかっていたのに鈍感な寮長はそれをさせようとしていた。私は寮長の言葉を無視して黙って出かけた。家庭がないということは子供にとっては極めて大きな問題である。私の親戚に孤児院を経営している人がいて、ある時「うちの孤児院では普通の家庭よりもはるかに食事はよいものを出している」と自慢したことがある。私は「食事の良い悪いよりも甘えることが出来るか出来ないかの方が大きいんですよ」と思わず反論したことがある。例えば学校から家に帰った時、「何かない?」と聞けるか聞けないかが大事なのである。寮では勿論そのようなことは聞けなかった。

たまに母親に会いに出かけた休日、一日をともに過ごして寮に帰る時が来る。母親も寮のある駅まで一緒であるが、母親はさらに先まで乗ってゆく。ある時アイスクリームを買ってもらい、食べながら帰った。冷たいから母がハンカチでアイスクリームを包んでくれた。そのハンカチを大事に持って帰り、寮の机の引き出しにしまって時々取り出しては匂いをかいだ。クリームの匂いは徐々に消えてゆき、悲しかったが私にはそのような楽しみもあった。ある時食事当番が当たって、私がオートミールを配った。大きなボウルが重くて落としてしまい、オートミールのかなりの部分が使えなくなった。食事はいつも足りなかった。それなのに失敗をし、皆の食事が半分になってしまった以上私はその夕食には手が出せなかった。

洗礼

寮に入って一年後に洗礼を受けることになった。東京の教会で、デ・モンティニー神父の手で洗礼を受けた。その教会も日本式の家屋で、教会という雰囲気ではなかったが、神父が親しみの持てる人であったためによい雰囲気の中で儀式が進められた。その日のことは充分に記憶しているわけではないが、洗礼からかなり後まで私は自分の体が透明になったような気がしていた。公教要理の中で罪の問題などを学んではいたが、自分が原罪などの罪に穢れた存在であるという意識は持てなかったし、何かのいたずらやしてはいけないことをした時などに罪の意識に近い感じは持つことがあったが、それとて罪の意識といえるものかどうかわからなかった。受洗後は明らかに自分が純な存在になったという感じをもっていたのである。修道女は私に「洗礼を受けてからあなたは光り輝いていますね」と言った。そう言われて私はそうだろうと思ったのである。

今でもあの時の気持ちは何であったかと考えることがあるが、私は儀式の持つ特別な雰囲気であったと考えている。私はカトリックの教理を一応は理解していたし、信じてもいた。そのような状態で洗礼を受けたのである。私はその後半年くらいはその純な気持ちを持ち続けていたと思う。半年程してふと気がつくと何時しかその純な気持ちは消えてしまっていて、日常生活の中にいた。修道院にはいろいろな人がいた。台所で賄いをしていた女性は私を時々呼んではお菓子などをくれた。そのたびに彼女は私に「あなたはいずれは司祭になるのだから、そのときには私のために祈ってくださいよ」というのであった。周囲の見るところでは私は司祭になるだろうと思われていたし、私自身もその気になっていたのである。

そのころ東京の友人達はもう進学を考えていた。高等学校だけでなく、大学までの進路を考えていたのである。それなのに私は相変わらず、カトリック教会の儀式の中にいた。赤いスカートの上に白い上着を着てミサの侍者を勤めるのが私の日曜日の日課となっていた。ミサが始まる前に祭壇のローソク立てのすべてに火を点す。ところがローソク立ては背が高く、棒の先に着火用の火を点したものを持ってローソクに火をつけるとき、ローソク立てを倒してしまうこともしばしばであった。ローソク立てが倒れると花瓶も倒れ、祭壇は水浸しになってしまう。何人もの修道女が出てきて大慌てで祭壇を整える。私はその間すまして準備室に座っていたのである。神に仕える侍者であるから謝る必要などはないと教わっていたからである。ミサが始まるとラテン語で応唱し、福音書を運び、香を焚く。

それは一つの世界であった。その世界の中にいる限り何の問題もなく、安住できた。しかしそのような世界にも問題があった。ある時私は修道院の廊下で一枚のメモを拾った。小さな紙に細かい字がいっぱい書かれていた。それは告解のための修道女のメモであった。修道女同士の心理的な諍い、ねたみ、女性の生理の問題などが克明に書かれていて、読んでいてどきどきさせられた。読んではいけないものを読んでしまったという感じであった。このメモを書いたのは誰だろうと当然考えたが、修道女の世界を知らない私には解るはずもなく、その後は修道女に出会う度にこの人ではないかなどと考えて、自然に接することが難しくなった。

頭から足まで黒い服を着て、白いカラーをつけている修道女は私にはとても魅力的に見えた。このような服装に加えて、皆俗世の名前ではなく、洗礼名で呼ばれていたためにふつうの女性とは違って見えたのである。特に親しくしていた修道女にガブリエラというかなり年長の修道女がいた。彼女は私たちの寮から離れた場所にいたが、そこに用事を頼まれて出かけることは特別な楽しみであった。彼女は私たちがゆくと何時であっても必ず食事を出してくれたからである。私たちはほとんど常に空腹であったから、そのことを良く知っていた彼女の優しさに憧れてもいたのである。ところが四、五年前に他の用事があってこの修道会の支所に行ったとき、噂話の中でシスター・ガブリエラが還俗したと聞いた。とても信じられない思いであった。何が原因であったのか。今では確かめようもないが、知りたいという気がする。

帰京

その頃私も里心がついていた。東京にいた友人達の動向が気になっていたのである。母にその話をすると母は直ちに東京に帰るように言った。彼女にしてみれば一人息子を司祭にしたくなかったのであろう。私はすぐに司祭と話し合った。彼は東京に帰ることにもちろん反対ではないが、私の将来について考えなければならないと言う。司祭の前に寮長に話をしたが、寮長はそれは良かったというだけで、それ以外の話題はなかった。東京で信仰をどのようにして維持してゆくかということが当面の問題であった。家の近くの教会を紹介して貰い、当面この問題は片が付いたように見えた。しかし問題は深く、あとでいろいろ浮かび上がってくることになる。

私が転入したのは練馬区立石神井西中学の三年のクラスであった。クラス担任は滝善成先生で、かつては立正大学の助教授であったが、復員してきたときにその席がなくなっており、中学校の教師となったと聞いている。ウワバミという渾名で、大酒飲みという噂であった。この頃の中学校の教師にはさまざまな経歴の人がいて大変刺激的であった。特に滝先生は個性的な教師で、吉原の話をしてくれたとき、やり手婆とはどういう人かということも話してくれ、大変興味深かった。もっともだいぶ後になって『教育新聞』に中学校の思い出について書いたときに、そのことを書いたら、滝先生は「そんなことを話したかなあ」とやや不満足な面もちであった。終戦直後

東京・豊島園にて。日本はすでに戦争中だった。

いとこと高尾山に登った時の記念写真。

都立石神井高校一年。前列左から四人目。

の中学校が持っていた開放的な雰囲気は徐々に薄れていったから、そのためであったと思う。

石神井西中は最初石神井高等学校の建物の一部を借りていたが、やがて独自の校舎を持つようになり、私が転入したときにはその校舎で授業が行われていた。私は四か月しかその学校にいなかったので、先生も滝先生以外はほとんど記憶していない。一人だけ強烈に覚えているのは当時の校長先生である。彼は卒業式のとき告辞をし、「皆さんはこれから進学したり、社会に出たりする。どこに行っても大切なことは自分の信念に基づいて生きるということである。周りの人がなんといおうとも自分の考えで生きることがもっとも大切である」という趣旨の話であった。私はその話を聞いてその通りだと思い、校長先生を立派な人物だと思ったのである。

話はやや先走るが、それから十年以上あとのことである。私は大学院生として研究生活を送っていた。もちろん生活が不安定であったから、アルバイトをしなければならず、思い立ってその頃高等学校の校長をしていたこの校長先生を訪ねて、非常勤講師の口の紹介をお願いした。すると彼は意外なことを言ったのである。当時私は一橋大学で歴史家の上原専禄先生のゼミナールに入っていた。上原先生は当時日教組の講師団の一人であった。校長先生は「あなたを非常勤講師に紹介することはすぐにでもできますが、その前に上原先生のゼミナールをやめてください」と言うのである。それができなければ紹介できないと言う。私は最初は呆気にとられたが、すぐに事態を理解し、お礼を言ってその場を去り、以後二度とこの校長先生と会うことはなかった。

このとき私ははじめて日本的な行動様式に気づいたのである。この校長は卒業式では西欧的な近代の図式に基づいて告辞を行なった。西欧近代的な行動様式を中学生に教えたのである。しかし現実の彼の行動はそのような図式に基づくものではなかった。彼は日本的な行動様式にのっとって私に忠告したのである。このときはじめて私は「世間」の存在を予感したのだと思う。

高等学校は西中学の卒業生の大部分が行った都立石神井高等学校にした。西中学はかつて石神井高等学校の校舎を借りていたから、お互いに親近感があったのだと思う。私のクラスは男子生徒が八割で、女子は二割くらいしかいなかった。私のクラスには「鐘の鳴る丘」のクロちゃんの役をしていた戸村規矩男君などがいて、騒がしいクラスであった。冬には暖房用の石炭が足りなくなり、誰かが言い出して古い机や椅子を燃してしまったが、金具が焼け残っていたために見つかってしまい、全員が授業のあとも残された。誰が燃したのかを追及されたが、口を割る者はおらず、夜中になってやっと解放された。こうした事件でクラスの連帯感が高まったように見えた。

世界史の教師に石木誠一という人がいた。真面目な教師で、自分が書いた『図説世界史』という本を参考書として使っていた。この教師が宦官の説明をするときに詳しく話ができず、「ばっさりとやってしまうのだ」と言った。皆はその内容を良く知っていたにもかかわらず、「具体的に話してください」と言い、石木先生は顔を真っ赤にしておられた。英語の授業の時、高田久寿先生がある生徒に当てて、「日本人の誇り」という文を訳させようとしていた。その生徒は誇りが解らなくて困っていると、隣の生徒がダストと教えた。高田先生は「君には悪友がいるな」と言って笑っておられた。

高等学校の生活はこのような調子で結構楽しく過ごしていた。私は図書館委員になり、図書館に入り浸っていた。石神井高等学校は都立十四中であったから、中学に比べれば図書も多く、特に研究社の赤い表紙の英文学の叢書は読書欲をそそった。塙保己一の『群書類従』を始めてみたのもこの図書館であった。この図書館では借りだした人の名が裏表紙のカードに書き込まれることになっていた。一年D組の阿部という名が記されたカードが増えてゆくのも楽しみの一つであった。残念なことにそれから十年ほどして石神井高等学校は火災に遭い、図書館は焼けてしまったため、私の名を記したカードもなくなってしまった。もし残っていたら、その頃私がどんな本を読んでいたのかが解ったのだが。

この頃朝鮮戦争が始まり、一九五〇年六月にはアメリカが陸海空軍をもって参戦し、休戦協定成立までほぼ三年間激しい戦闘が続いた。この戦争で韓国軍の死者は三十万人、米軍は十四万人、国連軍は一万四千人、北の人民軍と中国義勇軍の死者は二十万人、北と南の民間人の死者は四百万人に及んだといわれている。離散家族はあわせて一千万人にのぼった。朝鮮半島の疲弊ははなはだしかった。特に北朝鮮は生産設備も建物も破壊され、その傷跡は今日にまで影響を残している。しかし私の周囲では特需景気に乗った人々も現れ、日本は戦後の混乱から回復し始めたように見えた。朝鮮戦争は日本の景気が回復するきっかけとして位置づけられることが多いが、この戦争で亡くなった人々の一人一人に思いを馳せることがないまま、景気の回復が話題になるわが国の現状は悲しむべき状態である。

朝鮮戦争によって日本の軍事基地としての価値が改めて確認され、対日講和の提案が具体性を帯びてきた。こうして一九五一年九月八日サンフランシスコ講和条約が成立した。私はこのような動きにあまり敏感ではなく、新聞の記事を追っていただけであったが、翌年の五月に私の周囲でもメーデー事件にかかわって逮捕される学生がいた。教師達が何人かでもらい下げに行くということになっていたらしい。この事件が破壊活動防止法制定の口実となった。こうした事件に対して私は何人かの仲間のように直ちに政治活動にかかわるということはなかった。これらの事件には関心があり、新聞記事を追ってはいたが、自分の行動と直接結びついていなかったのである。

この頃私の関心はキリスト教から離れてただひたすら英語の書物に集中していた。外国語としてははじめて学んだ英語で書物が読めるということがうれしかったのである。石神井高等学校では二年生になると英語以外の外国語も学ぶことができた。フランス語とドイツ語が開講されていた。高田先生の薦めに従って私はフランス語をとった。当時学習院大学の教授であった水谷謙三先生がフランス語を教えに来ておられた。半年文法を習い、そのあとモーパッサンの『首飾り』を読んだ。はじめは二十人もいた学生は一人減り、二人減りして一年後には私一人になってしまった。高名な大学教授が一高校生のために週一回フランス語を教えてくれたのである。大変贅沢な話である。

この頃夢中になって読んだのはヘッセである。人文書院のヘッセ著作集が図書館にはあった。薄緑色の表紙のこの著作集を『車輪の下』からはじめてほとんど全部読んだと思う。『デーミアン』その他多くの作品を読んだが、何故か作中の人物が私とは異なった存在として意識され、自分と重ね合わせることができなかった。人物も彼らの行動も思想も何かヴェールを掛けたようにぼんやりとした形でしか見えなかったように思える。それでも作品は面白く、次から次へと読んではいた。私にはヘッセの世界は異国の物語として興味があったに過ぎず、自分自身の世界はあまりに違いすぎていた。愛する人に捧げる花を一輪とるために断崖で命を懸けて折りとり、それを人知れず、その人の家の前に置いてくるといった行為は私にも理解できたし、共感も持てた。かなり後に結婚することになったとき、家内になった女性が私のことを妹達にデーミアンのような人だと語っていたと聞き、不思議な気がしたのもこのような事情があったからである。

高等学校三年生の時ヨーゼフ・シゲティーが来日し、一九五三年四月に後楽園球場でシゲティーの演奏会が開かれた。シゲティーはダイアモンドに立って演奏したのである。曲目はベートーヴェン、協奏曲、ニ長調作品61、プロコフィエフ、協奏曲、第一番、第二楽章、スケルツォなどであった。この演奏会は「大衆に贈る特別大演奏会」として開かれたもので、広島原爆少女治療の募金をかねていた。この演奏会は「大衆に贈る特別大演奏会」として開かれたもので、広島原爆少女治療の募金をかねていた。金属的な高い音調の演奏は広い野球場に広がってゆき、私はヴェールを掛けたような状態で読んでいたヘッセの作品の背景に一瞬ふれたような気がしていた。同じ頃偶然にシューベルトの「冬の旅」の独唱を聴いた。ゲルハルト・ヒュッシュのものであった。これもシゲティーと同様にぼんやりとしていたヘッセの世界を具体的に感じさせてくれたような気がしていた。それ以後さまざまな歌手の「冬の旅」の独唱を聴いたが、はじめて聴いたヒュッシュの強烈な印象が強く、どれにも満足できなかった。

高田馬場に高田外国語学校という予備校があった。高校二年生の時、通って英語の授業を受けた。そこの校長は蒔田栄一といってむかし小樽高等商業学校の教師であった。彼の英語の授業は大変興味深かった。学生に黒板に英文を書かせ、コンマやピリオドがないと零点をつけた。コンマやピリオドがない英文は英文とはいえないという主張で、なかなか説得力があった。厳しいがユーモアのある人で、私は気に入っていた。

この頃になると進学する大学が問題になる。私はまだ何をしたいのかはっきりしていなかった。そのときある学校で講演会があり、どういう訳か私はそれに出席したのである。講師は上原専禄一橋大学教授で、講演の題目は忘れてしまったが、現代日本をどのように捉えるのかといった内容であった。講演の内容ははっきり覚えているわけではないが、先生の口調や講演の際の振る舞いに私は魅了されてしまった。音吐朗々、一つの言葉に全身をかけているように見え、引き込まれてしまったのである。この先生がいる大学が一橋大学と聞き、私はその大学を調べてみた。たまたま木全秀雄という人が書いた『大学めぐり　商業・経済を講ずる人々』という小さな書物があった。それを読んで一橋大学がどういう大学かがおよそ理解できた。

この大学に入って上原専禄先生につこうと思ったのだが、一橋大学はかなりの難関校であった。何よりも私には数学という苦手があった。一橋大学の入試では英語と数学が大きな比重を占めていた。英語にはかなり自信があったが、数学は苦手であった。その苦手を克服するためにどうすべきかを考えているときに不運に見舞われた。ある日突然お腹が痛み、じっとしていられないほどであった。病院で診て貰うと盲腸炎だという。すぐに手術したのだが、腹膜炎を起こしていて、手術が終わっても開いたお腹を閉じることができない。大きく開いた傷口に握り拳くらいの大きさのガーゼを入れて膿を出すのである。毎朝そのガーゼを取り替えるときはいたたまれないほど痛かった。こうして数か月間入院することになった。手術の時にはたまたまその前に読んでいたラフカディオ・ハーンの何かの作品の手術の場面を覚えていた。麻酔薬を打たれて意識が沈んでゆく状態をハーンはシンキング、シンキングと書いていたのである。手術は二回行われた。最初は腰椎麻酔で行い、二回目は半年後に全身麻酔で行われた。ハーンの記述は二回目の手術の時に思い出していた。

手術のあと数か月入院し、回復を待ったのだが、その間も受験のことが気がかりであった。特に数学が学友から数か月も遅れてしまったために、ついてゆくのさえ困難な状態に思われた。高等学校の三年生の半年を病院で過ごしたのである。その間に私は平野次郎という人の『代数』という本を手に入れ、ベッドにつるして読んだ。この本には練習問題がほとんどなく、代数の原理がさまざまな事例によって説明されていた。ベッドに上向きで寝ているしかなかったので、練習問題などは出来なかった。この書物によって代数の原理を学ぶことが出来た。退院してから岩切晴二という人の『解析精義』という二巻本の参考書を読み、練習問題を解いてみた。数学の問題にはパターンがあり、それがわかれば大学の入学試験程度の問題はそれほど難しくはなかった。

そのころ私の家は大泉学園にあった。母はそこで中華料理の店を出していた。私は受験勉強の合間に出前などを手伝っていた。私が出前を持っていく家の一つに牧野さんという家があった。いつも注文は焼きそばに決まっていた。その家には白髪のおばあさんがいてこの人が焼きそばを好んでいるという話であった。私はいつも縁側から出前を持って入り、直接そのおばあさんに渡していたのだが、ある時その人が有名な牧野富太郎博士だと聞いた。私はおばあさんとしか思っていなかったので驚いてしまった。ある時玄関にまわったことがあるが、ふすまが弓なりにしなっていたのでどうしたのかと思ったら、本の重さでしなっているのだという。牧野博士とはほとんど話をしなかったが、ある時私に学生なのかと聞き、今何を学んでいるのかと質問があった。博士は何をやるにしても外国語はきちんとたくさん学ぶ必要があるということを何度も繰り返しておっしゃった。別の機会には厚い紙の間に挟んだ植物の標本を見せていただいた。残念ながら私は植物学にその頃は関心がなく、牧野博士と話をしながら、何かを学ぶという姿勢がなかった。

中華料理の店で私が手伝っていたのはほとんど出前だった。料理を入れた岡持を持って自転車で運ぶことにはやがて慣れたが、客との対応にはなかなか慣れなかった。ある時家を間違えて中華そばを持っていったことがある。「うちでは注文していませんよ」といわれて私はそばを持ち帰って叱られた。「間違えて申し訳ありません」というだけではだめだというのである。いっぺん他の家に持っていってしまった料理は別の家に出すわけにはいかないのだから、その家においてくるべきだというのである。しかし自分が注文してもいないそばを五杯もおいてゆかれても困るのではないかといってまた叱られた。しかしこのやりとりの中で料理を間違えて出したら、それは他の家に持ってゆくわけにはいかないということを学んだのである。

ある時アメリカ兵が二名店にやってきた。私が呼ばれて二人の注文を訊いた。たまねぎの料理が食べたいといっていることは解ったが、どのように調理するのかは解らなかった。調理人が適当なものを作ったらしい。食べ終わると二人はガソリンが欲しいので案内してくれという。近所の燃料店に連れて行くと、タンクいっぱいのガソリンを入れさせて、今は金がないから後で払いに来るという。店の主人は文句も言わず、言うとおりにしてやっていた。占領軍には逆らえないと思っていたのだろう。一週間ほどして忘れた頃、二人の米兵がやってきて、先日のガソリン店に行こうという。一緒に行くとタンクに持ってきたガソリンを店に返したのである。私も店の主人も米兵が約束を守ったことに感心していた。ガソリンを返し終わると米兵は私を家までつれて戻り、そこで帰っていった。高校一年生の私を彼らはまるで大人として遇していたように思う。日本人との違いをここでも感じていた。

前にも触れたが、高等学校の英語の教師に高田久寿という人がいた。私は英語が好きな科目だったのでこの教師とは親しかった。彼は授業中にイランの天文学者であり、詩人であったウマール・ハイヤームの詩「ルバイヤート」を紹介し、他にもいろいろと詩の話をしてくれたが、そのなかにシェリーの「雲雀に寄せて」があった。その中の一節、We look before and after, And pine for what is not: Our sincerest laughter With some pain is fraught; Our sweetest songs are those that tell of saddest thought. の訳として漱石の次のような訳を激賞した。「前を見ては、後《しり》へを見ては、物欲しと、あこがるゝかなわれ。腹からの、笑ひといへど、苦しみの、そこにあるべし。うつくしき、極みの歌に、悲しさの、極みの想《おもひ》、籠るとぞ知れ」。私はこの訳の「物欲しと、あこがるゝかなわれ」のところが気に入らなかった。ありもしないものに憧れるという意味が伝わってこないからである。この先生はフルブライトの奨学金に応募していたが、若い頃の結核の痕が身体検査で発見され、留学が取りやめになった。彼は授業の間にその話をして、アメリカに行けなくなった無念さを語っていた。私にはまだ外国は遠い存在であったから、彼の気持ちは分からなかったが、かなり年輩のこの教師がアメリカに行けなかった無念さを語ったときの印象はかなり強かった。

中学の同級であった友人の一人に横倉佑明という男がいた。彼の母親は武蔵関でパーマネント屋をやっていて、その家には大勢の下宿人もいた。彼女は未亡人であったが、何人も養女をとり、それぞれ一人前に仕上げていた。気さくな人だったので、私はいつも横倉君の家に行って時間を過ごしていた。彼女の居間は往来のようで、いつも大勢の人が出入りしていた。そこには私専用のご飯茶碗もあり、食事時になると当然のように私の食事も出てきたのである。当時東洋経済新報社に勤めていた稲田さんという人がそこに下宿していた。彼は経済が専門でいろいろと経済に関する知識を教えてくれた。下宿人の中にはどこかの放送局に勤めている人がいて、ハリー・ベラフォンテが来日し、彼の公演が開かれたときなど、切符が買えない私のために横倉君の家の電話を通じてベラフォンテの歌を聴かせてくれた。小一時間も電話を占拠していた私に横倉君の母親もまた周囲の人も特に不満を言わなかった。あれはどういう家だったのかと今にして思う。

石神井西中学はいわゆる新制中学で、近所の八百屋さんや米屋さん、魚屋さんなどの子弟が多かった。今でも同窓会を開くと近所の人がいろいろと差し入れをしてくれ、豊かな会になる。かなり後のことだが、大学のゼミナールの先輩達もいる席で私と清水広一郎君の出身が問題になったことがある。清水君は東京外国語大学を卒業したあと、一橋大学の大学院に入り、そこで私と一緒になった。残念なことに彼は五十一歳で亡くなってしまった。たまたまそのとき、私と清水君が新制中学の出であることが知られた。先輩達の子供は皆私立の有名校に入っていたらしく、私たちが新制中学の出であることを知って、驚いた顔をしていた。新制中学の卒業生でも大学院に行けるようなものがいるのかという顔であった。私は清水君とそのあとそのことについて話し合い、先輩達が私たちと如何に異なった人生を送ってきたのかを知ったのである。

当時私がつきあっていたのは中学時代の友人であった。辻君というその友人は中学を卒業すると勤めに出、もう会社員として一人前になっていた。私は彼としばしば会い、時には二人で伊豆大島などにも出かけていった。何故か話が合ったのである。この付き合いは私が大学に入った後も続き、辻君が交通事故でなくなるまで続いた。辻君には中学時代に好きな女性がいて、その人のことをしばしば話題にしていた。あるとき彼はその女性のところへ手紙を届けてほしいといい、一通の手紙をおいていった。私は一人でそれを届けることが出来ず、切手を貼って送った。当時の都立高校では男子生徒と女子生徒の割合が高校によって違っていた。石神井高等学校では女子生徒が少なく、一クラスに男子生徒四十人に対して女子生徒は八人ほどしかいなかった。

中学以来の友人の塩川清彦君も一橋大学に関心があり、二人で受験対策などを話し合っていた。

塩川君の家は東伏見にあり、私たちはしばしば彼の大きな家に泊り、合宿と称して勉強会をしていた。二階の部屋がその場所になった。エネルギーがあまっていた私たちは時々二階から下の庭に飛び降りたりしていた。ある時私が飛び降りると、下の部屋にお客さんが来ていて、突然二階から人が飛び降りてきたので皆驚いて呆然としていた。

はじめての山

ある時塩川君と横倉君と私の三人で山に行こうということになった。何処に行くかを決めずにまず新宿から中央線に乗り、気に入ったところで降りることにした。私は家からビールを三本持ち出し、皆それぞれ何かを持ち寄った。甲府についた時、そこでまず降りて昇仙峡に行ってみた。昇仙峡自体は面白くないので仙娥滝の奥に行き、見知らぬ川を遡って適当な場所にテントを張った。皆始めてのキャンプだったので、興奮し、ビールや酒を飲んで騒いだ。夜が更けてくると周囲が真っ暗になり、多少心細かったが、私は山の静けさと神秘な佇まいに惹きつけられていた。私が山登りに夢中になり、その後長い間山との縁が切れなくなったのはこのキャンプがきっかけであった。

キャンプから戻ってもなかなか日常生活に入れず、山に行きたいという思いが日々強くなっていった。一週間も経たないうちに再び山に行く計画を立てたが、あとの二人は忙しくて参加できないという。そこで私はたまたま電車の中のビラで見た尾瀬に一人で行くことにした。山行きの道具もなかったので戦時中の買い出し用のリュックサックに飯盒や水筒を持ち、運動靴で出かけた。沼田からバスで大清水に行き、三平峠を越えて長蔵小屋に入った。何も知らなかったし、人に尋ねることもしなかったので私は尾瀬沼の水でご飯を炊き、夕食をとった。後で近くに水道があることに気がついた。次の日はお決まりのコースをとって尾瀬ヶ原を縦断し、三条の滝を見て、富士見峠から帰った。尾瀬沼と湿原は受験勉強しかなかった私に新しい世界を見せてくれた。私は尾瀬に夢中になってしまった。この時はリュックサックの紐が切れて難儀したので、新しいリュックサックを買おうと思った。

次に出かけたのが雲取山であった。東京で一番高い山として紹介されていた雲取山にはいくつもの登り口があった。その中で一番距離はあるが面白そうな道を選んだ。それは浅川から日原《にっぱら》まではバスで行き、そのあとは唐松林道を登り、直接雲取山に取り付くコースである。私は夕方の電車で現在は奥多摩と呼ばれている浅川まで行き、暗くなってから歩き始めた。唐松林道を夜中に歩き、明け方に尾根に取り付き、雲取山の頂上には夜明け前に着いた。頂上には誰もいなかったが、日が昇る直前には数人の人が雲取小屋からやってきた。雲取山の山頂の日の出は涙が出るほど美しかった。日が出る前に地平線上に薄くかかっていた雲の縁が光り、金色の縁取りができる。暫くすると縁取りの中央から幾筋かの光が薄暗い空を切り裂いて現れ、光の塊を吊り上げる。皆ものもいわずにその光景を見守っていた。その光景を頭の中で繰り返しながら、帰路は七ッ石を経て浅川まで歩いた。全行程はかなりの距離になったが、充分に歩けるという自信がついた。

五万分の一の地図を買い込み、その後の山行きの計画を立てようとして、はたと思い当たった。私は受験勉強中なのであった。山の魅力はしかしあまりに強く、受験勉強などは山に登りながらでも出来ると自分に言い聞かせていたが、そのときすでに語ったように私は盲腸で入院せざるを得なくなり、山から自然に遠のくことになった。

二度手術をして半年後にようやく退院した時、私には受験ははるか遠くの目標に思えた。あらゆる面で準備は不充分であったから、合格する自信はなかった。この頃は進学適性検査なるものが行われていた。さいころを積み上げた立体の体積を計算したり、国語の問題とほとんど変わらない問題もあった。建前としては準備が出来ない適性検査ということになっていたが、予備校などでは適性検査の対策が行われており、準備すればかなり成績は上がるといわれていた。一橋大学では進学適性検査で一次試験をし、その合格者だけが二次試験を受験できることになっていた。

二次試験の前日に私は塩川君と新宿の寄席に行った。真打は春風亭柳橋で彼が何を話したのかは忘れてしまったが、話の中で「最近の学生さんは笑ってくれないから困る」といっていた。私達は最前列に座って、おそらく顔を固くして聞いていたのであろう。寄席の帰りに塩川君が私に「君は数学は何処までやったか」と聞いた。私は「中央値まではやったけど」と答えた。すると塩川君が「中央値ってなんだい」と聞くので私は「そんなもの出やしないよ」と答えた。ところが翌日の試験に中央値の説明が出たのである。

数学はそれほど難しくなかった。三問目はかなり計算を要する問題であったが、終わってから答えを友達と合わせてみると私の答えがあっていた。しかしこの時の試験には落ちたのである。おそらく全体として成績が良くなかったのだと思われる。塩川君は自信がなかったのであろう。発表を見に行かず、私に見てきてくれという。発表を見てがっくりしてまっすぐに家に帰らず、吉祥寺で映画を見た。「お嬢さん乾杯」という映画であった。佐野周二と原節子が主演でデートに大きなバスを使っているところなど面白かったのだが、落魄した華族の子女が自動車修理工場の経営者と見合いをする話で、この頃の世相を描いたものであった。しかし試験に落ちたショックで楽しめなかった。映画を見て少しゆとりが出来てから家に帰った。

試験に落ちたのは始めてであったから、暫くはがっくりしていた。しかしやがて私の高等学校の同級生がほとんど落ちたということが解った。それでやや気を取り直して高等学校へ行った。皆明るい顔をしていたので私の気も晴れてきた。すぐに予備校の試験が始まるので皆何処に行くかを考えていたらしい。私は落ちるという予測をしていなかったので、予備校も何処が良いのかわからなかった。そこで神田あたりの予備校を見て回った。何処も受験生でごった返しており、とくに著名な予備校は薄汚く、机も小さくて傷だらけで、全体としてとても暗い雰囲気だった。私はこんなところで毎日を過ごすのはいやだと思って他の予備校へまわった。

市ヶ谷の城北予備校へ行ってみるとバスケット場があり、受験生がバスケットで遊んでいた。それを見て私はそこに決め、試験を受けた。幸い合格し、通うことになった。朝家を出て、大泉学園の駅に立つと、予備校に行きたくないという気持ちが強くなり、上りの電車がきたら予備校に行き、下りがきたら何処か他のところに行こうと考えた。何回かに一回は下りが先にきたので、下り電車に乗り、秋津で下りて林の中を半日散歩して過ごした。

予備校に通っていると、自分にこの世の中で居場所がないことが痛感された。たいていの人は何処か人々が認めているところに席があるからである。現在と違ってこの頃はまだ予備校はそのように人々に認められていなかった。高校生でも大学生でもそれなりの席がある。当時はまだ予備校という場所は一般的なものではなかった。自分が社会の中からはぐれているという感じがあった。このような感覚を抱いたのは初めてのことであった。予備校に通って始めてこの世のなかに誰もが認める居場所をもたない人がいることに気がついたのである。

予備校に行かない日には秋津などの駅で降り、近郊をぶらつき歩いた。この頃はまだこのあたりは草地が多く、歩いていると珍しい木や草花に出会った。そうしているとたまらなく山が恋しくなった。予備校の一年間は、山に行きたいという欲望との戦いであった。それは私には受験勉強からの逃避だと思われたので、山のことは考えないようにしていた。しかし最初に下り電車が来て、それに乗ったときからもう欲望に負けていたのである。予備校には楽しみはなかった。唯一の楽しみは成績が発表された時の順位だけで、それも上下したから常に楽しいわけではなかった。

ほんのささやかな楽しみは英語の時間で、小説の一節など和訳する時に漁師の言葉は漁師らしく訳して教師に褒められたことくらいであった。城北予備校には一橋大学の岩田一男教授が来て英語を教えていた。一橋大学の試験にはディクテーションがあり岩田教授が担当する可能性が高かったから岩田教授の授業を聞いていることは有利であった。しかし岩田教授はラジオでも授業を持っていたから、全国の学生が彼の英語を聞いていたことになる。この頃一橋大学のディクテーションは日本人教師と外国人教師が複数で行っていた。外国人教師にあたったら悲劇だと思われていた。

この頃の受験界ではサマセット・モームが流行っていた。予備校でもモームの『人間の絆』の部分を読んだ。私は全体が気になって丸善に行き、原書を買って読んでみた。主人公がパリまで出かけてゆき、絵の勉強をしながらも自分の才能に自信がもてないところが気になったのである。主人公は信用できる絵描きに自分の才能について聞き、最後には諦めるのだが、私にはそれが理解できなかった。私には自分で才能に見切りをつけることが出来るような気がしていたのである。それよりも絵を描きたいという強い動機がどれほどのものかが充分に描かれていないように思えた。この頃まだ私は将来何をするのか決まっていなかった。相当前から学問をしたいという気持ちは強かったのだが、どのような学問なのかは定かではなかった。

たまたま読んだマックス・ヴェーバーの書物に次のような文章があった。「自分で革のめかくしをつけて、自分の魂が救われるかどうかは、ある写本のある箇所をば正しく判読しうるかどうかにかかっている、とまで思いこむことができないようなひとは、学問にはそもそも縁なき衆生なのである。そういう人は、学問の『体験』ともいうべきものをついに身をもってあじわうことがないであろう。こんな奇妙な、門外漢ならだれでも笑うような、三昧境、このような情熱、つまり、『汝が生まれるまでに数千年が過ぎ去ったにちがいない、またさらに数千年が静かにひかえて待っている』というような、時間を超越した心境でその写本の判読に熱中するという態度——こういうもののない人は学問には向かないのだ。そんな人はなにか他のことをやったほうがいい。なぜなら、そもそも、情熱をこめなくてもできるような仕事などというものはいっさい、人間としてやりがいのある仕事ではないからである」(『職業としての学問』出口勇蔵訳)

今でもこの文章を読むと、私には学問をする資格はないと思ってしまう。マックス・ヴェーバーのこの文章は歴史家や文献学者に求められる資質をやや強調した形で説いているのだが、この頃の私は文字通りに受け止め、私には到底学問をする資格はないと思ったのである。私が学問をしたいと思うようになったのは言うまでもなく、カトリックの世界から出て以来のことであった。カトリックの世界から抜け出してきた時、私はキリスト教の外の世界からさまざまなことを学んだ。カトリックの世界はあまりに狭く、そこでの知見も限定されているように思えたのである。それだけでなく、カトリックの世界ではすべては明白で、善も悪もはっきりした位置をもち、そこにいれば安心して暮らすことができる。そのような世界を捨ててきた私は俗の世界をも含めてこの世界の全体を知りたいと思っていた。しかしヴェーバーのこの文章では写本を読む私の動機が示されていないと思われた。私にとってその写本の位置がはっきりしていて、その写本のその箇所の解読が絶対に必要な場合には、私もヴェーバーのいうように写本に対峙できると思った。しかしその頃の私には自分を含む世界の全体を知りたいという欲求はあっても、そのための最初の取っ掛かりが見つけられなかった。何から手をつけてよいのかが解らなかったのである。ヴェーバーに即していえば、私には読むべき写本が見つからなかったのである。

大学入学

翌年の試験には合格した。大泉学園から西武池袋線と西武多摩湖線を使って小平の校舎に通った。この線を使う学生は少なかったので、すぐに一人の学生と知り合いになった。坂本幸雄君で、彼は鹿児島の鶴丸高校の出身であった。後にサントリーの取締役やブリタニカの社長も務めた。数学の山田欽一先生もこの線で通っておられた。この先生は受講している生徒の名前を全て覚えていて、突然「阿部君」と呼びかけられてびっくりしたことがある。大学の授業の中では数学が一番面白かった。高校では数学は好きではなく、できも良くなかったのだが、大学で学んだ現代数学は面白かった。山田教授は「一辺が一センチの立方体の中に全宇宙をこめる手続きについて述べよ」という試験問題を出し、非ユークリッド幾何学を教えてくれた。これは私には大きな発見であった。

小平には一、二年生がいて、前期課程と呼ばれていた。建物は白いタイル張りで、どこか病院のようなたたずまいであった。本館の裏に図書館があり、日常の用は足していたが、国立《くにたち》の図書館には到底及ばなかった。当時の学生はすでに学帽はかぶっていなかったが、学生服の者が大半であった。私は一着の学生服で四年間を通した。小平の授業でもっとも緊張したのは二年次にとった増淵龍夫教授のゼミナールであった。テキストはマックス・ヴェーバーの『経済史』で、ドイツ語であった。私は高等学校でフランス語はとっていたが、ドイツ語はとっていなかったので、高田外語に通い、三か月でドイツ語の初歩を身につけた。それでもヴェーバーは難しく、一行に何語も解らない言葉があった。私は行ごとに単語帳を作り、読んでいった。マックス・ヴェーバーについては予備校の頃に『職業としての学問』は読んでいたが、そのほかの書物は読んでいなかった。

増淵教授は第四章の「近代資本主義の成立」から読み始めた。この書物はそれまで高等学校で学んできた歴史とは全く異なったプランで書かれていて、その構成が解らないと全く理解できないものであった。ヴェーバーによると、

「ある人間集団の需要充足が企業を通じて営利経済的に行われる場合、――その需要がいかなる種類のものであれ、とにかく――そこには資本主義が存在する。さらにそのうち特に『合理的なる』資本主義とは、資本計算を伴う経営を言う。――そして歴史のすべての時期において種々の形態を有する資本主義が出現した。この事実は否定しがたい。しかし日常需要が資本主義的な仕

方で充足されるという事実は、ただ西欧においてのみ特有であり、しかも西欧においてもようやく十九世紀の後半以来の出来事である」

歴史というものは高等学校の理解では時間の流れであり、古代から現代までの時間の流れを叙述するものだと思っていた。ところがマックス・ヴェーバーの『経済史』では古代と現代が同時に扱われており、類型としての経済のあり方が説かれていた。私はヴェーバーの方法を知りたくて、書物を探した。

神田の古本屋街で偶然カール・ヤスパースの『独逸的精神』という書物を発見し、読んでみた。この書物によってヴェーバーの関心の在処が解った気がしたが、経済史の方法についてはそれほど明らかになったわけではなかった。それよりも何故ヴェーバーが資本主義を問題にしたのか。西欧の資本主義の成立が何故彼の関心を引いたのかはかなり解ったような気がした。ヴェーバーは西欧社会における合理主義の成立に関心があり、人類の歴史の中で合理的な思考がどのようにして成立したのかを問題にしていたと思われた。これらの書物を読み、増淵教授の説明を聞いても、私には何か納得しがたいものがあった。それはかつてヘッセを読んだときと同じで、言葉は解っても実質が理解できていないという感じであった。

当時の前期ゼミナールは必修であったから、履修者は五十人にもなり、増淵教授は午前と午後の二つのグループに分け、二回ゼミナールを開いていた。そこで質問をすると答えにかなり時間がかかるから、ゼミナールが終わってから、教官室に来るようにといわれ、何度か先生と二人で長い時間話をし、時には喫茶店で話の続きをしたこともあった。ゼミナールの時間にはすでに出版されていた訳本を持ってきて訳読をするものがいた。増淵先生はそのものを厳しく叱責し、自分で訳すように言っておられた。しかし当時の語学の授業時間の中で二年生がヴェーバーの書物を自由に読みこなすだけの力を付けることは容易ではない。後に私が前期のゼミナールを開いたときの話だが、ある学生にどれくらい準備に時間がかかるかを聴いてみたところ、九十分のゼミナールのために二十時間準備するということであった。すべての学生がそれだけの努力ができるわけではないから、増淵先生はゼミナールの運営には苦労されたようであった。

私は大学生になったということが充分に自覚されていたわけではなかった。毎日大学に出かけていったが、数学とゼミナール以外には講義も面白いものが少なく、大学に失望しかけていた。そのとき再び頭をもたげてきたのが山への憧れであった。久しぶりで雲取山に行ってみた。今回は韓国からの留学生の朴晶熙くんと一緒に同じ唐松林道から登った。その後は主として南アルプスを中心として登り、北岳、間ノ岳《あいのたけ》、農鳥、仙丈、塩見などを歩いていた。あまりにしばしば山に登るので同行するものもいなくなり、これらの山にはほとんど一人で出かけていった。その頃加藤文太郎の『単独行』という書物が良く読まれており、著者が冬の北アルプスで山の厳しさに悩まされながら、「何故自分だけこんな苦労をしなければならないのか」を嘆く場面が印象的であった。浦松佐美太郎の『たった一人の山』もこの頃に読んだ。

私も好きこのんで一人で出かけたわけではない。相棒がいなかっただけである。二年生の時同じクラスの加地幸雄君が南アルプスに行こうと誘ってくれた。荒川岳から赤石を経て聖岳まで行く計画であった。三伏小屋に泊まり、荒川岳を経て百間洞に泊まった。百間洞は開けた土地に這い松が生い茂り、景色も良く、素晴らしい土地である。赤石岳の中腹に飛行機が一機墜落していた。おそらく戦時中の飛行機だと思われるが、ジュラルミンが太陽を浴びてきらきらと光っていた。加地君は豊かな家の生まれで、いつもラクダのコートを着ていたが、しつけは厳しかったらしく、山岳部で誰かが食べ残しのご飯を捨てていると、怒って残りのご飯も食べるべきだと主張していた。また彼は喫茶店に入ったことがないといわれていた。彼がこの山の計画を立ててきたとき、私は費用が無く、いかれないといったんは断った。すると彼は「費用は僕が出すよ」という。私は「でも返す当てがないから借りられない」と答えると困った顔をしていた。しかし結局は山の誘惑には勝てず、私も出かけることにしたのである。加地君は今ではユタ大学のギリシャ哲学の教授をしている。

第二章

上原専禄先生との出会い

大学の授業は大体面白くなかった。特に語学は高校とほとんど変わらず失望させられた。しかし中には面白い講義もあった。たとえば大塚金之助教授の社会思想史である。この講義は、産児制限《バースコントロール》の普及に尽力したアメリカの社会運動家サンガー夫人の話が中心であったが、教授の先生に当たる福田徳三の話などが混じり、興味深かった。福田徳三ゼミナールでは報告者は一週間前にレジュメを出さなければならなかったという。当日になると、福田教授は報告者にレジュメを投げつけて、やりなおしを命ずることもしばしばという厳しさであり、大塚教授はそのためにノイローゼになったと言っていた。多くの学生を集めたのは高島善哉教授の社会科学概論であった。教授は話の中で同僚の教授を引き合いに出して「本学の○○教授は――」と批判をする。学生がワーッと沸くと一歩後ろに下がって学生が静まるのをしばらく待ってから前に出て再び話を続けるのである。初めのうちは面白かったが、しばらくすると鼻について聞きたくなくなった。

東大の宇野弘蔵教授の経済学特殊講義も聴いた。教授は椅子の背を前にして跨り、「私の講義は東大では経済原論なんですが、ここに来ると特殊講義になるんですね」と皮肉った。つまり、東大はマルクス経済学であり、一橋大は近代経済学であったために〃特殊〃講義とされてしまう、というわけである。宇野教授は、岩波書店刊行の二巻本の経済原論の講義をした。その中である日次のような話をした。「学者というものは論文を書かなければならないということになっているが、一生の間一編も論文を書かないでいいものでしょうかね」「大切なことは考えるということですから。その結果を論文という形にしなくてもよいようにも思えるが、どんなものですかね」私は教授の話を聞いて学者と発表の問題に初めて気がついた。

私は高校ですでにフランス語をとっていたので、大学に入学してからはドイツ語学習を始めた。前に触れた高田外語で学んだのである。大学の語学は一週間に一ページくらいしか進まず、まだるっこしかったからである。高田外語ではドイツ語は三か月で初級が終わった。そこで他のクラスのドイツ語の授業に出てみた。東京経済大学の大成龍雄教授がゲーテの芸術論を講読していた。比較的厚い本で、内容は難しかったが、面白かったので私は授業が終わった後も読み続け、最後まで読んでしまった。私はいまでもその本を持っている。大成教授は歌人で、講義が終わって帰る時に一緒になると、ときにその話もしてくれた。

フランス語の根岸国孝教授は私たちのクラス担任だった。最初の日に皆が教科書を持っていないことに気がついて「このクラスの担任は誰かね」と聞いた。「先生です」と応えると「これは驚いた」と言う。驚いたのは私たちのほうだった。フランス語の試験などでも教授は「徳球が現れたとき――」というようなフランス語の作文を課し、何時も多少ふざけていた（日本共産党の徳田球一は一九五三年に北京で死去していたことが報道された）。新宿でコンパがあり飲んだ後、先生のお宅まで誘われたことがあった。目白のお宅に着くと、鍵がかかっていた。先生は「母ちゃん、帰ったよ」と怒鳴り、鍵をあけてもらっていた。教授はその頃、モンテスキューの『法の精神』を訳したばかりで、××教授の訳などは問題にならないと私たちに自慢していた。根岸教授については他にも学生の間である噂が立っていた。教授がフランスに留学した時、船の中で知り合った女性と結婚し、二人で留学生活を送ったが、女性がフランスで亡くなってしまったので、自暴自棄になっているというのである。その噂が事実であるかどうかは問わず、私たちはその噂を真に受けて、その意味でも教授に親愛の情を抱いていた。

講義とは別に私はその頃『国富論』を読んでいた。モダンライブラリー版を丸善で買い、夏休みに読み始めた。最初の「分業」の章で私はすぐにつまずいてしまった。一個のピンを作る作業は十八の工程に分かれているという話である。一人でするなら一日に一本すら出来ないが、職人が作業を分割して働けば、一日に四千本以上のピンを作ることが出来るという。確かに生産効率は上がるだろう。しかし針金を切るという仕事を一日中している職人はなんとつまらない仕事をすることになるのだろう。それよりも一日で一本出来なくとも一人で時間をかけて作るほうが楽しいのではないかと思った。一人で読んでいたためにこのことを質問する相手がいなかったので、増淵教授に質問してみた。すると教授は「確かにそのとおりだが、一人で一日に一本も出来なければ職人はきわめて貧しい生活を送らなければならない。しかし分業で多くの生産物を市場に送り出せれば職人の生活水準は上がり、結果として彼は他の楽しみを享受することが出来る」という。あまりの正論に私は反論できなかった。今考えてみると一年生の時の私の質問にも見るべきところがあったように思えるのだが。

この頃石原慎太郎の『太陽の季節』が出た。私より三年ほど先輩の作品ということで私も読んでみた。というよりも私の母がまず雑誌に載ったこの作品を読み、面白いから読めといって私に勧めたのである。母の勧めにもかかわらず、私にはこの作品は遠い存在でしかなかった。それよりも私が気になったのは別のことだった。一橋の柔道部に入っていた石神井高校の一年後輩の川口君が、柔道の練習中に事故で亡くなったということがあった。このことを石原慎太郎がその後小説にしており、それには興味を持った。私は詳しい事実を良く知らなかったので、そのままになっているが、事実と小説の関係には興味があったのである。

小平の二年間は最も山に登った二年間であった。小平の奨学金担当の事務官は私の奨学金の「学」の字が違っているのではないかといっていたが、確かに事実上奨岳金であった。この頃は南アルプスに夢中になっていた。最初は鳳凰三山や駒ヶ岳であったが、前述のようにやがて北岳、間ノ岳、農鳥と登り、塩見などにも足を延ばしていた。山に登るにはお金がかかる。母から小遣いをもらえなかったので、私はもっぱら家庭教師をして稼いでいた。この頃テレビが普及し始め、家庭教師の授業が終わると食事が出され、テレビを見て行きませんかといわれることが多かった。それはたとえばＮＨＫの人気番組「ジェスチャー」などであった。こうして稼いだお金はもっぱら山に使った。

あるとき塩川君と二人で八ヶ岳に登った。中央線の列車の中で三人組の女性と知り合い、彼女たちも八ヶ岳に登るらしかった。私たちは松原湖から本沢温泉経由で硫黄岳と赤岳を目指していた。本沢温泉の近くで彼女たちと再び出会い、一緒に硫黄小屋に行った。その日は山が荒れて、赤岳にはいかれそうもなかったので、沈殿し、五人でトランプなどをして遊んでいた。女性の一

三ッ峠の岩場で。

母・阿部秀子。四十代前半の頃。

昭和三十年、南アルプスの塩見岳山頂にて。

人は佐々木紀伊子さんといい、カトリック信者であった。三日間一緒に過ごした後、別れる間際に佐々木さんが今度駒ヶ岳に登る時には自分も連れて行って欲しいというので一緒に行く約束をして別れた。

一、二か月後駒ヶ岳に行くことになり、新宿で待ち合わせた。他の二人の女性も見送りに来て、驚いたことに佐々木さんのお母さんもシュラフザックをもって見送りに来ていた。十一時五十五分発の鈍行で、私たちは朝暗いうちに韮崎に着いた。歩き始めて駒ヶ岳の麓に着いた時、先に出発していた急行アルプスの乗客である登山者達に追いついてしまった。私の歩き方が速かったためで、彼女は多分無理をしていたのだと思う。

夕刻に無人の七条の小屋に着いてそこで一泊した。何処かの高等学校の生徒が五人ほど小屋の中でテントを張っていた。あくる日は早朝に小屋を出発し頂上に立ってから下山し、麓の原で休憩した。もうあたりは真っ暗で、空には東京では見られないほどの星が瞬いていた。そのとき私は初めて彼女にキスをした。そのような状況には憧れていたが、実際に経験してみると、なんだこんなことかと思われ、気持ちが冷めてゆく感じであった。この彼女とはその後半年ほど付き合ったが、私がまだ二年生なのに、彼女は結婚を視野に入れていたため、うまく行かなかった。その年のクリスマスに彼女からカードが来た。そこには高村光太郎の「クリスマスの夜」という詩が最後の五行を除いて引用してあった。

わたしはマントにくるまつて
冬の夜の郊外の空気に身うちを洗ひ

今日生れたといふ人の事を心に描いて
思はず胸を張つてみぶるひした

――彼の誕生を喜び感謝する者がここにも居る
彼こそは根源の力、万軍の後楯
彼はきびしいが又やさしい
しののめの様な女性のほのかな心が匂ひ
およそ男らしい気稟がそびえる
此世で一番大切なものを一番むきに求めた人
人間の弱さを知りぬいてゐた人
人間の強くなり得る道を知つてゐた人
彼は自分のからだでその道を示した
天の火、彼

――彼の言葉は痛いところに皆触れる
けれども人に寛濶な自由と天真とを得させる
おのれを損ねずに伸びさせる
彼は今でもそこらに居るが
いつでもまぶしい程初めてだ

——多くの誘惑にあひながら私も
おのれの性来を洗つて来た
今彼を思ふのは力である
この土性骨を太らせよう
飽くまで泥にまみれた道に立たう
今でも此世には十字架が待つてゐる
それを避けるものは死ぬ
わたしも行から
彼の誕生を喜び感謝するものがここにも居る

高村光太郎の詩を読むのははじめてであった。カトリックの世界にいたときにはイエス・キリスト個人ではなく、教義の全体が常に問題になっていたが、この詩ではキリストが一人の男として詩人に向かい合っているように見え、関心をそそられた。このときから高村光太郎の詩を読むようになった。佐々木さんがこの詩を贈ってくれたのは私に対する別れを詩に託して告げるためであったが、私はかえってその詩によって道が見えた気がしたのである。かなり後に光太郎の「雨にうたるるカテドラル」を通して光太郎が見たヨーロッパとは別のヨーロッパを見ることになるからである。佐々木さんはその後結婚されたが、四十代で亡くなったと聞いている。

二年生の時に田辺元の『哲学入門』を読んだ。その中で特に時間論に興味を持った。そこでアウグスティヌスも読み、フッサールの『内的時間意識の現象学』も読んだ。しかしこの段階ではそれ以上には自分の中では進展しなかった。フッサールの面白さに気がつくにはまだ時間が必要であった。時間についてはかつて私がカトリックの中にいた時、ヨーゼフ神父から聴いていたのでクルマンの『キリストと時』という書物も読んでみた。時間の問題は無限の広がりを持ち、興味は尽きなかったが、他の問題との接点が見いだせず、それだけで終わっていた。

小平では図書館の蔵書は充分でなかったので、私はときに国立に行った。国立の図書館の建物は立派であった。夏でも涼しげなその建物の中で本を読んでいると、いかにも学問をしているような気になった。しかし私には何か不安で、落ち着いて本が読めないのである。すでに述べたようにこの頃私は増淵先生のゼミナールでマックス・ヴェーバーの『経済史』を読んでいた。一橋大学のゼミナールではただ本を読むだけでなく、ゼミ旅行やコンパもしばしば行われた。この頃多くの学生達の関心は後期の、つまり三年次以降のゼミナールを何処にすべきかということであった。私もそのことを考えており、上原専禄先生のゼミナールを候補にしていた。水上温泉へのゼミ旅行で増淵先生にそのことを話した。先生は「上原先生の何処が良いのかね。人格か?」といわれ、特に賛成も反対もされなかった。増淵先生自身上原先生の弟子であったから、はっきりとは答えにくかったかもしれない。

このとき増淵先生から次のような話を聞いた。先生は初め上原先生の下でドイツ中世史の研究をしていた。かなり大部の専門的論文も書いていたらしい。しかしあるとき先生は中国史の研究に転じられたのである。その理由についてははっきりとはおっしゃらなかったが、第二次大戦が始まっていたという事情もあったかもしれない。私自身ゼミナールの選択だけでなく、何をテーマにすべきかでも迷っていた。そこで思い切って上原先生をお訪ねすることにした。

あらかじめ葉書で訪問の旨を書いて送った。すると先生から葉書で返事が来て、「何月何日に御来車くだされればお会いできます」とあった。当日の予定の時間にお訪ねするとゼミナールの先輩に当たる卒業生が大勢来ていて、なかなか私が話をする機会がなかった。そのうちにお寿司が出されて、私もお相伴した。そのあとで他の人たちが帰ったのでようやく私が話をすると、先生は「何をしたいかですね」といわれ、私の関心のありかを尋ねた。ところが私はその点でも迷っていて、古代ローマ史か、東ドイツ植民史か、あるいは宗教改革か決めかねていた。すると先生はもう少し考えてまた相談しましょうといわれ、その日はそれですんだ。しかしそれから数日して先生の研究室を訪ねたとき、先生はいきなり図書館へ私を連れてゆき、パウリ－ヴィソヴァ編の『古代学百科事典』の前で古代ローマ史をするならこの事典くらいはあらかじめざっと目を通しておく必要があるでしょうといわれた。この事典は全体で百巻以上ある浩瀚《こうかん》なものであった。

そのうちにゼミナールの志望を出す日が来た。上原ゼミナールの場合は志望理由をレポート用紙十枚にドイツ語で書いて出すことになっていた。私はまた先生の研究室を訪ね、フランス語で書いてもよいかをお尋ねした。先生からフランス語でもよいという返事を頂いて、書き始めた。しかしフランス語の作文にまったく自信が無く、学習院大学の水谷謙三先生に直していただこうと思った。水谷先生はだいぶ苦労して一応直してくださった。それ以来ゼミナールのたびに上原先生は必ず私たちが提出したレポートを出されたので、恥ずかしくて冷や汗ものであった。結局私は東ドイツ植民史をドイツ騎士修道会を中心として調べることになった。キリスト教の問題を具体的な史実の中で考えたいと思ったからである。

上原ゼミナールの日々は常に緊張の連続であった。私の同学年は五名ほどであったが、一年上の学年の人も一緒にゼミナールに加わっていた。あるとき一人の学生が来週の報告が出来ないと申し出た。すると先生は「現代のような時代に簡単に報告が出来ないということはよくわかります。しかしなぜ報告が出来ないのか、それを話して下されば、立派な報告になるでしょう」といわれた。実はその学生はアルバイトが過ぎて報告の準備が出来ていなかったのである。そのことを話せなかったので、彼は困って結局報告をすることになった。先生にとっては怠けたり、他のことのために報告が出来ないということは考えられないことのようであった。現代のような社会の中で学問を営むということの困難さを指摘されたのであって、学問以前の問題としてアルバイトが過ぎたことを理由としても良かったのである。

またあるとき一年後輩の学生がリルケについて報告した。彼は自分の生き方の問題から始めてリルケを選んだのは一種の賭けであるといった。彼はそのとき自分はドイツ語が出来ないので翻訳で読んだと述べた。普段はにこやかで笑顔を絶やさない先生がその時は烈火の如く怒り、叱責された。賭けとしてリルケを選んだといいながら、ドイツ語が出来ないことを理由として挙げるとは何事かというのである。

三木清について報告した学生についても先生は難しい注文をつけられた。「私は三木清を良く知っているので、君の報告は全体としてあたっていないと思われる。三木清をもう少しひきつけてみてはどうですか」というコメントであった。学部の三年生にとっては三木清をもう少しひきつけるとはどういうことかよくわからなかったであろう。

私が三年になった時、卒業論文のテーマで迷っていて、先生のお宅を訪ねて質問したことがあった。そのとき先生は「どんなテーマを選んでも良いが、それをやらなければ生きてゆけないと思われるようなテーマを選ぶべきでしょうね」といわれた。それをやらなければ生きてゆけないテーマを求めて私は数か月間考えた。当時の私にとって生きてゆくということは食べてゆくということに等しかった。そのように考えると、それをやらなければ生きてゆけないテーマなどは当時の私には存在しないように思えた。そこで私は後退して、特別なテーマではなく、何も考えずに本も読まずに生きてゆけるかと自分に問うてみた。するとそれでは生きてゆけないということが明らかであった。少なくとも私には何かを考えなければ生きてゆけないということははっきりとしていた。そこから出発して学問のテーマに達することはそれほど難しいことではないと思われた。しかしこのときはそこまでしか考えられなかった。

このときの先生との会話は私にとって一生を決める決定的なものとなった。「それをやらなければ生きてゆけないテーマを探せ」という先生の言葉を私は生涯抱き続けることになるからである。それと同時にこの頃私はリルケと出会った。一年後輩の学生の報告を聞きながら、私もリルケを読んでみようと思ったからである。まず最初に『若き詩人への手紙』を読んだ。この書物を知ったことも私の一生を決める出会いであった。リルケはある若い詩人が自分の詩を送ってきたのに対し、返事を書いている。

「あなたは御自分の詩がいいかどうかをお尋ねになる。あなたは私にお尋ねになる。前にはほかの人にお尋ねになった。あなたは雑誌に詩をお送りになる。ほかの詩と比べてごらんになる、そしてどこかの編集部があなたの御試作を返してきたからといって、自信をぐらつかせられる。では（私に忠言をお許し下さったわけですから）私がお願いしましょう、そんなことは一切おやめなさい。あなたは外へ眼を向けていらっしゃる、だが何よりも今、あなたのなさってはいけないことがそれなのです。誰もあなたに助言したり手助けしたりすることはできません、誰も。ただ一つの手段があるきりです。自らの内へおはいりなさい。あなたが書かずにいられない根拠を深くさぐって下さい。それがあなたの心の最も深い所に根を張っているかどうかをしらべてごらんなさい。もしもあなたが書くことを止められたら、死ななければならないかどうか、自分自身に告白して下さい。何よりもまず、あなたの夜の最もしずかな時刻に、自分自身に尋ねてごらんなさい、私は書かなければならないかと。深い答えを求めて自己の内へ内へと掘り下げてごらんなさい。そしてもしこの答えが肯定的であるならば、もしあなたが力強い単純な一語、『私は書かなければならぬ』をもって、あの真剣な問いに答えることができるならば、そのときはあなたの生涯をこの必然に従って打ちたてて下さい。」（高安国世訳）

私にとってこの言葉は決定的な意味を持っていた。卒業論文のテーマの設定に際しても、レポートを書く際にも対象の設定に迷いがあった。この頃私は自分が書く文章の意味について迷っていたからである。それは学問をすること、研究をすることにどのような意味があるのかという疑問であり、自分が生きて生活しているということと関係が無い文章を書くことに対する疑問であった。私が大学に入学した年に陸海空自衛隊が設置され、我が国は事実上軍備を再開していたし、卒業の前年にはいわゆるジラード事件が起こり、薬莢を拾って生活の糧にしていた農婦が射殺され、安保条約の問題点が明確になりつつあった。同じ年にソ連がスプートニクを打ち上げ、東海村の原子力研究所が設立されている。このように我が国と世界の情勢が大きく変わりつつある中でヨーロッパ中世の研究をすることの意味を問い続けていたのである。そのような問いには上原先生の影響が大きかった。先生はつねにどんな問題を扱うにしても自分が生きている現実から遊離してはならないと教えておられたからである。大学では周囲の学生達がこのような政治の問題に常に関心を抱いており、集会も開かれていた。その種の集会に参加しても自分の関心とズレがあり、仲間達と一体にはなりえなかった。そのような時にリルケの書物を読んだのである。少なくとも自分はどのような決断をするにしても、このリルケの言葉のように生きようと考えたのである。

ちょうどその頃、私は家庭教師をして生活費を稼いでいた。そのうちのある少女は母が亡くなって義母が面倒を見ていた。素質がある良い子であったが、いわゆる登校拒否をして親を困らせていた。私は単なる家庭教師にすぎなかったが、それでも教師であることには変わりはなかった。この家庭は豊かな家庭で、私の窮状を知っていたご両親は当時としては破格の教師手当てを下さっていた。しかし教師としてこれ以上やっていけないと思った私は先生に相談してみた。すると先生は生活の費用のことは問題ではない。教師がそれ以上できないと思ったらすぐにやめなければいけないと即座におっしゃった。私はその足でその家に行き、やめさせてくださいと申し出た。私がそのように申し出たことがきっかけで、ご両親もその子に対して積極的な行動に出て、結果としては良い状況となったと聞いた。

このような状況の中で卒業論文のテーマを決めなければならなかった。同じゼミナールの仲間はそれぞれテーマを決め、着々と取り組んでいた。私はなかなかテーマが決まらず、あせっていた。上原先生はそのような私に「テーマは大きく設定し、小さなことから始めなさい」と教えてくれた。私は修道院で学んだ経験を生かし、キリスト教を本来の研究課題とし、そのための第一歩としてドイツ騎士修道会の研究をすることに決めた。キリスト教と武装集団の関係を明らかにしようと思ったからである。こうした説明はややこじつけに近かったが、当時の私には自分で納得するためにこのような説明が必要だったのである。

まずは文献を集めなければならなかった。ところがわが国にはドイツ騎士修道会関係の文献はほとんど無いことが分かってきた。文献があるかどうかとは関係なく、自分の関心のままにテーマを設定したために、このような事にあとになってから気づく始末であった。一橋大学の図書館はそれでもある程度は必要な文献をおいていたので、それらをまず読み、同時にその他の大学図書館を調べて回った。東京大学の中央図書館にペルルバッハの『ドイツ騎士修道会会則』があることが分かった。夏休みに東大の図書館に通って会則を筆写した。中高ドイツ語で書かれた会則は最初はほとんど読めなかったが、丁寧に筆写しているうちに徐々に読めるようになって来た。その事を上原先生に話すと、先生はそれが一番よい方法です、とおっしゃった。

朝九時には東大に行き、昼にはルオーという画廊喫茶でカレーライスを食べた。東大の図書館には当時は冷房もなく、汗がたらたらと流れ落ち、ノートに染みが出来てしまったが、何かをしているという満足感はあった。こうして全体を写し終えたときには少なくとも中高ドイツ語は多少は読めるようになっていた。日本中探してもそれ以上には関係書が見つからなかったので、ドイツの教授に頼むことにした。新しい雑誌に騎士修道会関係の論文を寄せていたゲッティンゲン大学のヴァルター・フーバッチュ教授に手紙を書いて文献の探索に協力してくれるよう頼んだ。なかなか返事が来なくてやきもきしたが、半年ほどして返事が来た。この頃教授はボン大学に移られていて、そのために返事が遅れたのだった。教授は全面的に協力すると約束してくれ、早速ご自分の本を送ってくれた。それ以後教授とは長い間文通し、後にドイツに留学する際もお世話になった。

そうこうしているうちに極東書店に注文してあった書物も到着し始めた。その中にルードルフ・テン・ハーフの『ドイツ騎士修道会国家とドイツ騎士修道会バライエン』があった。これは特異な書物で、ドイツ騎士修道会といえば普通はプロイセンの国家のことだと思う。しかし騎士修道会にはそのほかにヨーロッパ各地に莫大な所領があり、それぞれ飛び地ながらそこからの収益でプロイセンの国家を支えていたのである。この書物はそれらの所領バライエンとプロイセンの国家との関係を調べたもので、これまでにない新しい視野を開いたものであった。私はこの書物によってドイツ騎士修道会史研究を全ヨーロッパ的視野の下で観察する道が開けたように思った。

上原先生の歴史学の講義

その頃上原先生は歴史学の講義でヨーロッパにおける中世史研究の現状について話をされていた。歴史学という講座は社会学部に置かれており、専門科目であった。他の大学では専門科目として国史、西洋史、東洋史などがおかれているが、上原先生の構想で作られた社会学部では専門科目として歴史学が置かれていたのである。先生の考えではこれまでのわが国の歴史の講座は日本が学んでくる対象としての西洋史、そこから自らのあり方を考える国史、さらにその上で働きかけてゆく対象としての東洋史として構成されており、わが国の明治以降の国策の線上に大学の講座が位置づけられていた。そのような講座のあり方を全面的に考え直すために歴史学という講座をおき、そこで歴史学のあるべき姿を考えようとされていたのである。一九五六年度の歴史学の講義では第二次大戦の後にヨーロッパの中世史研究がどのように変わって来たのかが論じられた。それは同時にヨーロッパの歴史意識がどのように変わったのかをも問題にすることになる。一口にヨーロッパといっても、個々の国々とヨーロッパ全体との問題もある。西ドイツでは八つあるラント（州）の独立性の問題もある。さらに今次大戦後、歴史研究の面でそれまでほとんど問題にもならなかった国々における研究が無視できなくなったこと、英独仏の研究だけでなくなったこと、特にソヴィエトやアメリカにおける研究からも目が離せなくなる。さらに戦前戦後の歴史学会における最大の違いは学会の基盤が違ってきたことにある——といったことなどを講座の冒頭に振って個々の中世史研究と世界史研究の構成について語られた。

まず世界史の構成についてドイツの場合、オンケンの一般史を概観し、古代、中世、近代という三つの時代区分を世界史構成の基本区分としているが、たとえば古代なら、1古代エジプトの歴史、2バビロニアとアッシリアの歴史、3古代インドの歴史、4古代ペルシャの歴史、フェニキアの歴史、5ヘラスとローマの歴史、6イスラエル民族の歴史、などに区分されている。この場合、古代という概念はどのように考えられているのかという問題があると指摘される。つまりそこには同時に存在しているものは一つとして存在しているものだという想定があるのではないか。しかしそれは疑問である。さらに中世に関しては東洋社会との関連はイスラムに関する記述があるだけで、古代社会のように西洋と東洋との交渉が比較的あったときほど東洋に関する記述がないという。総じてこれはヨーロッパ中心の一般史であり、ヨーロッパ以外に歴史の主体性があり、その主体性を把握しようとするものではないと言われる。その限りでオンケンの世界史はランケの世界史を踏襲したものであり、ランケがやった仕事を拡大しているに過ぎないという。そしてさらには、マルクス、ランプレヒト、ブライジッヒ、プロピュレーンの世界史、フランスにおける世界史、アンリ・ベルによる『人間性の進歩講座』（レヴォリュシオン・ドゥ・リュマニテ）などについて概観し、その際にヘルマン・ハインペルの「中世史の諸時期」を紹介した。ハインペルはランケ学派の歴史家であるが、第二次大戦後の歴史学会のあり方について自己批判を行っている。しかしハインペルにおいても三時代区分は残されている。上原先生はそのような西洋人の時代区分を東洋において日本人も受容れている点が問題だという。明治以来の概念を打ち破る必要性を説いておられた。

さらに戦後のヨーロッパで問題になっているのはヨーロッパとは何かという問題とフマニスムスとは何かという問題だといい、エミール・ブレイエ『科学とフマニスムス』の紹介をされた。現代では科学とフマニスムスとは対立するものとされている。しかし科学をコントロールするものとして人間の自主性が確立されなければならないとブレイエはいい、その際にフマニスムスに対立するものとして三つのものをあげている。1ナチュラリズム、2デモクラシー、3宗教である。フマニスムスが教養主義である以上ナチュラリズムではありえない。同様にデモクラシーもフマニスムスが貴族的教養主義である以上結びつかない。デモクラシーが大衆を目標とする以上フマニスムスとは対立する。宗教に関しても人間存在の上部に創造者として超越的人格を考えるキリスト教はフマニスムスと対立する。そこで次にフマニスムスはマルキシズムやナショナリズムとどう関係するかという問題が生ずる。そこで再びアンリ・ベルの『レヴォリュシオン・ドゥ・リュマニテ』のリュマニテとはどのようなものなのかが問題になる。

上原専禄教授のゼミ旅行で。箱根の強羅駅前。前列左から二番目が著者。

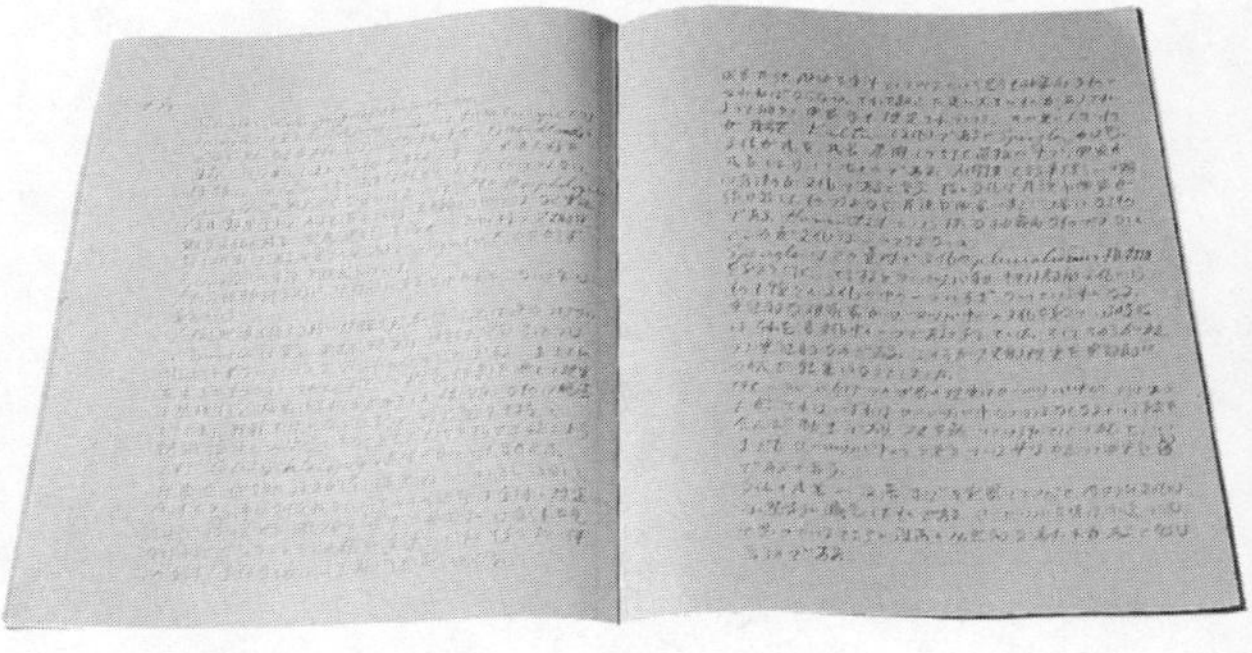

一九五六年四月から翌年二月までの「歴史学」のノート。

この講義の内容を今ここで繰り返す訳には行かないが、先生の講義はこのようにして原理的な問題に立ち返りながら、世界の学会の状況とわが国の学会の問題点を指摘するものであった。私は講義をノートにとりながら、毎回考えさせられ、先生の一言をも聞き漏らすまいと緊張した時間を過ごしていた。

ハインペルとの出会い

上原先生のゼミナールではヘルマン・ハインペルの「人間とその現在」を読むことになった。先生は最初はドイツの新聞などを読むことも考えられていたようだが、結局ハインペルを読むことになった。わずか数十ページの論文であったが、私たちには大変難しく、私自身分かったと思えたのは十年も後のことであった。このエッセイ集には八編の論文が載っているが、最初の「人間とその現在」だけをゼミナールでは読んだ。

ハインペルは現在を四つに分けて考えている。まずもっとも明白な意味で現在はそのときその時の現在、昨日と明日の間で、今日、ひとつの段落として、時の流れの中の一つの波である。次に現在は持続するものとして昨日から明日へ時を越えるものであるし、第三の意味では一回限りの現在、昨日と明日を度外視するものとして問題になる。最後にこれらの現在は決断の領域に流れ込む。それが「われわれの現在」である。

そのときそのときの現在は、生まれそして死ぬ人間の運命であり、それはあらゆる制度などの運命でもある。一人一人の人間にとっても青年時代、壮年時代、労働と休息、孤独と団欒などのさまざまな現在がある。さらに第一次大戦が始まった一九一四年の八月には見知らぬ人々が街頭で抱き合い共通の運命としての開戦をともに体験した。しかし戦況が悪化してくると一人一人の現在は異なってくる。こうして一つの時代の中にさまざまな現在があることになる。さらに現在を規定するものは未来への意思でもある。幸せな新婚の夫婦にとっては結婚の日が現在の始まりであり、フランスが急進的であろうとする限り、フランスの現在は一七九二年に始まる。もっと広く観察するものにとってはキリストの死が現在の始まりでもあり、神学者アルクインにとっては全ての歴史は現在的な生活 vita praesens であった。現在とはまた翻訳によらずに理解される世界を意味する。最近起こった破局、大革命、強制力のある理念、これらは皆現在を創りだすものである。さらに生活するものの経験の領域も現在を創りあげている。地域によって時間が異なっているのである。現在とは幸福そのものであるとハインペルはいう。

しかし人はそのときそのときの現在で満足することは出来ない。人は現在の中での安らぎを求めているからである。私たちの存在そのものの下層に過去が入り込んでいる。言語と慣習、食物などである。その意味でここでは持続する現在が問題になる。それらは創出、再生、死者、秘蹟として捉えられている。シクストゥス五世は死んでしまったが、ローマは彼が創ったままである。年に一度誕生日が巡ってくるように、過去から未来へ、誕生から墓場までの線と並んで現在は一つの円環でもある。ひとたび創出されたもの、あるいはひとたび行われた行為は、後の世に再生される。ハインリッヒ三世はカールの再現とされている。しかし国王の中の国王とはキリストであり、その再来、現在する姿が国王なのである。また死者への回向が行われるところではどこでも持続する現在がある。歴史の中では死者は常に現在に生きていた。しかし第二次大戦において慰霊のしようもない異国の地や大洋が墓場となり、持続する現在は色あせてしまった。最後に秘蹟もまた持続する現在である。秘蹟の中にキリストが現在するということはミサにおいて数限りなく繰り返されている。ミサはその意味で持続する現在そのものである。

第三に一回限りの現在が問題になる。それは一度生まれ一度死ぬ人間の現在をいう。生活の中の苦しみがその表現であり、たとえば一五八八年のアルマダ艦隊とイギリス海軍との戦いで、漕げなくなって海に投げ込まれた漕ぎ手の運命を想起する姿勢である。このような意味において一回限りの現在とは歴史に対抗するための切り札なのである。それはいわば歴史との和解の表現であり、守護神ゲニウスがその表現でもある。「いかがですか」と聞かれると人は「ありがたいことに神様のおかげで健康です」と答える。孤独なものには援助の手が現在であり、飢えたものにはパンが現在である。

こうして最後に「われわれの現在」に到達する。それは決断の領域であり、われわれは勇気と覚醒した頭脳と感謝を持って決断しようという。哲学部からも政治家が生まれなければならないという。個人が一人で立ち、学部や大学の仲間団体の苦しみを自分のものとして苦しむことによって共同体を己の中に打ち立て、部分が全体に対して不遜な行為をするのを強く警戒しなければならないという。こうしてわれわれの現在の最後の言葉は感謝ということになる。

以上簡単にハインペルの文章を要約してみた。おそらく分かりにくいであろう。ハインペルがここでいおうとしているのは歴史を自分の目で見、感じ、触れることなのである。論理や理論だけでなく、感性や情念を生かして一人一人の人間の生き方を見ようとすることなのである。私は学部の学生の時にこの文章を読んで強くひきつけられた。しかしなかなか理解できるところまで行かず、およそ十年かけて翻訳をした。それでもいまだに充分に理解したとは言い切れない。ところで上原先生はこの書物をどのような関心から読んでおられたのだろうか。私が入学した年、昭和二十九年に創文社から『現代史講座』別巻が刊行されている。その別巻に『戦後日本の動向』があり、そこに二つの座談会が載せられている。一つは「現代とは何か」という題で、上原専禄、鈴木成高、竹山道雄、林健太郎、丸山眞男、務臺理作の諸氏で行われ、もう一つは「世界と日本」という題で、同じメンバーのほかに都留重人氏を加えて行われている。いずれの座談会もかなり長時間かけて行われている。

「現代とは何か」という座談会はまず「現代はいつはじまるか」という問いから始め、林氏が現代の始まりとしては第二次大戦の終わりあたりが考えられるが、そのためには第一次大戦の終わりから考えなければならないとし、さらに十九世紀の末あたりに新しい時代の始まりを考えることになる。いわゆる帝国主義時代であり、産業革命の結果現れてきた資本主義のさまざまな現象が一つの行き詰まりに達したのがこの頃である。いわゆる世紀末といわれる時代で、シュペングラーの『西洋の没落』に見られるような大戦後に起こった崩壊が大戦前から用意され、十九世紀末から起こっている。その変化を考えるところから現代の考察が始まるのではないかと提案された。林氏のこのような主張に各氏がそれぞれの立場で現代の始まりを論じているのだが、上原先生は世紀末という意識や危機意識が出たといわれるが、それは西ヨーロッパの話であり、他の世界では必ずしも十九世紀末に世紀末という意識があるわけはないという。ソヴィエトやアメリカ、そしてアジア・アフリカでは意識はまったく異なっている。このように主張し、「現代というものが、かならずしも一様に意識されていないで、いろいろちがつた内容でそれが考えられていること自体を、現代の一つの重要なメルクマールというぐあいに考える」と述べておられる。

論者達はそのような捉えかたを現代意識の多元性、あるいは歴史主義におけるプルーラリズム（多元主義）として捉えているが、丸山氏は現代意識が多元的になったということ自体も現代が一体化したからこそ、多元性ということが大きな問題として意識されるようになってきたのではないかといっている。私たちは上原先生とハインペルを読んでいたから、この座談会でも上原先生がハインペルの考え方をも参照にしていると考えていた。上原先生がおられない今そのことを確かめるすべもないが、通常現代と呼ばれる時間の中にさまざまな現在があり、それらがハインペルのいうようなさまざまな次元で理解され、感得されていることが明らかになれば、歴史の理解はさらに豊かになるであろう。

卒業の間際にも私たちはハインペルを読みながら、遠く古代の人々のことや十九世紀の人々のことなど、それぞれの学生が卒業論文で扱っていたテーマについて語り合っていた。上原先生はゼミナールの指導の際にも学生一人一人の立場を大切にされ、一人一人が何を考えているのかを重視された。私たちは歴史学の理論としてだけでなく、先生の人柄を通じてもそのような姿勢を学んでいたのである。私たちは学問と生き方が一つになっている稀有な例を目の当たりにしながら、毎週を過ごし、皆先生に傾倒していた。中には書く文字までが先生に似てくる学生もいた。あるときメンガー文庫の書物を借り出した学生がページの間に白髪を一本見つけた。メンガーの白髪だと思って色めきたったが、上原先生が「どの本ですか」と訊かれ、本の名を答えると、「それは私の毛でしょうね」と言われて、皆拍子抜けがした。しかし今になってみれば、私は惜しかったと思う。

私はハインペルの考え方がどのようにして生まれたのかに関心があった。ハインペルには別に幼年時の歴史意識の形成を綴った書物がある。『小さなヴァイオリン』と題する書物は、ミュンヘンで育ったハインペルが父親の故郷であるリンダウにはミュンヘンとは違った時間が流れていたことを描いており、関心をそそられた。ドイツの小さな町で暮らす子供達に特異な時間意識が形成されてゆく有様が語られていた。この書物を読んでハインペルの時間意識がすでに幼年時に形成されていることを知り、ハインペルの教養の背後にある、キルケゴールやヨーロッパの哲学の上にさらにドイツの小都市の歴史意識があることを知ったのである。

この『現代史講座』に上原先生は「現代とは何か」という論文を寄稿されていた。私たちはそれも読み、現代認識がまさに今の私たちの生き方から生まれるのだという感を深くしていた。その中で先生は次のように述べておられた。「もしもわれわれが過ぎ去つた時代についての知的認識における主体性と自律性を確保しようと欲するならば、われわれは過去の時代について造出せられる世論や雰囲気からの心理的圧迫に対してたえず警戒せざるをえないのである。そのような心理的圧迫を排除して、過ぎ去つた時代についての認識作業における主体性と自律性を確保するものは、おそらくは、方法としての歴史主義と歴史意識史への沈潜との二つではあるまいか。——そして、もしも方法としての歴史主義が過ぎ去つた時代についての認識における主体性と自律性を、その時代について造出せられた世論や通念の圧迫に対して防衛しうるものであるとすれば、その限度において、方法としての歴史主義は現代認識の場合についても、同様の機能を果たしうるであろう」

このように私たちは先生が刊行された論文などを読みながら、それぞれの卒業論文に取り掛かっていた。しかし私たちが卒業するかなり前から周囲は騒然とし、大学も当然その騒ぎの渦中にあった。卒業の前年には勤務評定反対闘争が繰り広げられ、一橋大学の学生自治会もその闘争に加わっていた。また警職法をめぐる闘争も激化していた。卒業の翌年には安保条約改定阻止国民会議が結成され、砂川闘争も激しさを増していた。私も砂川に何度か出かけたが、何故か充実感は得られなかった。

大学の内外がこのような状況の中で大学院の入学試験が行われた。大学院への進学については私には特別な事情があった。この頃母は店をたたんで外に働きに出ていた。中華料理店が行き詰ったためである。その母に大学院へ行きたいというと「うちはお前を大学院にやれるほど豊かではない」といい、私が「日雇いをしても大学院へ行く」というと母は「お前を日雇いにするために大学にやったわけではない」といって泣いたのである。結局私が強硬に主張したために母も認めざるを得なかったのだが、経済的な問題は当然自分で解決しなければならなかった。大学院の入学試験は論文だけで、その一つは確か「経済と宗教の関連について述べよ」という問題であったと思う。これはマックス・ヴェーバーの『プロテスタンティズムの倫理と資本主義の精神』を援用して答えた。幸い合格できた。

一橋大学のゼミナールは学生が自分がつきたい教師を選び、許可されれば多くの場合卒業論文の作成、提出だけでなく、卒業以後も教師と一生の付き合いになる場合がある。一橋大学の卒業生の場合はどこの学部を出たかは大して問題ではなく、誰のゼミナールに属していたかがほとんど全てである。ゼミナールの教師の名を聞けば、その学生がどのような学生であるか、ある程度は分かったからである。上原ゼミナールに属していたというと、だれもが学究肌の人間を想像したのである。そのような噂話の中に上原ゼミナールではコンパの時にも歌を歌わないという噂があった。私は最初のゼミナールのコンパのときにそのことを先生に聞いてみた。すると先生は「そんな噂があるのですか」とおっしゃって笑っておられた。上原ゼミナールの卒業生の会があり、そこに呼ばれたことがある。そのときにもその話が出た。すると先生の奥さんが「上原は歌を歌うんですよ。特にお風呂に入っている時なぞよく歌いますよ」とおっしゃった。

私には先生が歌を歌う場面など想像も出来なかった。私はゼミナールの幹事を務めていた。幹事の仕事には卒業の際に先生に何か御礼の品を差し上げるということもあった。そのために私はある日先生のお宅を訪ねた。何かご希望の品をおっしゃってくださいという私に先生は「満ち足りた生活をしていますので特に欲しいものは有りません」といわれるのである。それを聞いて「私は子供の使いではないのですから、何かおっしゃってください」と迫った。すると先生は「小さな地図を頂ければ有り難い」とおっしゃった。こうして私たちはオックスフォードの世界地図を先生に進呈して卒業したのである。実はゼミナールの先輩達が先生が近く退官されると聞いて御礼にペルシャ絨毯を贈ろうとして断られたという話を聞いていた。先生はそのとき「学生諸君に何もしてあげられなかったのに、そのようなものを頂くわけには行かない」といわれたということだ。そのことを聞いていたので私はかなり緊張して先生のお宅を訪ねたのである。

一橋大学では当時定年は六十三歳であったが、六十歳でも定年扱いで退官できた。先生はその制度を利用されて六十歳でやめられたのである。私は大学院へ進学するつもりであった。そのことを先生に話すと先生は自分は退官するつもりだから、大学院での教授は増田四郎先生にお願いしなさい、とおっしゃった。私はその足で増田先生を訪ね、ゼミナールに入れてもらった。しかし上原先生が退官されるまでゼミナールには出席していた。

当時私は家庭教師を三軒、土曜日は二軒掛け持ちでやっていた。それだけでは足りず、卒業と同時に手に入れた高校教員の免許状を使って私立学校の非常勤講師の口を手に入れた。その一つは東京成徳学園（高校）で、最初は商業英語を受け持った。商業英語の教科書などは決まりきった形のもので、それを教えることには大して意味がないと思われた。何よりも生徒達には英語の基本的力が不足していたのである。そして、日本語の力も足りなかった。そこで私は英語の基本文型を教える傍ら、金子光晴の詩を黒板に書いてその詩を解説し、授業の代わりとしていた。商業英語に飽きると山の話をして時間をすごした。前述したように大学入学直後から私は再び山に入り浸っていたのである。

最初は南アルプスの前衛の山、鳳凰、仙丈などで、鳳凰へは韮崎から歩き、ドンドコ沢を遡って北御室の小屋に泊まった。帰りは夜叉神峠を降りたのだが、その降り口に私の従兄の慰霊碑がある。慶応大学の助教授だった従兄松広新は冬に単独北岳に登り、吊尾根を下り、ここでビヴァークしたのだが、凍死してしまった。途中で川に落ち、体が濡れていたためらしい。従兄も単独行であったが、私もいつか単独で冬の北岳に登ってみたいと思っていた。次に南アルプスに入ったのは大学の二年生の時で、伊那大島から鹿塩を抜けて、三伏峠に出て、そこから塩見に登り、間ノ岳にいたるコースである。間ノ岳の直下に熊の平という場所がある。今は小屋があるらしいが、当時は何もない場所であった。そこに小さなテントを張り、一夜を過ごした。その頃の案内書によると間ノ岳のすぐ下に人骨が残されていると書かれている。また間ノ岳の頂上は広くて迷いやすい。その時は農鳥を経て、大門沢の小屋に泊まり、下山した。この頃私はしばしば山に登っていたので母が心配し、私が帰るまでまんじりともしない夜を過ごしていると聞いていた。そこで心配させないために国分寺に三畳の部屋を借り、そこで暮らすという形を取っていた。実際は山に登るための隠れ家である。三畳の部屋だから家賃は安く、私のアルバイトで充分まかなえた。そこからこっそりと山に出かけた。しかし弁当も持たずに出かけるので入山初日は苦労した。おにぎりを作る手間を惜しんで出かけたので、クッキーくらいしか持って行かなかった。ところが初日にクッキーだけでは持たないのである。二日目からはご飯を炊いたから、問題はなかった。

あるときは南アルプスの最南端の光岳《てかりだけ》から聖岳まで歩いたことがある。東海道線の金谷から大井川鉄道で千頭まで行き、そこから森林軌道で寸又峡に行く。当時寸又峡は製材所くらいしかない寂れた村に過ぎなかった。後に温泉が出て、多くの人が集まるようになった。また金嬉老の事件でも知られるようになったが、このような一寒村で金嬉老が日本社会を糾弾することになるとは当時は誰も予測できないことであった。おりしも台風の後で、山が荒れていて苦労したが、柴沢小屋を経て、光岳に登る。途中で東京農大の山岳部キャプテンに会い、しばらく共に歩いた。

お金もないのに苦労して山に登ったのはなぜだろうか。当時私は大学でも家でもほとんど一人であった。僅かな友人たちはいたが、自分の問題を話す気になれず、あたりさわりのない会話しかしなかった。教会を出てから、もうかなりの年月が経っていた。この頃にはもう教会にはまったく行っていなかった。キリスト教の問題には一応卒業論文の形で答えを出そうとしていた。しかし教会を出てから大学に入るまでの生活は私にとって安定のない、不安な世界での生活のように感じられたのである。何をしていてもしっかりとした足場がないと感じていた。そのような不安を解消するには独りになって考えるしかなかった。山で一人でテントを張って夜空を眺めている時、少なくとも頼りないが、自分がいるという感じはあった。そこから自信を得たいと思っていたのである。当時このように考えていたわけではない。あの頃の無我夢中で山に登った自分の行動を今整理するとこのように考えられるということに過ぎない。とにかく何かに憑かれたようにいつも山の計画を立て、到底誰も付き合いきれなかったので一人で登ったのである。

何かに夢中になった時、その理由を探ってもたいしたことは出てこないだろう。とにかく私はこの頃山登りに夢中になっていた。浦松佐美太郎の『たった一人の山』や加藤文太郎の『単独行』なども読んだ。『たった一人の山』の題名が個人的過ぎるという理由で戦時中に絶版にされたことなど私には理解できないことであった。冬の冷池の小屋で、あるいは八ヶ岳の夏沢峠の小屋で凍ったじゃが芋を相手に苦労しているとき、理由はともかくとして一人であることの爽快さがあり、それが忘れられなかったことは確かである。

そうこうしているうちに卒業となった。卒業式では井藤半彌学長がアリストテレスによって分配の正義について話をしたのだが、そのあとの同窓会、如水会の席では自分の卒業式の告辞を茶化す発言をした。それよりも如水会の理事長の発言には驚かされた。彼は日本人が最近自信をなくしていると語り、戦時中に日本軍兵士が現地人に生ませた子供達が今では中学生になっており、皆大変成績がよい。それこそ日本人の優秀さの証拠であり、皆自信を持つべきだという話であった。私は呆れてそれ以後如水会の会合に出る気をなくしてしまった。そのとき如水会に入会する手続きもしないで帰ってしまったのである。それが後に一つの問題となった。

第三章　大学院にて

当時一橋大学の大学院では九月に学内選考が行われ、三月に学外志願者を含めた選考が行われていた。私は九月に入ったが、そのときの人数は数名で、三月にはかなり増えた。新しく入学したものが集まって研究会をすることになった。最初の発表は東京外国語大学から来た多田博一君で、確かテーマはダニレーフスキー（一八二二－八五、ロシアの社会学者、スラヴ主義の中心的人物）に関するものであったと思う。報告のあと吉祥寺で飲んだのだが、酒の勢いで「これから上原先生の家にいこう」と誰かが言った。先生の家まで歩いて行く途中で、他の誰かが「先生の家に行っても『現実は論ずるものではなくて、生きるものです』なんかと言われてしまうのではないか」と言い出し、途中で皆尻込みして行くのをやめてしまった。そのあと国立まで行き、今度は増田四郎先生の家に行こうということになった。増田先生は快く私たちを受容れてくれたが、私たちが研究会をしていたと知って、「では僕が問題を出すよ」と言って「なぜヨーロッパにこだわるのかを考えてみよう」と言われた。かなりご馳走になって先生の家を辞した時、ある男が玄関先で大きな声で「増田四郎と言う人は八方美人だな、俺達を入れたりせず、断ればいいんだ」と言った。ずいぶん礼儀知らずな男だと思ったが、皆初対面だったのでどうしようもなかった。彼は増田先生の率直な態度に気後れがしたのだと思う。

この頃、安保条約を巡って国中が沸いていたこともあって、一橋大学の大学院でも「学問と現実」を巡ってしばしば議論が交されていた。様々な分野の研究者たちが、自分の研究が現実の社会とどのような関係を持っているのかを考えようとしていたのである。時には上原先生をお招きして「学問と現実」というテーマで講演会も開かれていた。私もそれらの研究会に参加していたが、私にはもう一つなじめない議論であった。すでに述べたように大学院への進学に当たっては母とぶつかっていたからであり、実際に進学してからは日々の生活費を稼ぐためにかなりの時間をアルバイトに費やしていたからである。学部を卒業する時に卒業アルバムを買うお金もなかったので買わないつもりでいたら、母は一生の記念になるものだから買いなさいと言ってお金を出してくれた。私はそのような状況の中で大学院に進学したので、最初からアルバイトを探さなければならず、学問どころか食うための毎日が続いていたのである。

あるとき院生の理事会が開かれて安保条約の改定に反対してストライキをするという提案が出された。私は反対票を投じた。しかし結果は一対四十五でストライキが可決されたのである。そのとき私は反対の理由を大略次のように説明した。私たちは毎日少ない時間を使って学問をしている。働かなければならないからである。私は安保条約の改定には反対である。しかしそれを表明するのにストライキをすることは妥当ではない。なぜなら学問は一日も休むことができないものだからである。安保条約の改定に反対して学問を放棄することは本末転倒している。安保条約に反対しているからこそ、まさに今学問に専念しなければならないのではないか。安保条約の改定に反対の意を表明して日比谷公会堂前の広場に集まるのなら、そこでゼミナールを開けばよいではないか。学問の放棄を意味するストライキには反対である、と言ったのである。しかし多勢に無勢でストライキは可決された。現実という言葉一つをとってもそれだけ理解の違いがあったのである。

しかしでは、私の研究は現実にそれほど密着していたかと言えばそうは言えなかった。一九六〇年六月一橋大学の教職員も数多く国会前に集まっていた。安保条約が自然承認される前日であった。樺美智子さんが殺されたのはその少し前であった。国会前の群衆の中で、一橋大学の教授であった亀井孝氏が私に突然言った。「阿部君、君の研究は安保とどういう関係があるの」。私は「ほとんどありません」と答えた。すると亀井教授は「俺もそうだよ」と言われた。私は当時ドイツ騎士修道会の研究を続けていた。それは私が修道院にいたことから来る宿題であり、キリスト教世界と日本の世俗世界を総体として把握したいという積年の課題として自分では意識していた。しかし私にとって現実とは、日々の暮らしの中でアルバイトをして稼ぐことと深く関わっていた。私は母や姉妹と、あるいは私の職場において安保について議論する機会もなく、自分ひとりが問題を抱えていたにすぎなかった。

大学院では増田教授のゼミナールと上原教授のゼミナールに出ていた。二つのゼミナールは構成員の性格からして異なっていた。上原教授のゼミナールでは、それぞれが自分のテーマを追究していたが、皆がそのテーマと自分との関わり方を真剣に考えているように見えた。イギリスの生活協同組合の研究をしている人は日本の生活協同組合との関連を取り上げていたし、パスカルの研究をしている人は自分が何故パスカルを取り上げるのかを丁寧に話していた。増田教授のゼミナールではほとんどの人は西洋史の中のテーマを扱っており、中世都市の研究者、イギリスの地方市場の研究者などであって、自己とテーマとの関連を深刻に論ずる気風はないように思えた。

私は相変わらずハインペルの世界に関心を持ち、ハインペルが中世社会の特徴としていた「日常生活の小秩序」Kleine Ordnung des Lebens がどのようなものなのかを見ようとしていた。そのためにハインペルの著書である『小さなヴァイオリン』を読み、ハインペルがどのような環境で育ったのかを調べようとしていた。大学院生の雑誌にその書評を発表し、ハインペルの故郷であるミュンヘンの地図の上にハインペルの生活の痕跡をたどっていた。その書物の中で第一次大戦が終わり、ドイツの敗戦が決まったときですらミュンヘンではオペラの「魔笛」が上演され、多くの観客がいたことが書かれていた。敗戦後の東京には「日常生活の小秩序」といえるようなものは何一つ存在していないように見えたので、ハインペルの幼年時の体験は私には特異なものに見えた。

大学院では石田英一郎教授の講義を聴いた。講義はご自宅で行われ、四、五人が参加していた。クローバーの「オイクメネ」を読んだのだが、クローバーによると人類の文化はヒマラヤの奥地で始まり、南に向かってインドに達し、そこから西に向かった流れは中東を経てヨーロッパに行き、大西洋を渡ってアメリカに到達した。東に向かった流れはタイから中国、朝鮮を経て日本に達したのだという。そして、この二つの流れが衝突したのがパールハーバーだというのである。私は驚いて次のように質問した。「歴史学では今戦争責任が問題になっているのですが、文化人類学ではそのようなことは問題にならないのですか」と。教授はしばらく黙って考えてから、次のように答えられた。「文化人類学ではデタッチメントということを言うんですよ」。文化人類学は政治的状況からは切り離されたところで研究する学問だ、という回答だったのだと思う。私はそれ以上質問はしなかったが、当時の私は教授が文化人類学に向かうまでの御苦労を知らなかったために、そのような質問をしたのだった。

長い沈黙で記憶に残るのは都立大学の椽川一郎教授である。東京大学で何かの研究会があったとき、教授は日本の奴隷制について話をされたことがある。その帰りの電車で私は教授と一緒になった。確か四谷のあたりで「先生のお考えでは日本の奴隷制は何時まで続くのでしょうか」と質問をした。教授は黙って考えられ、しばらく返事をされなかった。新宿を過ぎても答えがなかった。私は新宿で乗り換える予定であったが、質問をしている以上降りるわけにはいかなかった。中野に着いた時、教授は「一九四五年までですね」と答えられた。このお二人の教授は私の質問に誠実に答えられた。

大学院では大畑末吉教授の講義を聴いた。そこではフランツ・メーリングの『レッシング伝説』を読んでいた。教授は私たちに訳させず、ご自分でさっさと訳して解説された。私はレッシングを読むのも始めてであったから、大変興味を持った。特にレッシングが自分のことを「文芸の日雇い」と規定していることに関心を持った。私自身サッポロビールなどで日雇い的な仕事に毎日精を出していたからである。サッポロビールでは東大の馬術部の主将と組んで台東区の酒店を回り、市場調査をするアルバイトをしていた。市場調査がすむと私は国立博物館の中にあった精養軒でラテン語の勉強をしていた。勿論レッシングとはまったく異なって私の場合は文字通りのアルバイトであったが、レッシングが自分の文芸上の仕事を日雇いと称したことに共感していたのである。

安保新条約が自然成立した時、私たちはこのままではいけないと考え、研究会を始めた。国立の公民館に月に一回集まっていたが、そこに来てくださったのは中国思想史の西順蔵、中国史の増淵龍夫、国語学の亀井孝、ロシア文学の金子幸彦の教授たちであった。これらの先生方は皆研究分野は違っていても、安保条約を痛みとするという点で私たちと共通する姿勢をもっておられた。私自身このときから先生方が亡くなるまでこれらの先生方とは付き合いが続いた。このような会の中であるとき皆で旅行に行こうという話が出た。いろいろなところに出かけたが、一番記憶に残っているのが白川郷行きである。記憶に残っているのは村の姿でも合掌集落のあり方でもない。西教授が白川郷で私の同期生のある男の肩をもんだのである。彼も日ごろのアルバイトで疲れていたらしく、皆が話し込んでいるときにもグーグー寝ていた。誰かが「おいおきろよ」と声をかけ、ある教授は「寝たいものは寝かしておけばよい」と言っていた。西先生は「肩を揉んでやろう」と言って学生の肩を揉んだのである。

このとき私は大学教授について自分が何も知らなかったということに気がついたのである。このときから西先生とは親しくなり、たまたま家が近かったこともあってしばしばお宅にお邪魔することになった。先生の家にお邪魔するとどうしても長時間となってしまった。一度話をしてから私はこの先生の前で気取ってみても仕方がないということがよく解ったので、一切の虚飾を捨てて対話をしようとしていた。先生は私が得意になっているとからかい、落ち込んでいると元気付けてくれた。この頃から先生とは二十年に及ぶ長い年月のお付き合いが始まったのである。

この頃一橋大学の歴史関係の教官は社会学部や経済学部をあわせて土曜会と言う組織を持って

いた。名誉教授を含めた全学の歴史関係の教官が参加しており、月に一回集まって誰かの報告を聞くという会であった。そこには大学院生も加わっていた。私はその会の事務を任されていた。会で次の報告者が決まるとその人に手紙を書いて、報告をお願いする仕事である。その仕事のために多くの先生方と知り合いになった。私が大学に入学した時のクラスの担当であった根岸国孝教授のご父君の『上海のギルド』で知られた根岸佶《ただし》名誉教授は報告をお願いすると立派な字の手紙を下さった。また当時は神戸大学におられた本田創造先生にも報告をお願いしに小金井のお宅に伺ったことがある。そのときなどはいろいろと話をしてくださったものである。また古島敏雄教授ともその関係で知り合った。

そうこうしているうちに二年はあっという間に過ぎてしまい、修士論文を書かなければならなかった。私はドイツ騎士修道会の全ヨーロッパにおける所領とプロイセンの騎士修道会所領との関係を中心にして全体像を描いてみた。それを修士論文として提出したのだが、その審査の時に増田教授、上原教授、大畑教授が面接をされ、いろいろと質問があった。それがすんで一週間後に今度は博士課程への進学のための審査があった。そのときのメンバーは少し変わっていたが、上原教授が中心になって質問をされた。教授は開口一番次のように質問された。「先週の審査の時にいろいろとお答えをいただいたわけですが、あれから時間がたっていますのでまずその間に阿部君のお考えがどのように進まれたのかをお聞きしたい」。私はあっと思って自分が凡人であることを痛感させられた。修士論文の審査が終わってほっとしてただぼんやりと時を過ごしていたのである。しかし先生にとってはそんなことはありえないことなのであった。

一九六〇年六月十九日、私は中央大学の教室にいた。社会経済史学会でドイツ騎士修道会について報告することになっていたためである。報告していた最中も、窓の外では学生達のデモが続いており、シュプレヒコールが教室にもこだましていた。つい昨日まで私はあのデモの中にいたのである。私の中ではドイツ騎士修道会の歴史と日本の現状は何とか関係付けられてはいた。しかしデモのシュプレヒコールの前ではそのような自己弁護は何の役にも立たないように思えた。そしてその教室の中にいた多くの人々、学者達がそのことに触れることなく、私に専門的な質問をしていることにもなにか不自然なものを感じていた。

しかし学者達が皆政治の動きに無関心であったわけではない。この頃若い研究者が東大の社研の研究室に集まってデモの準備をしていた。各学会誌の表紙を破いてベニヤ板に貼り付け、各学会も安保に反対である旨を示そうとしていた。その研究室は安良城盛昭教授の研究室で、かなり遅れて安良城教授もやってきて、家を出るときから警察に付回されているとこぼしていた。教授の心の病気については私は当時まったく知らなかったので、その言葉をそのまま聴いていた。このとき一緒に看板つくりをした仲間の一人が後に北大の教授となった石坂昭雄氏である。

一橋大学の院生理事会も安保反対の行動を起こしていた。車を一台チャーターして多摩地域を回って宣伝活動をしようとしていた。私も何度かそれに参加したが、最初は声が出せずに苦労した。チャーターの費用は教官からのカンパで賄っていた。何度か車に同乗して回っているうちに大きな疑問が芽生えて来た。私たちの呼びかけに一般の人々ははかばかしい反応を示してはくれなかった。勿論群馬県などでは商店街の人々が安保に反対する運動を起こしていたことなどは、私たちも知ってはいた。しかし日米関係、軍事協力、核弾頭の持ち込みなどについて話をしても、一般の人々の日常生活を即座に動かすことは出来ないように思えた。そのような疑問を仲間に向

院生時代は下駄に自転車で通っていた。

一九六〇年、院生によるピケに参加した。左から二番目が著者。

けてみたが、誰も取り合ってはくれなかった。私たちの呼びかけは人々の生活の表層に触れるに過ぎず、生活を動かすにはいたっていないという感を深くしていた。そのことは自分の家族を見ればすぐに解ることであった。私は自分の家族を動かすことが出来ないものが、一般の人々を動かすことなど出来るはずがないという思いを深くしていた。それと同時にいわゆるインテリの運動にも疑問が生じてきた。いわゆるインテリは一般の人々というものを解ってはいないのではないかという点である。どうしたら一般の人々は動くのか、という問題は、一般の人々を日常生活の中で動かしているものは何か、という問題として意識されてきた。

「世間論」への遠望――社会史の試み

当時の私にとってこのような疑問を解明する手段は、なによりもまず自分の研究対象の中にあると思われた。つまり自分が手がけていた中世史研究の中で、まずその問題を探ってみようとしたのである。さしあたりこれまでのドイツ騎士修道会の研究史を洗いなおし、いわゆるアカデミズムの研究のほかにどのような研究があるのかを見ようとした。ドイツ騎士修道会の歴史はドイツ史の中では常に現代的な課題として位置づけられていた。私は中世史の観点からドイツ騎士修道会の歴史に関心を持っていたのだが、ドイツ騎士修道会の中心的所領であったプロイセンは、ドイツ近代史の中でも大きな位置を占めていた。いわゆるプロイセン問題である。この地はエルベ川の東にあり、ユンカー経営が盛んな土地として知られ、ライン川地域と比べて保守的な土地とされてきた。グーツヘルシャフトと呼ばれる大農場領主制が支配的であり、人格的に不自由な立場に置かれた労働者によってその土地が耕作されていた。

二十世紀にはさらに民族問題も加わっていた。マックス・ヴェーバーが「国民国家と経済政策」という論文で強調したように、国境を接するポーランドからカトリックの農業労働者が東ドイツ内部に入り込んでいる現状のもとで、内地植民政策が構想されていた。ドイツ近代史研究の中では、プロイセンはビスマルクとの関係においても注目を集めていた。他方でドイツ騎士修道会史研究は国民国家ドイツの東の守りとしてドイツ国民の歴史意識の中で大きな位置を占め、ドイツ騎士修道会がポーランド・リトアニア連合軍に敗れた一四一〇年のタンネンベルクの戦いは屈辱の記念とされ、一九一四年にヒンデンブルクがタンネンベルクの東でロシア軍を破った戦いもタンネンベルクの復讐として宣伝されていた。このような状況の中でドイツ騎士修道会史研究も国民意識宣伝のために注目を集めていた。

こうしてドイツ騎士修道会史研究は単なる学術上の問題であるだけでなく、ドイツ国民意識高揚のための手段として位置づけられていたのである。このような政治的、経済的な状況の中にあったドイツ騎士修道会史研究を、前述したような関心から進めることは大変難しかった。他方でわが国の東ドイツ史研究は、主としてグーツヘルシャフトの研究として土地制度史の観点から進められ、この地の人々の意識の問題についてはほとんど研究がなかった。ドイツにおけるアカデミズムの研究も、結局はこのような国民の歴史意識を支えるという役割を担っていた。しかしプロイセン国家の軍事的進出がヨーロッパ全域で批判的に受け止められて以来、ドイツ騎士修道会の征服事業はドイツの内外で批判を受け、すでに東方植民の段階でドイツ騎士修道会が原住プロイセン人を絶滅したとして非難されていた。

アカデミズムの研究も、このようにして政治的状況に大きく影響されていたのである。このような研究状況の中で、私はグーツヘルシャフトの実態を探るにはどうしたら良いのか迷っていた。これらの政治的価値判断に対して、この地の住民の生活を見ることによって歴史を見る何らかの視点が得られるのではないかと考えたのである。しかし住民の日常生活を知ることは極めて困難なことであった。大学院在学中は結局たいしたことは出来ずに終わった。

この頃わが国の西洋史学会では大塚史学が中心的位置を占めていた。東京大学の大塚久雄氏の学問に帰依した人々に寄せられた名称である。この頃のグーツヘルシャフト研究は、ほとんどが大塚史学の人々によって営まれていた。大塚史学の用語を使わなければ経済史とはいえないというほどの盛況振りであった。しかし私には大塚史学の用語はまったく使えなかった。その用語ないしは概念の本質にある理論に私は共感できなかったからである。

そこで私は人がつくった概念に頼らず、自分で直接歴史事象に当たろうとした。どういうことかというと、私が対象としていた東プロイセンの地域の全体を原史料によって再現し、歴史の最小単位を自らの手で解明するということである。勿論東プロイセンだけでも膨大すぎるから、まずこれまで研究がほとんどなく、しかも史料にいつかは目を通すことができる地域を選ばなければならなかった。このような冒険をあえて行おうとしたのには訳がある。

ドイツ騎士修道会の史料は専門の文書館に保存されている。その文書館は一三〇九年以来今日まで連綿として受け継がれ、維持されてきた。ドイツが第二次大戦に敗れた時、ドイツ政府は敗走してくる兵士をよそに多数のトラックを調達し、ロシア軍が迫っていたケーニヒスベルクからゲッティンゲンまで騎士修道会関係の古文書を運んだのである。それは一時ゲッティンゲンに置かれていたが、今はベルリンのダーレムに置かれている。ドイツ騎士修道会のプロイセンの所領はいくつかのコムトゥーライという行政管区に分けられていたが、その中でもオステローデのコムトゥーライにはこれまで歴史家の手がつけられていなかった。しかし幸いなことにエルンスト・ハルトマンがオステローデに関する全史料の抜粋を作っており、それを基にして経済史や農業史、政治史についてももとの史料に当たることができるようになっていた。

私はハルトマンの史料を手に入れ、そこからオステローデの騎士修道会時代の全体像を描こうとした。一つ一つの史料をそのつどドイツの文書館に照会してコピーを送ってもらうということは事実上不可能であった。各集落ごとに出来事をチェックし、その出来事の相互の関連を探ろうとしていた。そのためにはなによりもまずこの地域のトポグラフィー(地形図)を知らなければならなかった。私はドイツからこの地のメスティッシュブレッター(測量用の地図)を取り寄せた。二万五千分の一のものである。オステローデ全体で四十五枚になった。当時住んでいた六畳間でつなぎ合わせて広げると天井まで登ってしまう。私はその真ん中に座布団を敷いて座り、地図を読んだのである。それは楽しい仕事でもあったが、見通しが立たないという点で苦しい仕事でもあった。

ハルトマンの史料から読み取った集落ごとの記述を地図の上に再現し、そこから直営地やそこに賦役を納める農民の集落との関係を描いていった。一つの集落の境界線もメスティッシュブレッターの上で読み取ろうとすると意外なことに読み取れるのである。勿論境界石などは記されてはいないが、川や岡などは読み取れたから、地図上で集落の境界も読み取れたのである。こうしてオステローデの集落の一つ一つについて十三世紀の植民時代から、一五二五年の宗教改革までの出来事を確認していったのである。

私はその報告を増田ゼミナールでしたが、ほとんど誰にも理解してもらえなかった。

この頃の私の仕事はあとで一九六九年にドイツに行ったときにヴァルター・フーバッチュ教授に説明し、一九七二年にフーバッチュの編集になる『プロイセン史叢書』の一巻として刊行されるまで陽の目を見なかったのである。今考えても無謀な行為であったが、得たものもまた大きかった。この仕事をしたお蔭で私は一つの地域の全史料を読むことが出来、単に経済史のみならず政治史、民俗学などにも関わる史料を読むことになった。実際このときのオステローデの史料の中で後に私は、ハーメルンの笛吹き男に関係する史料に出会ったのである。しかしこのときの研究では集落のあり方や経済のあり方についてはかなり明確に出来たが、本来の目的であった、民衆の生活のあり方についてはほとんど手がつけられなかった。

この点でオステローデに関する研究を後に大きく進展させることが出来たのはドイツに留学した時のことであった。いささか時間が前後するがテーマは一貫しているのでそのときの事情を記しておきたい。

ドイツ騎士修道会に関するドイツアカデミズムの研究はヨハンネス・フォイクトの『プロイセン史』（一八五七―五九）九巻本に代表されている。この書は愛国的な筆致で書かれており、いたるところでドイツ騎士修道会を賛美している。フォイクトが史料として用いているのは一三二六年に成立したペーター・フォン・ドゥスブルクの『プロイセン年代記』である。この年代記はドイツ騎士修道会の公認の歴史叙述として位置づけられているが、「神がドイツ騎士修道会士を悪魔の子プロイセン人と戦わせるべくこの地に送った」と述べ、異教徒との戦いが神の事業として位置づけられていた。従って原住プロイセン人は絶滅されるか、改宗されるべきものとして描かれている。いうまでもなく、このような姿勢は十九世紀のブランデンブルク・プロイセン国家の軍事的膨張策と対ポーランド強攻策と融合していたのである。

このような状況の中で一般のプロイセンの住民はどうしていたのだろうか。プロイセンで生まれ育った一人の男がいた。ロタール・ヴェーバーというこの男は小規模な農場所有者で、子供の頃から歴史に関心を持っていた。彼はフォイクトの『プロイセン史』やこのころの愛国的な書物を読んで育ち、過去のプロイセンの歴史にロマンチックな夢を重ねていた。しかし彼が成人した時、ロマンチックな夢を抱き続けることは難しくなっていた。ロマンチックな過去の像に代わって恐怖と戦慄の過去の像が浮かび上がってきた。罪のない女や子供が三位一体の神の名のもとで殺戮され、広大な土地は略奪され、無秩序状態、あらゆる欲望がむき出しになっている姿が浮かび上がってきたのである。ヴェーバーは子供の頃に抱いた夢を学問という方法で支えることが出来ると信じ、自らプロイセンの歴史を調査したのである。それは一八七八年に『五百年前のプロイセン』という題で私費出版で刊行された。

ヴェーバーはまずドゥスブルクの年代記を批判的に検討した。その結果ドゥスブルクが主張しているジルグーネの戦いに関する記述が偽作であることを証明したのである。一二六二年のこの戦いでプロイセン人が始めて抗戦し、五千人に及ぶ死者を出したことになっている。しかしオリヴァ年代記にはその記述はない。不思議なことに現在刊行されているプロイセン史の叙述でもジルグーネの戦いが記述されており、ヴェーバーの議論に対する反論は見られない。このような政治史に関する分析だけでなく、ヴェーバーはプロイセンの構造的な分析を行っている。トポグラフィーを重視し、各行政管区における騎士領、賃租村落、直営地、都市等が分析されている。いわばプロイセンの社会史的分析といえるような内容である。

ヴェーバーの所領はケーニヒスベルクの近くのゲルダウエンにあり、当時の王立統計局の調査によると、グーッベチルク（農場）として居住区二か所、徴税単位としての世帯は一つで、三十九家族を数えている。人口は男子百九人、女子九十六人で、全員プロテスタントである。読み書きできるものは七十五名であった。七百ページに及ぶこの書物の中でヴェーバーはプロイセン社会の実情を詳しく描き、フォイクト以来のアカデミズムの歴史的伝承の霧を打ち破り、地に根付いた人々の暮らしを描き出したのである。

ヴェーバーのこの書物を私が読むことが出来たのは一九六九年のことであり、この頃はヴェーバーの名も知らなかった。しかし日本にいて私もヴェーバーと同様のことを考えていたのである。それが先に述べたオステローデに関する研究である。もとより私に出来たのはオステローデに関する集落史であり、それ以上のものではなかった。しかしドイツに留学した時には、いわゆる歴史協会の機関紙などにもふれることが出来た。ドイツのあらゆる地域にはその地域の歴史協会があり、その機関紙にはその地域の全ての出来事に関する研究がある。その機関紙に寄稿しているのはほとんどが民間の歴史愛好家であり、中には文書館員や大学教授もいるが、歴史協会は極めて多彩な人脈によって作られている協会である。その機関紙を読んでいると、その地域に関するあらゆる情報が手に入るのである。

私はヴェーバーの書物に触発されてオステローデに関する地域紙を徹底的に読み込んでいった。特に民俗学に関する情報には極めて興味深いものがあり、私はこの頃からドイツの民俗学に惹かれていった。

現代の政治状況と中世史研究

少し先走りすぎたので、大学院時代に戻ろう。すでに述べたように私はドイツ騎士修道会の植民活動からオステローデの叙述を始めなければならなかった。ドイツの東方植民はそれ自体がドイツの東への膨張の始まりとしてブランデンブルク・プロイセン国家の展開と重ねて評価されていた。中世の東ドイツ植民についても現代の観点から評価がなされていたのである。その頃のドイツの中世史家のなかで大家というべきヴァルター・シュレージンガーが中世の東ドイツ植民史について論文を書いていた。

中世の東ドイツ植民運動とは十二世紀から十四世紀にかけて二百年にわたって絶え間なく進められたドイツの東部への膨張現象をいい、この植民によってドイツは国土を三分の一も拡大し、近代ドイツ形成の中心となったプロイセンもオーストリアも植民によって作られた土地であった。ところがドイツの東方研究は一八九二年にベルリン大学に東ヨーロッパ史の講座が開かれた時に始まり、それは同時にドイツが東欧からバルカン、ペルシャ湾に至る市場を求めて帝国主義的世界政策を展開した時に当たっていた。こうしてドイツの東方研究と東ドイツ植民史研究とは方法としての地域史研究、精神的支柱としての汎ゲルマン主義という二つの絆によって結ばれていた。しかし第二次大戦の結果、東方の全ての領土を失い、あまつさえドイツ国家自体が二分されるに及んで東方研究は暫時停滞のやむなきにいたった。

この論文をシュレージンガーは「今日ドイツ東部は崩壊した」という文章で始めている。その意味は第二次大戦の後にオーデル・ナイセ以東、ズデーテン地方の喪失とこの地方からのドイツ人の追放、さらに二つのドイツの成立によって東部の崩壊はその極に達したということにある。しかし東ドイツ植民運動は「政治的支配の拡大であると同時に、伝道であり、定住であり、さらに西欧の諸制度、法秩序、経済形態がドイツの衣をまとって東に伝播された過程であった。とりわけそれは西欧の学問、文学、造形美術の伝播であった」とし、確かに政治的支配は崩壊したが、東ドイツ植民運動を端緒とする西欧と東欧の交流の成果がすべて崩壊したわけではない。このように考えるシュレージンガーは一方における東欧の歴史家達のドイツ植民運動の評価に反論し、他方でトインビーやバラクラフなどの「ドイツ東部の喪失は損失ではなく、西欧にとって収穫であった」という評価にも反論しようとしている。いわばシュレージンガーは東ドイツ植民運動の歴史を西ドイツの新しい政治的状況に見合った歴史像の中に位置づけようとしていたのである。

私がシュレージンガーの批判を書いたのは一九六五年のことであった。それを再びここで取り上げたのは、この問題が過ぎ去った時代に関する歴史像やイメージと歴史研究の関係の問題として、今でも日々新たに提起されている問題だからである。日本の歴史教科書の問題もまさに歴史的現象の神話化との戦いなのである。ドイツの歴史家フランティシェック・グラウスも「歴史的神話に対する歴史学の無力」という論文を書いている。そこには様々な例が挙げられているが、一つだけとりあげれば一六二〇年のビーラー・ホラの戦いでティリーが率いるバイエルン軍は皇帝軍と合流してプラハの西のビーラー・ホラでアンハルト公クリスティアンの「ボヘミア連合軍」と戦い、「ボヘミア連合軍」が敗れた。翌年に反乱の首謀者として二十七名の処刑が行われた。ハプスブルクに対する抵抗は宗教的なものであり、地域政治的な性格を持っていたから、勝利の記念として戦場になった場所に処女マリアに捧げられた教会が建てられた。ところが十九世紀になるとチェコ人が民族として目覚めた結果この歴史そのものの書き換えが進められ、「ボヘミア連合軍」の敗北は民族の敗北と見なされた。処刑されたものの大部分はドイツ語を話す人々であり、領主クラスのものは三名しかいなかったのであるが、こうしてこの事件の神話化が進められたのである。この事件に関する神話化の頂点に立つのがスメタナの民族的オペラ「リブシェ」であり、そこでは民衆がキリストのように地獄の恐怖を克服して、栄光をうることになっている。

これまで社会史という分野が注目を集めた時もあった。そのようなときでも社会史が提示する歴史像が、現代の政治的状況の中でどのように位置付けられるのかは、考えておかなければならないのである。私は本稿の全体を通じて、私自身が関わった社会史がどのような状況認識の中で生まれたのかを示しておきたいと考えている。ここでは私が博士課程で書いた論文の対象がどのような歴史的神話の中にあったのかを示し、その神話化にどのようにして対応したかを簡略に述べるに留めた。

しかし私が書いたシュレージンガー批判はゼミナールでは評判が悪かった。一つにはそれが『思想』に掲載されたことにあった。当時『思想』は一流誌と見なされていたから、先生達も「最近の若い者はウルトラCを狙うから困るよ」といっていたし、また純粋に実証的歴史研究を行わなければならないのに、政治問題に首を突っ込むものがいて困ると公言していた。すでに述べたようにオステローデに関する私の研究もゼミナールでは全く理解されなかったし、『思想』

に載せた論文も無視され、私は暗い日々を送っていた。そのような中で西ドイツのフーバッチュ教授だけが私の研究を支えてくれ、後にボンで書き上げた論文を彼が編集していた叢書に入れてくれたのである。少し後の話になるが、この論文が刊行された頃私は小樽商科大学に勤めていた。昭和四十一年の建国記念日に、学生から頼まれて講堂で建国記念日に反対する講演をしていたとき、三宅立さんが東京から訪ねてこられた。彼は『思想』の論文を読んで私に会いに来られたのである。私の書いたものに同意してくれる人がいることを初めて知り、嬉しかった。このとき以来三宅さんとは親交を結んでいる。

結婚

博士課程の最後の頃、私は東京成徳学園で商業科の非常勤講師として教えていた。すでに述べたように文書実務の授業の中で金子光晴の詩などを紹介していた。ゼミナールの中で親しい者もおらず、鬱屈していた私は学生達と金子光晴を読むことに楽しみを見出していた。その学生達が私と山に登りたいと言い出したのである。私が授業中にしばしば山の話をしたからであった。全部で十名以上であったし、女子であったために、私はだれか女性の先生を誘って欲しいと言い、皆が選んだのが担任の清都晨子であった。彼女はこの高校の歴史の教師で、私とほぼ同年齢であった。

この頃私は同じ高校の別の教師と付き合っていた。この人は家庭科の教師で、時々一緒に食事などしていた。ところがこの人は待ち合わせにかなり遅れてくるのである。あるときなどは四谷の駅前で二時間も待ったことがある。もう帰ろうかと思ってふと後ろを見るとそこに彼女がいて、笑っているのである。「何時からそこにいるの」と聞いてみても返事をせずに笑っている。このような彼女の態度にじらされることはしばしばであったが、私は彼女が好きだった。結婚したいとすら思っていた。彼女もその気があったようで、両親に会って欲しいと言う。ある時、目黒で彼女のご両親と兄に会った。兄は医科大学の助手で、私に「一日の治療費に二十五万円もかかる病気があるんですが、あなたは妹がそのような病気になった時支払うことが出来ますか」と聞くのである。彼らは私の家の事情を興信所を使って調べていたらしい。このような質問に今なら答えることが出来るが、あの頃の私には答えられなかった。両親は私との結婚に反対していた。理由は私が職もなく、貧しかったからである。

このような両親の反対に対して彼女は決断が出来ずにいた。ぐずぐずと決断をせずに延ばし延ばしにしていた。こうして私は彼女を諦めることになった。学生達と山に行くことになったのはこのような時であった。一緒に山に行ってみると、清都さんは先の彼女とはまったく違って積極的で活気があった。たとえば原宿で待ち合わせをしていた時のことである。彼女は五分ほど遅れてきたが、私にぶつからんばかりに駆けてきて、「遅れてごめんなさい」と謝るのである。彼女とはいろいろな面で話が合い、しばらくして結婚を考えることになった。私が当時は就職もしていなかったから、ご両親は賛成ではなかった。しかしご両親が反対しても彼女は家を飛び出してくる決意であった。こうして私は博士課程を修了する直前の三月に結婚した。新婚旅行に那須に出かけ、帰ってから増田先生の家に挨拶に行ったところ、学術振興会の奨励研究生に採用されたことを知った。月に二万五千円であった。これと彼女の給与を合わせれば二人で充分暮らしてゆけた。

私たちの結婚を祝ってくれる仲間がいた。国立の公民館で勉強会をしていた仲間である。西順蔵、金子幸彦、大畑末吉、増淵龍夫の諸先生も参加してくださった。西荻窪の寿司屋で開かれた会で、西先生が突然私に次のように訊ねた。「阿部さん、どうして結婚したのですか」。私は「解りません。ふと気がついたらこういう状態になっていたのです」と答え、「先生はどうして結婚したのですか」と聞き返した。すると先生は「迷いですよ」と答えられた。私はその答えが気に入ってしばらくそれを借用して、妻の不興を買っていた。

私たちは当時東伏見に住んでいた。彼女の学校は王子にあったから、通うのに一時間半近くもかかった。彼女は夕方帰ってくると、すぐに台所に立って夕食の支度をしようとする。私はまず座らせ、お茶を入れてから夕食の支度をすればよいといって、通勤の疲れを癒すことを考えていた。彼女は東京教育大学で和歌森太郎先生の下で学び、日本史を専攻していたから話が合った。私たちは何事についても全て話し合って決めていた。しかし私が西先生の家に遊びに行く時は一人であった。西先生の家は私の家から十分ほどの距離にあり、しばしば出かけていた。あるとき先生の家で引き止められ、帰りが真夜中過ぎになったことがある。家に帰ると彼女はもう寝ていたが、手紙があり、「夕食の用意をしていたのに、帰ってこなかった。西先生大嫌い」と書いてあった。しかし西先生が家に来られた時など彼女は一生懸命に料理などを作り、もてなした。家の近くに野原四郎先生も住んでおられた。この頃先生は義和団の事件に熱中されていて、いろいろとそのお話を伺うことが出来た。

一九六三年三月。厚生年金会館にて。左から二人目が増田四郎教授。

西荻窪の寿司屋で仲間が結婚を祝う会を開いてくれた。

就職

大学院の博士課程が終わろうとする時期だったために、この頃いくつか就職の話があった。一つはかなり大きな私立大学で、歴史学の講師の口があるから応募しないかという増田先生の勧めであった。一応応募することにしたが、しばらくしてそのポストに非常勤講師として今働いている日本史の人を支援する組合などの話が伝えられた。その大学の組合では私のような若い人を採るくらいなら、長い間非常勤講師として働いてきたその人を正規に講師として採るべきだというのである。その人は私も名前を知っているくらい著名な人で、日本中世史家であった。その話を聞いて私は増田先生に辞退を申し出た。増田先生の話はその大学の理事会を通した話で、いわば上から人事を進めようとするものであったが、反対運動は下から進められていた。そのような話に乗らない方が良いというのが私の判断であった。もう一つの話も増田先生からで、一橋大学のドイツ語の教師にならないかという話であった。それには大畑教授が絡んでいて、増田先生が大畑教授に私をドイツ語の教師として採らないかと持ちかけたらしいのである。それに対して大畑教授がどのような返事をされたのかはわからない。結果は大畑教授がご自分の弟子を採用したことでこの話も消えた。

　そうしているうちにまた増田先生から「小樽商科大学で歴史学の講師を募集しているが、君はあんなところに行くかね」という打診があった。私は小樽についてはまったく無知であったが、家内に聞くと「よいところだから行こう」という。実は私の妻は函館の出身で、北の町に親しみを持っていたらしい。そこで応募したが、全体で十名ほどの応募者がいるという話が伝えられた。四年先輩でこの頃すでに一橋大学の講師になっていた山田欣吾氏は私に「君の今度の小樽の件は諦めた方がいいよ」と言う。どうしてですかと聞くと山田氏は、「一橋大学から君を含めて二人応募しているからですよ。小樽商科大学は一橋との関係を大事にしてどちらかを選ぶということはしないでしょう。まったく別の人を選ぶのではないか」と言うのである。私にはなんとも言えないことであった。しかし結果は私が採用となったのである。

マックス・ヴェーバーは『職業としての学問』の中で「大学の教員はだれしも、自分の就任のいきさつを回想することをこのまない。というのは、それが愉快な想い出であることはほとんどないからである」と述べている（出口勇蔵訳）。私の場合は不愉快というほどのことはなかった。それよりも小樽商科大学に決まって良かったと思うことは沢山あった。このころ小樽商科大学では、講師として採用が決まってもすぐに赴任する必要はなかった。半年ほど東京で講義の準備をすることが出来た。しかも講義は歴史学一コマで、ゼミナールもなく、負担は大変軽かったからである。私は明治時代の西洋文明受容の歴史を調べ、日本における西洋史受容の歴史をまず講義しようと思った。一橋大学には明治文庫があり、その点で便利であった。かつて小樽商科大学には大熊信行教授がおられたし、上原教授も歴史学の集中講義を持っておられた。そのあとを受け継ぐことは名誉なことだと思われた。

大学院の博士課程には当時単位修得論文という形式があって、学位にはならないが、一応大学院を修了することは認められていた。私もその形式を踏んで、単位修得論文を提出した。オステローデに関する研究とドイツ騎士修道会の全所領の関係を中世ヨーロッパ史の中に位置づける作業であった。この論文を提出した直後のゼミナールで増田先生は「なんだかよく解らないな」という感想を漏らされた。しかしそれから一週間ほどした頃先生から手紙が来て、「三つのテーマが互いに絡み合いながら中世ヨーロッパの断面が描かれていて、大変興味深く読みました。先日の妄評をお詫びします」とあった。しかしこの論文はそのままでは出版できる形になっていなかった。原史料に当たっていなかったからである。

そうしているうちに小樽商科大学から浜林正夫教授が上京されるという連絡があり、国立の増田先生のお宅でお目にかかった。浜林氏はご自分が小樽商科大学に就職した時のことなど話され、彼が東京商科大学の学生だった時小樽商科大学の教授だったお父上がなくなり、急遽彼に講師になるよう話があり、学部をでただけで講師になって、自分より年上の学生を教えることになったという。私も小樽商科大学の講師になり、その月の内に銀行の口座に給与が振り込まれた。何もしていないのに二万円何がしかの給与をもらい、しかもその月が八月だった為に寒冷地手当まで振り込まれた。それは五万円ほどで、東京にいる身には必要がなかったから、ボーナスをもらったのに等しかった。

講師になっても増田先生のゼミナールには出ていた。増田ゼミナールではゼミナールが終わると国立駅前のエピキュールという喫茶店でお茶を飲む習慣があった。その日のゼミナールで生じた問題などが話題となり、ほぼ一時間続いた。増田先生が「ま、その問題はそう簡単には解決つかないよ」と言われ、それでお茶の時間が終わったのである。私にはその時間が大変貴重であった。ゼミナールでは聞けないようなことでもその時間には聞けたからである。たいていの場合先生がお茶代を払ったのである。山田欣吾氏が一橋大学の講師になった時、彼はお茶代を先生が払うのは良くないと言い出し、先生は「山田君は自分が先生になったから割り勘なんて言うんだよ」と言われ、相変わらず払い続けた。私はそのことを恩義と感じていたので、自分がゼミナールを持つようになってからも原則としてそのようなお茶の時間の費用を払っていた。しかしそのこと自体かなり問題であり、後で面倒なことになった。

小樽商科大学の講師になって困ったことが一つだけあった。一橋大学の図書館が使えなくなったからである。勿論正式な手続きをすれば他大学の教師でも閲覧証はもらえた。しかし書庫に入れないのである。そこで増田先生に頼んでみた。しかし結果は変わらなかった。そのとき西先生が「図書館を使うときには声をかけてくださいよ」と言われた。はじめはその意味が解らず、私が図書館に行く時に会いましょうという意味だと思っていた。あるとき先生に連絡をしてから図書館に出かけていった。すると先生は書庫の前の椅子に腰掛けて「どうぞ」と言われたのである。図書館の規定では教官と一緒に書庫に入ることは認められていた。先生はご自分が一緒に書庫に入る形にして私を書庫に入れてくれたのである。このような形で書庫に入ったのは数回であったが、その間先生は本を読んでおられた。そのことについて先生にお礼を申し上げたが、先生はニコニコして「ではこれから飲みに行きましょうか」と言われ、二人で吉祥寺の飲み屋に出かけたのである。私の生涯でこれほどの好意を示されたことは他にはない。今は亡き先生にここで再び御礼を申し上げたい。

このときだけでなく、西先生とはしばしば飲む機会があった。先生のお宅を訪ねたときも必ずお酒が出された。私は父親の遺伝かもしれないが、ほとんどお酒が飲めなかった。先生と付き合うときにこれは大きな障害となった。私は先生と日常的に付き合うことから始めたために、先生のお酒どころか、学問についてもほとんど知らなかった。そこで先生の講義に出ようとしたのだが、私の高等学校の出校日と重なっていて出席できないのである。たまたま私が二年生の時に『研究年報　社会学研究』という刊行物が出されていた。そこに西先生が「竹林の士とその『自然』について」という論文を書かれていた。それを読んでみた。というよりも読もうとしてみた。

当時私が理解したのは次のようなことであった。曹魏（二二〇－二六五）の王権によって国家が統一されたあと、官僚豪族派が専制政治を始め、また後漢以来の豪姓豪族派である司馬が台頭し、曹魏に取って代わった。このような事態に直面して曹魏王権についていた人々は豪族たちに隷属しなければ生きてゆけなくなった。豪族に隷属するということは彼らが求める礼教に従うことであった。豪族の求める礼教が偽善であることを見抜いた人々はそれを拒否しようとした。しかし拒否を貫くこともまた不可能であった。そこで慟哭し酒を飲み琴を弾き清談する。竹林の士の成立である。その有様を西先生の筆で見るとおよそ次のように描かれている。「竹林の士の一人阮籍が人と囲碁を打っているときに母の訃報があった。客は中止するといったが彼は引き止めて決着をつけ、それから、『飲酒二斗、挙声一号、吐血数升』という状態であったという。葬式の時には一蒸しの家禽の胃袋を食い、二斗の酒を飲んでから別れをしたが言葉がでなかった。……家の規律が君子の身分保障であり、孝はその最大のものであり、そして徳はすべて規定された儀礼にあらわすべきであり、かつまたこの礼を履《ふ》むことが郷党に声誉を得て世間に出るための条件であ」った。「その礼を彼はことさらに無視しようとした。礼は世俗に是認され世俗から要求されるものだから、彼の孝心を礼とともに是認され要求されるものにしたくなかったのである」この論の中で魯迅の文章が引用されていた。

西順蔵先生と。蓬莱山にて。

「後世の人は、嵆康や阮籍を罵倒して、猫も杓子も、ずつと今まで一千六百余年のあいだ罵倒してきました。……魏晋の時代には、礼教を尊崇したものは、一見もつともらしいが、実際は、礼教を破壊したものであり、礼教を信じなかつたものであります。表面的に礼教を破壊したものは、実はかえつて礼教を承認したもの、あまりに礼教を信じたものであります。なぜならば、魏晋のころのいわゆる礼教尊崇は、それを私欲に利用したので、尊崇といつても気まぐれの尊崇にすぎなかつた、……魏晋の礼教破壊者は実は礼教を信ずること深いあまりに、偏屈なまでになつたのだ」（竹内好訳）。阮籍も嵆康も礼教を守れという要求を拒否しながらも、そのこと自体を否定せざるを得ない。そこで思いと生きてゆく道とに挟まれて一つの無世界の世界、「自然」を発見したという。しかしこの自然は私にはよく理解しえていない。この文章を含めて私が理解できたのはそれから十五年もたったのちのことであった。西先生について語るには竹林の士に関する先生の考え方と親しみを理解しなければならないと思うからである。この話の続きは「世間論」に私が目を開かされたころ、これから十五年後のことを語る際にしたいと思う。日本の礼と酒のあり方が中国とはかなり異なっていることは、この段階でも多少は理解できた。ここでは西先生の酒について思い出している。

先生がひとたび飲み始めると長時間続くが、決して酔って管を巻くなどということはなかった。夕食のころに飲み始めても、真夜中を過ぎると目が爛々としてきて、話に熱が入るのである。吉祥寺に磯重という飲み屋があった。そこの壁には酒の瓶が沢山並んでいた。西先生はそれを見ながら、これを順番に全部飲んでみようかなどといっておられた。後に先生は酒を余地世間としているが、それもこの段階の私には理解し得なかった。酒について先生が話されたことのうち、記憶に残っているのは夜遅く帰宅されたときのことである。「先生のお宅では酒の管理はどなたがするのですか」と聞いた私の質問に先生は「私ですよ」と答え、西武柳沢の駅に夜遅く着いた時など、家に酒がもうないことを思い出して自販機で酒を買うのだといわれた。寒い冬に自動的に燗がつく小さな酒瓶を抱きながら家路につく先生の姿が見えるような気がした。

第四章

ドイツの生活

一九六五年（昭和四十）四月には小樽に着任した。小樽はまだ雪に覆われており、風は冷たかった。コンテナに積んだ荷物の到着が遅れ、最初の二日間は旅館に泊まらなければならなかった。旅館の仲居さんは家内に「働く気があるなら、仕事を紹介しますよ」という。どんな仕事なのか聴いてみると仲居の仕事らしく、「収入はよいし、仕事は楽で赤ちゃんがいても出来ますよ」という。どうやら商大の教官とは思われず、仕事を探しに来たものと見られたらしい。それにしても私の仕事よりも家内の仕事が先に見つかるのはいかにも小樽らしかった。商大の歓迎会の席でも周りの人は私に結婚しているのかどうかを聞き、「未婚ならいくらでも良い女性を紹介するのに惜しいことをしましたね」という。

加茂儀一学長は開口一番、「小樽はあなたのような人を求めているのですよ」といい、私は単純にも感激してしまった。その席には哲学の川村三千雄教授とイギリス史の浜林正夫教授、教育学の田中昭徳教授がおられた。研究室は古瀬大六教授と相部屋であった。最初の講義を終えて控室に帰ってくると、学生が五、六人やってきた。私にゼミナールを開いてほしいというのである。私は一般教育担当の教官であったから、ゼミナールを開くことはできなかった。そこで浜林教授と相談して教授のゼミナールに入ったことにして、単位はそこで貰い、実質的にはゼミナールは私が担当することにした。全員で九名のゼミナールとなった。しかしゼミナール用の部屋も貰えず、いつも研究室でゼミナールを開いた。正式には単位にならないのだから、大学とは無関係ということで、夏休みも休まずゼミナールを開いた。この学生の中から後に大学の教師になったものが三名でた。

週一コマの講義しかなかったから、あとは研究に専念できた。といっても私がこの頃集中していたのはハインペルの『人間とその現在』を訳すことであった。訳に疲れると窓から見える港に目を向けた。赤と白の小さな灯台が防波堤の端を支え、釣り人の姿も見えた。港の中には僅かの船しか見られず、静かな佇まいであった。この景色を見ながら十二年ここで過ごすことになる。

その間にはさまざまなことがあった。大学紛争がその最大のものであった。私は当時急性腎盂炎で臥せっていたが、枕元に何人かの教官が集まって対策会議を開くこともしばしばであった。この間の事情については私の著作集の第九巻にある『北の街にて』に詳しいのでここでは省かせてもらう。

一九六九年十月一日に私は羽田空港からハンブルクに向かった。アレクサンダー・フォン・フンボルト財団の奨学生に採用されたためである。すでに学部学生のころから親交があったボン大学のフーバッチュ教授からは早くドイツに来るようにとの連絡があり、私も行きたかったのだが、学部学生の身では出かけていっても自分の望むような研究は出来ないと思っていた。大学院で研究の道筋をつけてからドイツに行きたいと考えていたのである。博士課程の単位修得論文を提出し、一応の道筋がついたと思ったので、小樽商科大学にいってから、教授に手紙を出し、そろそろ出かけたいという意向を伝えた。するとすぐに教授からフンボルト財団に推薦書を書いたから、応募するようにとの連絡があり、ようやく渡欧が実現したのである。

当時飛行機は羽田を出てからアンカレッジ経由でハンブルクまで十七時間かかった。ハンブルクに着いたのは朝の七時だった。駅前にホテルを取って一眠りし、そのあと町に出かけていった。まず聖ミッシェル教会に行った。この教会はハンブルクの中心となる教会で、雷で破壊されたりして、何度か建て直されている。この教会の近くに小さな路地があり、そこに小さな店クラーマーアムッストゥーベが並んでいる。その中にパーヴェルさんの古書店もある。初めて訪ねたときに私はパーヴェルさんと話をし、彼がミッシェル教会の歴史に詳しく、特に手工業史を専門にしていることを知って、いろいろな書物を送ってもらうことになった。彼は第二次大戦中に東部戦線でアメリカ軍の捕虜になり、アメリカに送られたが、何年か後に脱走してアメリカ市民になりすまし、アメリカ娘と結婚して幸せな暮らしを送っていた。戦後かなりたってから彼の身元が割れ、逮捕されたのだが、そのときには戦争は遥か昔のことになっており、彼は英雄としてアメリカの新聞紙上でもてはやされ、有名人となった。

そのあとヤコービ教会とカタリナ教会に行き、市庁舎にも行った。これだけ回るとかなり疲れるので、その日はそこまでにして、夕食をとる場所を考えていた。昼はプランテン・ウン・ブローメンの食堂でとった。「植物と花」という低地ドイツ語名の植物園で、そのときには適当に料理を注文したところアイスバイン（塩漬けにした豚の脚の煮込み）であった。この頃私は腎盂炎の後遺症で胃が悪かったので、ザウアークラウトぐらいしか食べられなかった。そこで夕食の際には辞書を持ち込んで料理を徹底的に調べ、食べられそうなものを選んだ。それが的中して卵と野菜の料理を食べることが出来た。

以後ドイツで二年間暮らすあいだに私は食事に関してはそれほど苦労はしなかった。まず初めての街では市庁舎で食事をするとその街の標準的な料理を食べることが出来ること、スープを取ってそれが塩辛かったら、その他の料理も塩がきついことなどを学んだからである。

ハンブルクに二日間滞在したあと、ドイツ語の研修のためフンボルト財団が指定したイザローンのゲーテ協会に出かけた。イザローンは小さな町で、ゲーテ協会はその中心にあった。私の教師はミュンスター大学で日本学を学んだ女性で、生徒の中にはさまざまな人がおり、そこでの二か月間は大変楽しかった。ポーランド出身の女子学生にアルビンさんという人がいた。彼女はドイツと近かったせいもあって、会話には不自由がなかったが、文法は苦手らしかった。私は逆で会話にはまだ慣れていなかった。そこで二人で協力し合う関係が生まれた。そのほかトルコ出身の学生がいた。彼は物理学専攻であったが、チェ・ゲバラを尊敬しており、彼からトルコ語の歌なども習った。

イザローンの研修が終わったあと、ボン大学にフーバッチュ教授を訪ねた。早速研究課題の話になったが、私がオステローデの中世後期の地域史を描きたいというと彼は驚いたようで、即座に「それは不可能だ」という。しかし私は強硬に主張した。すると教授は厳しい顔になって、「それならここにいてはいけない。すぐにゲッティンゲンの文書館に行かなければならない」と

ゲッティンゲンの文書館の入り口。

イザローンのゲーテ協会にて。
左から、同級生のトルコ人ゲティクリ、
先生、ポーランド人のアルビン。

いう。

彼は私と一緒にゲッティンゲンに行くことになった。そのためにボンを何時の列車に乗ればよいか、時刻表まで調べてくれた教授とともに、ゲッティンゲンに向かうことになった。

途中ハノーバーで乗り換えるあいだに食事をし、そのあいだもドイツの文書館の事情や歴史学会のことなど話してくれた。やがて平原のかなたにヤコービ教会の塔が見え、ゲッティンゲンに着いた。教授はあらかじめ私の下宿まで探しておいてくれたらしい。ニコラウスベルガー・シュトラーセの老婦人シュヴァルベさんの一部屋を借りることにした。そこから文書館までは五分くらいで行けた。こうして文書館にはいつでも行ける態勢にして再びボンに戻り、家族が来てから正式にゲッティンゲンに移ったのである。

文書館はメルケル街三番地にあり、町ではドライメナーハウスと呼ばれていた。三人の大工が建てたからだという。本来は文書館として建てられたものではないので、使いにくそうであった。あるときなどは水道管が破裂して貴重な文書が水浸しになったこともあった。ケーニヒスベルクから敗戦の際に引き上げてきた文書をしばしの間保管するためにこの建物が利用されていたのである。現在はベルリンに移されている。

私の心配は文書が読めるかどうかという点にあった。ボンでは助手のグンダーマン女史とともに古文書の読み方を練習していたが、練習と実際とは異なり、本物の史料を前にすると途方にくれてしまった。さいわいフーバッチュ教授は通常の閲覧室ではなく、特別の部屋を自分用に決めており、私にもそこを使うように手配してくれていた。閲覧室では周りの学者達がタイプで文書を写しており、そのスピードは恐るべきものであった。しかしこの部屋では一人で文書と格闘できたのである。

ボンにいたとき、歴史学教室の教員、学生全員と共にカッペンベルクに行ったことがある。カッペンベルクの城はかつてフライヘル・フォン・シュタイン（一七五七—一八三一、農民解放などで知られるドイツの政治家）が住んでいた城で、シュタイン関係の史料などが展示されていた。私も学生と一緒に参加したのだが、一人一人に現物の史料が配られ、その史料について教授の質問に答えるのである。私のところにはロシア皇帝アレクサンドルが書いた手紙が配られていた。まずその文書の性格と日付、内容などを報告するのである。隣の女子学生が肘で私をつついて、「あなたは解るの？」と聞いた。私が「よく解らない」と答えると「私も全く解らない」という。しかし私はプロフェッサーと呼ばれているのである。解らないでは済まされない。このような授業はしばしば行われているが、史料は文書ばかりでなく、十字架の形やさまざまな記号などについても学生は学ぶのである。私はこのような授業に参加して、日本の西洋史の講義とのあまりの違いに驚かされた。日本の西洋史の講義では文字にこだわりすぎていて、書物を読むことがほとんどすべてであった。地理や物はほとんど無視されていたのである。物や地理的条件を歴史学の中にとり入れなければならないと私は思った。

ハーメルンの笛吹き男との出会い

ゲッティンゲンの文書館では毎日朝から昼まで古文書の解読に精を出した。午後は大学の図書館に行ってさまざまな参考文献を読んだのである。オステローデという地域について古文書を読み、何か新しいことが言えるためには先行の研究をすべて読んでいなければならないからである。先行の研究といってもその内容は実にさまざまであり、全部を数え上げれば、三千点以上になった。それらを分類し、読むべきものと読まなくてもよいものに分けた後、一つ一つ読んでいったのである。そうこうしているうちにオステローデのサッセン地方に関する研究を読んでいたとき、「この地方にハーメルンの笛吹き男に率いられた子供達が入植した可能性がある」と書かれているのを発見した。

この文章を読んだとき、一瞬背筋に何かが走る感じがした。「ハーメルンの笛吹き男とは子供の頃に童話で読んだ、あのまだらの服を着た男のことだろうか」。遠い子供の頃の記憶が体の隅から蘇り、何か途方も知れない世界が目の前に開かれた気がした。私は日本から離れた異国で暮らしていて何にも制約されていなかったから、そのまま真っ直ぐにこの問題の中に入っていった。まずサッセン地方の古文書を当り直し、それから図書館でハーメルンの笛吹き男に関する研究を調べた。この頃から私はこの伝説の研究に夢中になっていった。調べれば調べるほどこの伝説の背景には何か途方もないことがあるような気がしてきた。それまでの研究に導かれて読んだある史料には「一二八四年に笛吹き男に導かれた子供たち百三十人が行方不明になった」と書いてあったからである。笛吹き男伝説の背景には子供たち百三十人が行方不明になったという事実があったらしいのである。

そのときから毎日午前中は文書館でこれまでと同様な仕事をし、午後は図書館で笛吹き男関係の文献に当たることにした。私がこの伝説に夢中になっているのを知って当時ゲッティンゲンにいた私の先輩は「そんなことに道を外れていってもしょうがないよ。やめた方が良いよ」といってくれたが、先ほども述べたように私は日本を離れた異国にいた。日本にいたら、たとえこのような幸運に恵まれたとしても、それを生かせたかどうかは解らない。しかしドイツにいてもそれほど違いはなかった。私は笛吹き男伝説の研究については文書館では誰にも話さなかった。私は歴史家として遇されていた。その私がこのような伝説に夢中になっていることがわかれば、周囲の歴史家達は私を誤解することが明らかだったからである。この頃のドイツでも歴史の研究と伝説の研究ははっきりと分かれていたからである。

それから二十年以上たった一九九六年に、私はNHK衛星放送の「世界 わが心の旅」の撮影のためにドイツとポーランドに出かけて行った。この企画は私が二十年以上前にドイツで「ハーメルンの笛吹き男伝説」に出会ったいきさつを、当時の関係者にインタービューしながら描こうとするものであった。ゲッティンゲンでは文書館員のクラウス・コンラートに会い、ベルリンでも同じ文書館員のイーゼリン・グンダーマンに会った。二十年以上前に一緒に研究をした仲間である。二人とも私がすでに二十年前に「ハーメルンの笛吹き男伝説」について書物を出していたことを知って驚いていた。ドイツでも学問分野の境界ははっきりと守られており、よほどのことがない限り、他の分野には手を出さないのが常識とされていた。

しかしハーメルンの笛吹き男伝説に取り組んでみると、そのようなことは全く問題にもならないことであった。何故なら、数千点の関係文献の中には地域史研究協会の雑誌に載ったものが多く、それらの内容は実に多様であったからである。考古学の論文があるかと思えば、新しいトラクターの開発に関する研究があるといった具合なのである。「ハーメルンの子供たち百三十人が行方不明になった」という伝説が歴史的事実であることがやがて明らかになってくると、その原因をめぐって多種多様な説がこれまで立てられてきた。舞踏病説から、移住説、野獣に殺されたという説、子供の十字軍だという説、ユダヤ教の儀式の犠牲となったという説、ペストで死んだという説など実に二十五にものぼるさまざまな説が立てられてきたのである。

そのような問題状況の中で、私はハーメルンという都市の問題としてこの問題を考えようとした。ハーメルンという都市の構造とそこに住む人々の問題を解明しようとすると、直ちに問題になるのは「笛吹き男とは何か」という問いである。すでにグリムの童話などで、市参事会と笛吹き男との間に交されたネズミ退治をめぐる約束が参事会によって破られ、その代償として笛吹き男が子供達を連れ去ったという解釈がなされている。ネズミをヴェーゼル川で溺れさせるという特別な能力をもち、子供達を全員引き連れてゆく力を持った笛吹き男は普通の市民ではない。特別な能力をもった異能力者であったに違いない。こうして私は西欧社会における異能力者としての笛吹き男の歴史を探らなければならなくなった。また笛吹き男は市民から差別されていた。その差別が何によるものなのかも明らかにしなければならなくなった。

笛吹き男に対する差別はヨーロッパにおける差別一般の歴史の中に位置づけられるから、私はそこでいったん笛吹き男から離れて差別の歴史を学ばなければならなかった。文書館にはその種の研究が堆積されていた。そのほとんどは大学の教授によるものではなく、文書館員が書いたものであった。そして驚いたことに、大学の教授たちが書いた法制史の概説書などには、差別された人々についてはほとんど記されていなかったのである。例外はハインリッヒ・ミッタイスの『ドイツ法制史概説』である。そこでは人間狼について、また不名誉な破廉恥罪について僅かながら記されていたからである。しかし不名誉な地位におかれた人についての叙述はきわめて不満足なものであった。

文書館員が差別された人々について書いた書物の中で最も優れていたのは、ハンブルクの文書館員オットー・ベネッケの『賤民』である。一八六三年に刊行されたこの書物は、主としてハンブルクの死刑執行人の歴史を扱ったもので、私はこの書物のほか文書館員が書いた多くの書物を読み、楽師に対する差別の問題や外科医に対する差別、風呂屋に対する差別などの多様な差別のあり方を知り、後に『刑吏の社会史』としてまとめることになる書物の準備をしていた。そのほかヴェルナー・ダンケルトの『賤民』という書物も独自の観点から差別の成立を論じた興味深い書物であった。

ドイツにおける賤民の歴史を探っているうちに、日本における被差別部落のことが気になってきた。日本から必要な書物を取りよせ、勉強をはじめたのだが、ドイツにおける賤民の研究史と日本における被差別部落の研究史との間に大きな違いがあり、最初はその違いに戸惑っていた。違いの一つは古文書のあり方にあった。ドイツでは全ての古文書は文書館に収められているといって良い。所有権が特定の家などにある場合でも委託という形で文書館に納められている。そもそも会社にしても学校にしても公共施設にしても、それぞれ文書館を持っているという点でも日本との違いは大きい。そして日本では古文書はそれが本来置かれていた土地から拉致されて、多くの文書が大学の研究室におかれているのである。

そして文書のこのようなあり方は市民の成立と不可分の関係にある。わが国の文書館が整備されていないのは、わが国における市民意識の未熟さによるものだからである。そこで私は「ハーメルンの笛吹き男伝説」を追究する傍ら、西欧における市民の成立事情を調べようと思った。もとより市民の成立については増田四郎教授などの研究がある。しかし私の関心は賤民の成立と賤民に対する差別の原因を探ることにあったから、これまでのわが国の研究に安んずることは出来なかった。私はドイツでの生活体験から、市民の問題を集団としての市民の成立だけでなく、個人の成立に重点をおいて調べようと考えていた。日本における差別の問題は、私の考えでは、個人が充分に成立していないことと深い関係にあると見ていたからである。それは私の一橋大学や小樽商科大学における体験から知ったことであり、その一部分は『北の街にて』でも触れている。

しかしドイツでオステローデに関する研究を続けながら、個人の成立についても研究をすることは容易ではなかった。私はそもそもドイツに留学した時から大きな課題を抱えていた。それだけでも精一杯であったのに、それ以外にも新しい課題を抱えることになったから、二年間の滞在期間に旅行をする機会もなかった。しかしドイツ国内はかなり回ることが出来た。中古車を手に入れていたので、家内と子供を乗せ、時にはドナエヴェアトからゲッティンゲンまで、子供の学校に間に合わせるために一日に七百キロも走ったことがあった。こうして各都市を回ったのは各都市の歴史協会について現地で調べようとしたためである。ドイツ滞在中の収穫の一つが歴史協会を発見したことであった。

十八世紀から十九世紀にかけてドイツの各都市に歴史協会が生まれた。ナポレオン戦争の結果ドイツは国家としての体裁も失い、各地域や都市は自らの力で立たなければならなくなっていた。さらに、国家や経済その他の巨大な機構の関連が突然破壊され、個々の人間は家族や友人、隣人、村落などの基本的絆以外に頼るものがなくなっていた。このような状況の中で人々は新たに交友関係を結び、個人としての関心や教養を培う機会が生まれたのである。十八世紀の末には家の絆も身分の絆も崩壊しつつあった。こうしたことも協会の成立の前提となった。歴史協会だけでなく、この頃ドイツの各都市に音楽協会や読書協会、愛国者協会などさまざまな協会が生まれていた。

その中でも歴史協会はその後のドイツ歴史学の展開に大きな影響力を持つことになった。各地域の協会で好事家達が集まってその土地の史料を編纂したからである。現在残されている各都市や地域の史料集の多くはこの頃に編纂が始まったものである。各都市や地域の歴史協会の雑誌を見ると、すでに述べたように農業技術の問題からその地域の伝説などの実にさまざまなテーマが並んでいる。私はハーメルンの笛吹き男と関わったためにこれらの歴史協会に出会い、そこから民俗学とも接することになった。歴史協会には専門家だけでなく、素人も参加していたし、歴史協会の拠点はその都市や地域の文書館であったから、文書館員が指導的な立場に立ち、素人たちが学問の道から外れないように目を配っていた。この点もわが国の歴史学のあり方と決定的に異なっている。

ボンの生活

イザローンでゲーテ協会に二か月通ったあとボンに移った。イザローンのゲーテ協会での生活も毎日が新鮮であった。ボンでは郊外のタンネンブッシュに部屋を借りた。定年退職された公務員のメンツェル夫妻の家である。メンツェル氏はボンのカーニヴァル団体の会員で、私もしばしばカーニヴァルに誘われた。かつての軍隊のように大時代な赤い制服を着て、大きな大砲を置き、カーニヴァルには町に戒厳令をしき、時には市長を逮捕して、身代金を徴収する。カーニヴァル以外のときにも決まったロカール（居酒屋）に集まり、じゃが芋のパンを大量に食べながらビールを飲む。ボン大学の裏庭に集まって盛大な撮影会をしたこともある。基本的には男性だけの集まりであるが、女性も常に参加しており、「理性的な者がいなければなりませんからね」と女性たちはいっていた。

メンツェル夫妻とはよくライン川に船遊びに行った。川に出かける日には必ず風呂に入った。船が沈んだ時ライン川を汚さないためだとメンツェル氏はいっていた。大体ドイツ人はあまり風呂に入らない。一月に一回という調査もある。シャワーでほとんど済ましているからである。

あるときボンの市役所から調査員が来た。家の前に高速道路が通っていたが、その振動で家に亀裂が生じたところがあり、そのための調査であった。私は間借り人に過ぎなかったが、私の部屋も調査の対象となり、質問を受けた。私には何も問題がなかったので、そのままとなったが、メンツェル氏はあとで何か不平を言えばよかったのにという。高速道路の騒音についてただの間借り人にも公平に不満を聞くボンの姿勢は私には印象的であった。メンツェル氏の娘はライン川の対岸のボン・ボイエルの教会の牧師と結婚していて、私も誕生日などに招待された。メンツェル氏は娘夫婦のことを「私たちは一週に六日間働くが、彼らは一週に一日しか働かないですむ楽な商売だ」といっていた。実際当時のドイツの教会の牧師は事実上公務員のような待遇を受けていた。

ボンのベートーヴェン街に明治大学の石井素介教授の一家が住んでいた。ボンに行ったのは十一月で、厳しい冬の始まりであった。私は日曜日などボンの町を歩き回ったが、ライン川を歩いて渡ると寒さが身にしみた。一人で町を歩き回っていると、何故か無性に腹立たしくなり、何の関係もない通行人にも腹が立つことがあった。孤独の中で耐えられなくなっていたのである。そのような時、石井氏の家を訪ねた。石井氏の家族はそんな私を温かくもてなしてくれた。

フーバッチュ教授はバード・ゴーデスベルクに住んでおり、一度夕食に招待されたことがあった。娘さんと病気がちの息子さんの四人家族で、食卓に着くと皆が手をつないで祈るのである。教授の一家は敬虔なプロテスタントであった。教授は海軍の軍人でもあり、家には鉛の人形をそろえて歴史的な戦いの場面が再現されていた。第二次大戦の話になると遠く、懐かしい思い出を語るようなまなざしで話してくれた。フーバッチュ教授からある日曜日に電話があり、クリスマスにはどうするのかという。特に予定がないから家で仕事をすると答えると、「それなら研究室へいらっしゃい。私も仕事をするから一緒にしましょう」という。こうしてクリスマスの間二人で研究室にこもったのである。ドイツではクリスマスは家庭で静かに祝う休日であり、皆家庭にこもって楽しむのが習慣だった。留学生などはその休日を利用して暖かいイタリアなどに逃れるのである。二人で仕事をして夕方になると、教授はいつもどこで食事をしているのかと聞く。「学生食堂メンザです」と答えると「あんなヴァルガー（下品）な所へいってはいけない」といい、あるレストランを紹介してくれ、連れて行ってくれたが、驚くほど高価な店であった。

私は実はメンザが気に入っていた。一マルクで充分栄養価値の高い食事が出来たし、何よりも多くの学生と一緒に食事をする楽しみがあった。そこで韓国人の学生と親しくなった。ハイ・ボンチュンという名のこの学生は板門店での軍事勤務を終えて留学していたのである。日本人と韓国人がへたくそなドイツ語でしゃべっている光景は滑稽だったと思う。ドイツ人の学生には評判はよくなかったが、メンザのメニューでは私はアイントップが好きであった。これは一種の豆のお粥のようなもので、その中に大きなヴゥルスト（ソーセージ）が一本はいっていた。ボンの町ではフリードリッヒ・シュトラーセのアジアという中華料理店によく行った。そこでご飯が食べられたからである。いつもフカのひれのスープと牛のチャプスイを注文し、最後にジャスミンティーを飲んだ。

イザローンのゲーテ協会で知り合った大原光憲氏や何人かの若い日本人女性達がイザローンを去るとき、再会を期待して十年後に霞が関ビルの上のレストランで会おうと約束しようとしたことがあった。しかし大原氏が「そんな約束をしても守られる筈がないよ」といって取り合わなかったのでこの約束は成立しなかった。その後しばらくして大原氏が亡くなったので、私は残念なことをしたと思っている。イザローンでは皆風呂もない宿に住んでいたので、時々皆でミュンスターなどに出かけ、カイザーホーフなどのホテルに泊まって風呂を楽しんだ。イザローンにいたときは比較的に時間があったので私は日曜日には近くの町を訪ね歩いた。ウナの町の教会の前で出会った若いお母さんと赤ちゃん、ゾーストの町の静かな佇まいのなかで聴いた鐘の音などは忘れがたい。

ボンでは仕事が忙しくなって旅行はほとんど出来なかったが、日曜日などにはマリア・ラーハ修道院を訪れた。湖に面したこの修道院の傍のホテルに泊まって、夕方に散歩していると、この修道院と教会の創立時の光景が目に浮かんでくる。信頼できる最も古い記録では一一三八年にコンラート三世の文書の中でプファルツ伯ハインリッヒが聖母マリアのためにこの地に教会を建て

一九六九年、ボン近郊のマリア・ラーハ修道院にて。

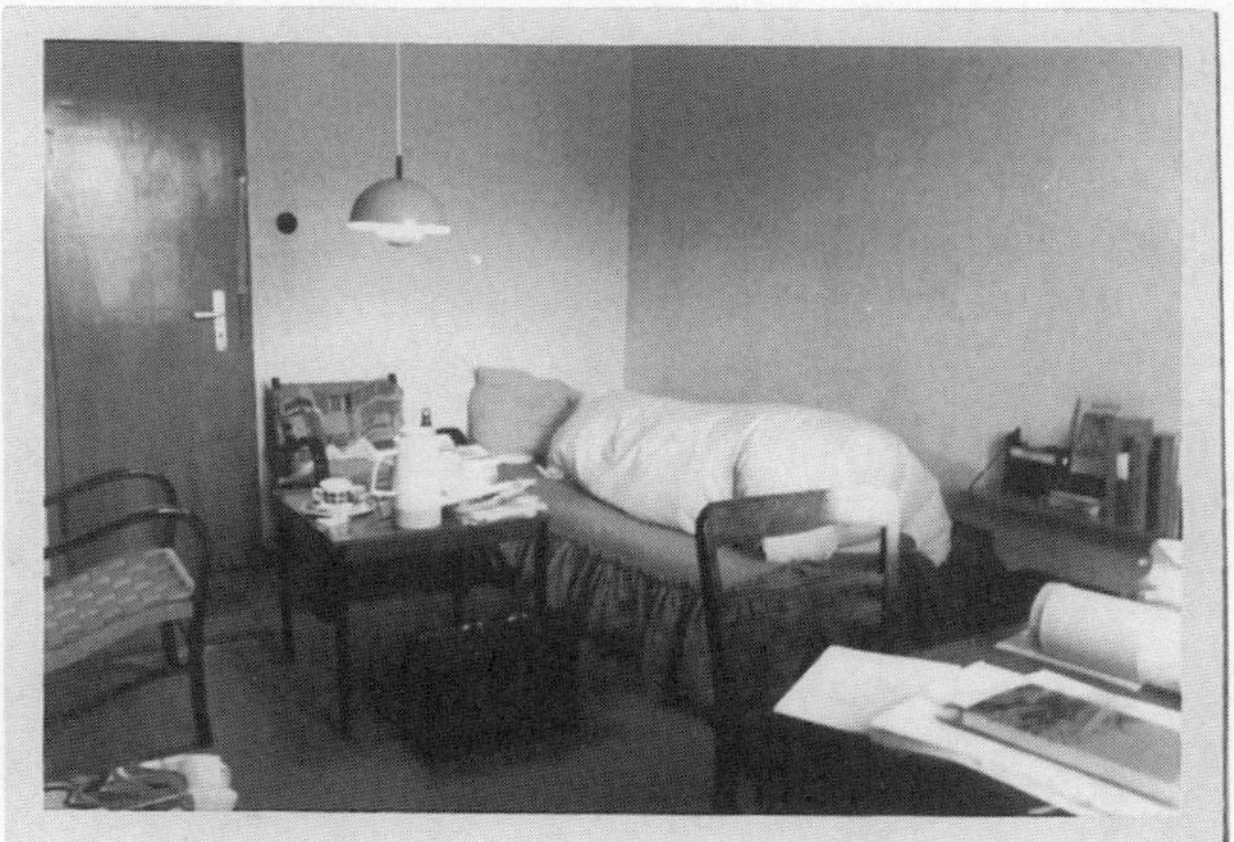

半年間暮らしたボンの下宿。

たとある。伯は妻のアーデルハイドの同意を得て、この地にベネディクトの戒律に従う修道士を呼び寄せ、豊かな土地を与えた。それがこの修道院の始まりであった。ボンにいる間、私は何か心が落ち着かないときにはいつもこのマリア・ラーハ修道院で安らいだのである。

ゲッティンゲンの人々

ボンには半年しかいなかったが、ゲッティンゲンでは家族を呼び寄せて一年半過ごした。ゲッティンゲンに家族を呼ぶに当ってまず困ったのは家族とともに暮らす家が見つからないことであった。大学の住宅局で捜してもらってやっと見つけたのがニコラウスベルガー・シュトラーセの先にあるアム・プフィングスト・アンガーの家であった。部屋数は三部屋で小さな家であったが、不平は言っていられなかった。家具付の家ではなかったのでまず布団や最低限必要な家具を買わなければならなかった。そのときには前の家主である老婦人シュヴァルベさんのお世話になった。彼女は家主と交渉して有利な条件で家具などをつけるよう配慮してくれた。私達はこうして多くのドイツの人の好意を受けて住むことが出来るようになった。

ハンブルクに家内と二人の息子が着いた日には迎えに行った。長男は四歳で、次男は生後半年であった。家族が着いて一週間と経たないうちに私はフンボルト財団の招待で数週間のドイツ周遊旅行に出かけることになった。家内はかつて大学でドイツ語を学んだことがあったとはいえ、それは十年以上も前のことであった。旅行に出掛ける前に近くのコンヴィニのエデカに行って買い物の仕方などを教えておいた。そのスーパーの女主人は大変親切で、今でも付き合いがある。

私がいない間家内は初めての外国暮らしで大変だったと思う。しかしドイツ人はそのような家内をいろいろ助けてくれた。

ドイツ周遊旅行はまずベルリンから始まった。ベルリン・フィルハーモニーに行き、オペラを観劇し、それからもずっとバスでドイツを周ったのである。同行したのはアメリカ人、フランス人、チェコ人、スロヴァキア人、オーストラリア人などであり、日本人は私一人であった。旅の途中で毎日雨が降って皆の機嫌が悪くなり、車中で誰かがラジオをつけると「消せ」などという声がかかるようになった。そのような時皆の気持ちを引き立て、笑わせたのはスロヴァキア人であった。彼は「EWG（欧州経済共同体）とエフタ（欧州自由貿易連合）とどちらが良いか」と質問し、皆がわからないというと種明かしをして「EWGとは einmal wöchentlich Geschlechtsverkehr（一週間に一回性行為をすること）で、エフタとは öfter（もっとしばしば）」という意味だという。このような笑い話を沢山してみなの気持ちをほぐしたのである。

ゲッティンゲンの家の前に大学のギリシャ語の講師が住んでいた。彼の娘と私の長男が同じ幼稚園に通っていたので親しくなり、行き来するようになった。あるとき日本からもって行ったお土産を彼に渡した。すると彼は「これはクリスマスに頂きたかった」といったのである。私はドイツの贈与習慣が日本とは違うことに初めて気がついた。習慣の違いについてはこんなこともあった。すでに述べたように私は毎日文書館に通っていた。時には大学にも行ったが、そこでハンス・パッツェ教授と知り合った。彼もしばしば文書館に来ていた。あるとき大学で書物を借り出すのに彼にいろいろ助けてもらったことがあった。それからしばらくして町で教授に会った時、日本流に「先日は有難うございました」といってしまった。すると彼は怪訝な顔をして「それで?」と言う。私は困って先日お世話になったということをもう一度話した。すると彼は「もう一度して欲しいのか?」というようなことを言ったのである。

このような体験から私はドイツでは「先日は有難うございました」というように遡ってお礼を言う習慣がないことに気づいたのである。ついでにいえばドイツだけでなく、欧米の言葉には「今後ともよろしくお願いします」という日本語の常用句もないのである。日本人なら誰もが使うこの種の言葉がないことをどのように説明するのか。私はこうした問題をやがて「世間」という日本独自な概念の分析を通じて説明することになるのだが、この問題については後に譲りたい。

私の家の地下にコップという婦人が住んでいた。彼女はハインペル教授の秘書で、あるとき教授の招待状を届けてくれたので家内と一夕出かけていった。教授の弟子筋に当たるギルゲンゾーン夫妻、オーベナウス夫妻のほか数名で気の置けない集まりであった。ハインペル夫人はディー・ザンムルンクという雑誌の編集長で、知的で魅力的な人であった。ハインペル教授は自ら地下室へ降りていってワインを運んだり、ドイツ語がまだよく出来ない家内に話しかけたり、気を使っていた。手にワインを数本持って地下室から上がってきた教授は私に「阿部さん世の中で何が最も重要だと思いますか」と問いかけた。私が「さあ」と考えていると「白か赤かですよ」と自分で答えて、私にどちらを選ぶかうながした。私は白を選んだが、それは失敗であった。彼は赤を薦めたかったらしい。

ハインペル夫人ははっきりとものをいう人で、私に「阿部さん中世史なんていう分野はほとんど戦争の歴史ではないですか」という。するとハインペル教授は天を仰いで「私の家でさえこのような話題がかわされるのだから」と嘆息した。この頃ドイツでも学園紛争が盛んで、ゲッティンゲン大学の歴史ゼミナールの壁には赤いペンキでローザ・ルクセンブルク研究所と書かれていた。これはしばらく後のことであるが、私がゲッティンゲンを訪れた時、ハインペル夫人が行方不明になる事件があった。教授までが疑いを掛けられたという噂も耳にした。結局南ドイツの別荘ダス・ハウス・ハインペルの近くで倒れている夫人が発見され、事故死ということが判明したのだが、夫人が亡くなった頃には教授は一人でゲッティンゲンのレストラン、ヴァリザーケラーなどで食事をしていたという。

ハインペル教授はいつも若い女子学生に囲まれていた。あるときガウスケラーというレストランで待ち合わせて食事をしたことがある。レストランの前の椅子に腰掛けた教授の周りを女子学生が数名囲んでいた。教授は話し上手で、ユーモアがあり、人を惹きつける魅力があった。バンベルクで転んで怪我をしたときなど、松葉杖をついていたが、私に「こんな姿では皆私がスキーが下手糞だと思うでしょうね」といったことを憶えている。ハインペル教授は、夫人の死後、教授のファンでもあった女性と再婚した。

日本史の島田次郎、木村礎両氏がゲッティンゲンにこられた時、ハインペル教授は中世の裁判所の遺跡に案内してくれた。お二人は質問をしながら日本の中世の裁判についても話されたが、教授が日本史にほとんど関心がない様子に驚かれたようである。ドイツの高等学校には日本における世界史のような科目はない。自由の歴史とか民主主義の歴史のように特定のテーマに関する授業はあるが、彼らの歴史の授業に日本が登場するのは明治維新以後である。日本に関する研究は歴史としてではなく、日本学として営まれている。主として文学や芸能の分野の研究者達がそれぞれの好みに応じて研究をしている。必ずしも日本研究の体系や方法論があるわけではない。

ゲッティンゲンでいろいろお世話になったのはハンス・パッツェ教授であった。教授は地域史研究所を主宰され、精力的に仕事をしておられた。教授は東ドイツから移住され、奥さんはギムナジウムの教師であった。パッツェ教授は気さくで気取りがなく、町であったときなど、握手しようとして、「日本では奥さんから先に握手するのですか」と聞いたり、「日本の文書は後ろから読むのだそうですね」というので私が「そうではありません、勿論前から読むのです」と答えて大笑いになったこともあった。教授とはしばしばカールスハーフェンなどにご一緒した。

ゲッティンゲンの周囲には古い城跡などが多く、その多くは今ではレストランやホテルになっている。日曜日にはそこを訪れるのが私たちの楽しみであった。ゲッティンゲンの町の郊外にもそのようなレストランがあり、そこには小さな動物園もあった。小学校一年生と幼児の子供は喜んで小動物を見ていたが、あるとき餌の時間になり、生きたネズミが与えられるのを見てショックを受けたらしい。

ゲッティンゲンからはハルツ山地が近かったので、しばしば出かけていった。ハルツ山地の入り口にあるオステローデは私が研究対象としていたプロイセンのオステローデの母都市であったから、とりわけ親しみを感じていた。ドイツの川はライン川に見られるように水量も多く、ゆったりとした流れであるが、ハルツのゴスラーの近くのオカーの流れは日本の川のような急流で、秩父に来たような感じがあった。

ドイツの冬は毎日どんよりとした曇り空で、憂鬱な日が続く。そのようなある日大きな花束を持って一人の婦人が尋ねてきた。大学の夫人クラブのものだといい、「空が暗いので花をお持ちしました」という。ゲッティンゲンで暮らす外国人を慰めるためだという。それ以後親しくなり、

ヘルマン・ハインペル教授。

ハンス・パッツェ教授夫妻と。
ゲッティンゲンのレストランにて。

彼女の夫も一緒によくパーティを開いた。彼女の夫はレームツマといい、ドイツでは知らぬもののいないタバコ会社の経営者一族であった。彼は森林学の研究者で、ゲッティンゲン大学でも教えていた。彼を通じて森林学や林業の研究者と知り合いになった。おりしもドイツの大学でも学生の抗議運動が行われていたので、林業のセミナーでは学生の様子はどうですかと聞いてみた。「私たちは百年後のために木を植えているのですから、ラディカルな運動とは関係がないのです」という返事であった。もう一人の林業の教授は、ハルデグセンに住んでおり、誕生日などに招待してくださった。森の中の暮らしを見るよい機会であった。ドイツの森には日本の森と違って下草が少ない。だから短靴で中まで入れるのである。

レームツマさんは本来ハンブルクの人であった。彼はゲッティンゲンとハンブルク、ニューヨークに家を持っており、行き来していた。いわゆるお金持ちであるが、それらしいところは全くなく、謙虚で、礼儀正しい人であった。招待を受けたときのことである。私の次男が夜泣きして困るという話をした。帰宅する際に、私はすっかりその話題を忘れていたのだが、レームツマさんは「今夜、夜更けにはあなたのことを考えることにします」といってくれた。また私たちが帰国する前の最後の招待の時、大変残念がるので「また日本からも新しく人が来ますよ」というと「でも同じ人ではありません」という答えであった。私が論文の最後の整理をしていたとき、肩が凝って困っていた。するとレームツマ夫人がご自宅の地下にあるプールに誘ってくださった。私のためにわざわざ適温にしておいてくれたのである。

同じくハンブルク在住のヒンシ夫妻はかなり変わったドイツ人であった。ご主人は日本で鍼の勉強をした鍼師で、ドイツで看護師をしながら鍼を打っていた。奥さんのバーバラさんも看護師で、主として夜勤をしていた。二人は旅行が好きで世界中回っているが、そのためにも何時でも仕事がある夜勤が好都合なのだということであった。奥さんが看護師の時に知り合って結婚したらしいのだが、それを話すときに彼女が慌てて「でもベッドで知り合ったのではないですよ」と念を押したのがおかしかった。ドイツでは看護師が患者と恋愛をすることには多少の禁忌があるからである。看護師という強者と患者という弱者との関係に厳しく目が向けられているのである。

夫妻はヒンシ夫人の母親と一緒に暮らしていた。私が一応初対面の挨拶をすると彼女はほとんど応えずに困った顔をして微笑んでいた。ヒンシ夫人は「母はそのような挨拶を受けたことがないので困っているのですよ」という。

ヒンシ夫妻を介してある日ハンブルク大学のフリッツ・フィッシャー教授の家を訪ねたことがある。ブランケネーゼ近くの瀟洒な家であった。教授は大戦の原因をめぐるいわゆるフィッシャー論争で日本でも知られた人であるが、学者としてでなく、ドイツの一市民を介して会うことになったのは面白かった。教授とは紅茶の入れ方やドイツの食事などについて話をした。

文書館にはさまざまな人がやってきた。ポーランドからはマリアン・ビスクップ、トルン大学教授が来ていた。教授もドイツ騎士修道会の研究者で、その論文は私も読んでいた。ポーランドのドイツ騎士修道会史研究はドイツの研究とはかなり異なって、ポーランドの独自性を主張するものが多かったが、ビスクップ教授の研究は史料に基づいて客観的な妥当性を主張しようとするもので、文書館でも評判がよかった。彼はゲッティンゲンの空気が合わないと感じていたらしく、ここに居て苦しくないかとしばしば私に尋ねた。

そのほかスウェーデンの研究者やアメリカの研究者などがいつも閲覧室を満たしていた。文書館員もさまざまで、私がいたころの館長はハンス・ケッペンで、彼は切手の収集家としても知られていた。そのほか文書館員にはプロイセン出身者が多く、館員以外ではクルト・フォルストロイターなど私が日本にいた頃からその論文を読んでいた人も閲覧室で見かけた。これらの人々は立派な研究者であったが、大学とはほとんど関係を持っていない人々であった。たまたまフランクフルトで東西プロイセン史学会が開かれた時のことである。ニュルンベルクから来たギムナジウムの教師と知り合いになった。すぐに親しくなり、フランクフルトの町を歩き回りながら話をした。彼の考え方があまりに柔軟だったので、私は禁忌を破って私が本当にしたいと思っていたことを話した。すると彼は充分に理解してくれたのである。このとき私は日本人にもほとんど話したことのない私の思いを話したのだが、彼が理解してくれたことが心にしみるほど嬉しかった。

三島由紀夫が死んだというニュースが流された時のことである。昼休みに館員が私の周りに集まって、どのようにして腹を切るのかを具体的に聞くので困ったことがある。切腹の作法など知らなかったので適当に答えておいたが、あとで綱淵謙錠氏の『乱』を読んで切腹の際の体の反応について知り、具体的に答えないで良かったと思った。

ゲッティンゲンの町にはアメリカ軍の兵士が駐留しており、時に街中を戦車が走るのを見かけた。ボンにいた時には全く見かけなかった光景なので、そのことをドイツ人に質問してみた。すると首都のボンには駐留軍兵士は軍服では入れないことになっているということであった。ドイツ人が負け戦に慣れているということもあろうが、わが国の事例を考えるとドイツ人のしたたかさを感じさせる例であった。

私の家の近くにグメーリングという女性が経営するエデカ（コンヴィニ）があった。大変親切な人で家内はいろいろお世話になっていた。ドイツに着いたばかりで買い物にもなれていない時にダイエット食品などの見分け方を教えてくれたのである。数年のちのことであるが、たまたまドイツを訪れ、彼女を尋ねたとき、ご主人が亡くなられた直後だった。ポプラの葉がヒラヒラとそよいでいる庭で七時間も彼女の人生について、また人が生きているとはどういうことなのかといった話をした。特に学歴があるわけでもない普通の人であるが、生きていることに真剣な姿勢にうたれた。七時間は決して長くはなかった。ドイツに着いてすぐに彼女に電話をすると、彼女はいつも「たった今あなたのことを考えていたところでした」という。そんな筈はないとも思うのだが、そのような気持ちが嬉しく、ゲッティンゲンに行くたびに彼女を訪れたのである。

家の前に長男と同学年の子供を持つ家族が住んでいた。母親のレーザー夫人は学校の教師で、ご主人は大学の講師であった。あるとき幼稚園で父母の会があったとき、突然後ろの席にいたレーザー氏が発言を求め、幼稚園の教師の行動を非難した。教師もそれに対して反論し、会合はしばし混乱した。あとでレーザー氏はその後ケルン大学に職を得て別居していたが、結局離婚することになっていた。レーザー夫人に会った時、彼女は「うちの主人にも困ってしまう」と嘆息していた。レーザー夫人とはその後今日まで付合いが続き、日本にも来られたことがある。家内と長男と一緒に富士山に登ることもでき、満足して帰られた。私がドイツで知り合った人々の中で離婚した人の数は極めて多く、半数近かった。たいていの夫人は仕事を持っており、経済的に独立している。そのためかどうかは解らないが、再訪のときに二人別々に会わなければならない事態となって困ることが多かった。

私は午後には大学の図書館に通っていた。そこには講師室があり、注文した書物は翌日までに私の机の上に出されていたし、読んでいる書物は机の上に置いてゆくことが出来た。フーバッチュ教授が私が講師室を使えるように手配しておいてくれたおかげである。この頃ゲッティンゲン大学の図書館はプリンツェン・シュトラーセにあった。町の中心にあり、駅からも近かった。講師室で仕事をしているとしばしばハインペル教授と一緒になった。書物を読んでいる最中でも教授が部屋に入ってくるとすぐに解った。教授は呼吸器に多少問題があり、いつも息をゼイゼイいわせていたからである。教授は私に気がつくと、目礼され、帰るときには私の机の側によってきて、「まだ仕事をしますか。よかったらちょっとお茶を飲みに行きませんか」と声を掛けてくれた。私はすぐに応じて近くのアルテ・クローネという喫茶店に出かけてゆくのである。現在では図書館も町からすこし遠い場所に移っている。

ゲッティンゲン大学の図書館にない書物はニーダーザクセン内の他の大学などに問い合わせて取り寄せてくれた。ニーダーザクセンのなかではヴォルフェンビュッテルの図書館が最も豊かであった。ここは十八世紀の劇作家レッシングが図書館員として働いていたところである。図書館員の中に足の悪い女性がいて、この人が特に親切にいろいろ手助けしてくれた。一番問題だったのはコピーであった。図書館の一階にコピー機があったが、そこはいつも学生が順番を待っていて大量のコピーは出来なかったし、日本に帰ってからのことを考えるとコピーをしておきたい書物は無限にあった。しかし大量に書物のコピーをすることは何故かはばかられたのである。待っている学生に迷惑を掛けることになるのは明らかであるが、それだけでなく、何故か後ろめたい気がするのである。後になって町にコピー屋が出来たためにこの問題は解決した。許可されている書物ならいくらでもコピーできるようになったからである。

図書館のほかにマックス・プランク歴史研究所があった。この研究所は家から近く、後にはハインペル教授が所長になったから、中世史関係の書物はそろっていた。この研究所でハインペル教授は「中世史の夕べ」を開いていた。優れた中世史家を呼んで一時間ほど講演を聞き、そのあと質問などが交わされるのである。少人数の和やかな会で優雅な集まりであった。ハインペル教授がウィーンの歴史や文化について話をしたこともある。ハインペル教授は話術に巧みで、聞く人を魅了する才能があった。夕方から開かれるこの夕べを私は楽しみにしていた。マックス・プランクは物理学者であるが、彼を記念して創られた研究所は物理学だけでなく、法律や歴史の研究所をも擁していた。ドイツの文化の懐の深さを示している。

ゲッティンゲンに住んでいる日本人は数がすくなかった。たいていは学問と関係がある人たちで、時に集まって会食をすることがあった。一番古くから滞在していたのがゲッティンゲン大学医学部の神経生理学の教授高野光司氏であった。小林義武氏はバッハ研究所に勤めておられた。日本人会に属していたのは大体住んでおられる方々であったが、その他に旅行の途中寄られた方々もいた。その多くが大学の教授であった。ある教授はゲッティンゲン大学の経済学部に一応留学していたのに、ほとんど旅行に明け暮れ、席を暖める暇もなかった。経済学部の助手達は日本人は旅行するためにドイツに来ているのではないかと疑っていた。私の知人もそのような人であった。彼は私に「君は本当に研究ばかりしているのか?」といい、呆れた顔をして「僕はしばし学を留めてヨーロッパを知るために旅行しているんだよ」という。しかし学を留めるということは普段から研究に打ち込んでいる人の言葉ではないだろうか。そのひとはすでに四十もの国を周ったといっていた。

旅行をせずに毎日研究室に来る人もいた。しかしその人もほとんどの時間をコピーをとるのに費やしていたのである。ゲッティンゲン大学の図書館は素晴らしく、そこにない書物はすでに述べたように他の図書館から借りることが出来たから、満足すべき状態であった。しかし多くの日本人を見ていると、もしこの図書館が日本にあったら日本の学問は大きく変わらざるを得ないと思われた。最近は少し変わってきたが、日本の人文科学の中ではまだ外国の文献の紹介が幅を利かせていたからである。私は大きなテーマを抱えてきたので、二年間の滞在期間にドイツ国内を回るだけで精一杯で、帰国の途中でウィーンなどに寄っただけであった。

文書館にて

朝八時には文書館に入っていた。開館時間は九時であったが、フーバッチュ教授に連れられて最初にいった時は八時であったため、長い間八時だと勘違いしていた。八時に行っても皆歓迎してくれたために間違いに気がつかなかったのである。最初はオステローデ関係の文献を調べることから始めた。文書館に来ているのに図書室で雑誌などをあさっているのは具合が悪かったが、致し方なかった。文書館にある雑誌には限りがあったので、はじめの二時間くらいをそれに当て、あとは大学の図書館で午後に調べることにした。ついでオルデンス・フォリアンテン（Ordens-folianten）を読むことから始めた。これはドイツ騎士修道会の初期の文書の集成であり、比較的読みやすい文字で書かれていた。といってもその中でまずオステローデに関する史料を探すことから始めなければならなかった。文書館にはフィンドブーフという検索のための冊子があり、それによって求める史料を探すのである。

ボンで古文書を読む練習をしてきたといっても古文書は一枚ずつが異なっているので最初から始めたのに等しかった。最初の一枚に取り掛かったとき、途方にくれたといっても言い過ぎではない。隣の部屋からは古文書を読みながら快調にタイプを打っている音が聞こえてくる。しかし私は一枚が読めずにいるのである。気を取り直して一字ずつではなく、まず全体を読もうとしてみた。当たり前のことだが、全体をざっと見てどのような文書であるのかが解れば、細部も読めてくるのである。そのような当然のことを忘れて一字一字読もうとしたために呆然としたのであった。こうしてその一枚は細部に解らない文字が少しはあっても、大体は理解できた。一枚一枚と読み進むうちに細部の解らない文字もやがて解るようになった。しかし人名だけはなかなか解らなかった。おなじ名前が何通りものスペルで書かれていたからである。これは慣れるしかなかった。幸いなことにヨーロッパの名前の種類は限られていたから、そのうち問題はなくなった。

私は昼には家に帰って食事をしたが、研究者達は近くの家の主婦と契約をしていて、そこで皆で食事をした。外国から来た研究者達も一緒に食事をとった。私も時にその仲間に入ったが、食事時の会話がまた楽しかった。あらゆることが話題になったが、招待《アインラードウンク》の時とは違って政治も話題の中心となっていた。いうまでもないことだが、文書館で働く人はタバコを吸わない。文書館は全面的に禁煙である。ドイツの歴史家の中でタバコを吸う人は少ないという。私はかつて大阪城の文書館に行った時、館員がくわえタバコで古文書を見せてくれたのにびっくりさせられたことがある。

最初にしなければならなかったのはオステローデの各集落の植民期の状況を確認することであ

った。プロイセンで問題になるのは原住プロイセン人と入植したドイツ人との関係だったからである。オステローデの植民は十三世紀であったから、初期の事情とはかなり異なっていた。私がドイツに来る前に小樽商科大学にドイツの歴史家が尋ねてきた。というよりは北海道大学に来たドイツの歴史家を、私が小樽にいたために北大の教授がわざわざ連れてきたのである。ミュンヘン大学のカール・ボーズル教授とベルリン大学のヘルベルト・ヘルビック教授であった。

何か話題を提供して欲しいというので私が東ドイツ植民の問題について話をした。それはヘルビック教授の専門でもあり、ボーズル教授にも深いかかわりがあった。ヘルビック教授の講演録の中にドイツ人とスラヴ人は並存して（nebeneinander）暮らしていた、という言葉があったので私はその意味について訊ねた。空間的な意味でこの言葉が用いられたのかそれとも法的な意味で使われているのかと。ヘルビック教授のそれに対する答えははっきりしなかったが、ボーズル教授がヘルビック教授に反論して、二人のあいだでの応酬となった。この問題には微妙な理解の違いがあり、原史料に当たってはっきりさせなければならないと思っていたのである。その結果わかってきたことは、プロイセン人の村とドイツ人の村とははっきりと分けられており、空間的に入り混じっていることはないということだった。しかし騎士修道会に対する軍事奉仕の種類によって、プロイセン人の村も一様ではないことが明らかとなった。

私が日本にいたとき原史料にあたらなければならないと考えたのは、日本で文献だけを見ている限り、中世の人々の顔が見えないという思いが深かったためである。ドイツに来て毎日文書館で史料にあたっていると、そのような悩みは消えたが、民族問題という新たな悩みが生まれていた。ドイツに来たばかりの頃、ミュンヘンのホテルでウエイトレスがとても親切だったので、少し話をし、どこの国の人かを聞いた。私はプロイセンを専門にしていたために、ポーランドに親しみを持っていたから、何気なくポーランド人かと尋ねた。そのとき彼女の態度が一変したのである。ドイツ人のポーランド人に対する偏見については文字では知っていたが、態度や行動などで経験したのは初めてであった。

それからかなり後のことである。私はNHKの番組のためにカメラマンと一緒にオステローデを訪れたことがある。そのときオステローデの村長に会ったが、彼の家は九百年前に遡る歴史を持っていた。名前はポーランドの名前であったが、彼の先祖がドイツ人かどうかは聞きそびれてしまった。初めてオステローデを訪ねたときのことは別の機会に扱いたいと思うが、その際に農家の二人の婦人と話をしたのが強く印象に残っている。私は片言のポーランド語しか話せないが、それでもこの人たちは遥か昔から私が知っている人たちのように思えたのである。

文書館というと古い文書だけを保管している所と思いがちだが、勿論現代の史料も新しく入ってくる。しかしゲッティンゲンの文書館はその点で死んだ文書館であった。ドイツはプロイセンを失い、そこから新しい文書は入ってこないからである。この文書館が持っているのは一九四五年までの文書であった。

文書館で仕事をしていると思いがけない文書に出会うことがある。あるときオステローデ関係の文書を見ていると、一九一四年以降の文書群に出会った。それは第一次大戦後のプロイセンとポーランドとの国境確定会議に関するものであった。それによるとオステローデの周辺の国境の確定には当時の国際連盟を介して日本が参加していたのである。日本から遠く離れた地で私が研究対象としていた土地にすでに日本が関わっていたことを知り、意外な事実に興味をそそられた。

日本には文書館が少ないから、想像もつかないだろうが、ドイツでは文書館は大変重要な機関であり、文書館員は大きな力を持っている。土地所有権の移動に関する文書は文書館に収められており、その点だけでも館員は権威者なのである。私はその後ハンブルクの文書館やスイスの文書館などで仕事をしたことがあるが、それぞれ土地柄が表れていて興味深かった。ハンブルクでは低地ドイツ語を理解するのに苦労した。しかし文書館での苦労はゲッティンゲンで経験済みであり、時間をかければ何とかなるという自信はあった。低地ドイツ語の勉強をしたためにハンブルクの別の側面をも見ることが出来た。

かなりあとの話だが、ある出版社で『世界百都市物語』を刊行しようとする企画があった。世界の百都市を選び、それぞれの歴史を現在から遡って描こうとする企画で、私が計画を立てた。たとえば私はハンブルクを担当し、ドイツの他の都市フランクフルトとベルリン、ニュルンベルクはドイツ人の歴史家に依頼することになっていた。そのために私はハインペル教授の力を借りてそれぞれ立派な学者を紹介してもらった。私はその仕事のために二度ハンブルクに出かけ、文書館で仕事をした。ABCシュトラーセにあるハンブルクの文書館の館員は船の専門家が多く、低地ドイツ語を話すものも多かった。

ハンブルクの歴史を私は子供の歴史から始めようとし、子供の遊びなどを調べていた。いうまでもなく、ベンヤミンの「市場の夜明け」まで現在から遡る計画であった。

ハンブルクの子供の歴史を調べていた時、子供達の歌に出会った。その中には低地ドイツ語が出来ない子供の歌があった。小さな女の子の誕生日にお祖父さんとお祖母さんが訪ねてきた。大人達はコーヒーを飲み、クッキーを食べながら低地ドイツ語で語り合い、お祖父さんの話に聞き入っていた。お祖父さんは昔の話の中である詩を読んで聞かせ、それはとても美しい詩であった。両親がしかし彼女にはそれは理解できなかった。あくる日彼女は低地ドイツ語の放送を聞いた。両親がいつも聞いていた放送であった。それを聞きながら両親は大きな声で笑ったり、時には全く静かに聞いていた。彼女はそれが何故なのかを知りたかった。「私も低地ドイツ語を知りたい」といっても「お前にはまだ早すぎる」と叱られてしまう。ある朝彼女は思い切ってお祖父さんに低地ドイツ語で話しかけ、お祖父さんの目が輝いたのである。

この歌はあどけない幼児の声で歌われており、魅力的である。そのほかクヌート・キーゼヴェッターの歌や「ミッシェル教会の周りにて」といった歌集がある。『世界百都市物語』は出版社の都合で頓挫してしまったが、私に低地ドイツ語と子供の世界を開いてくれた。文書館で仕事をしたからこそこれらの世界を知ることが出来たのである。

スイスのザンクト・ガレンにある同名の修道院はヨーロッパでも最古の修道院であり、すでに八世紀の三〇年代には創設時の古文書が残されている。スイスの深い森の中にあったために戦火を免れ、この修道院は日本の正倉院に匹敵する古文献を今に伝えている。ベネディクト会修道院ザンクト・ガレンはカロリング朝ルネッサンスの文化の中心として栄え、多くの写本の製作や収集が行われていた。写本芸術の頂点をここに見ることが出来るが、それだけでなく、修道院学校における教育の実際も知ることが出来る。現在ではバロック建築の図書館がその雄姿を見せており、修道院の歴史の全体についても『修道院の中のヨーロッパ――ザンクト・ガレン修道院にみる――』から知ることが出来る。この書物は館長のフォーグラー氏から私が依頼されて翻訳したものであり、朝日新聞社から刊行されている。

私が関わったのはこれらのほかティル・オイレンシュピーゲル関係の史料を見るために訪れたメルンの文書館などさまざまであるが、ヨーロッパにおける歴史資料の保存の現状を知ることが出来た。わが国の現状と比べることも出来ないほど彼我の格差は大きいが、少しずつでも努力して整える必要があるだろう。

学会について

フーバッチュ教授と知り合いになった時、彼は私に「東西プロイセン史学会」にはいるよう勧め、通信会員にしてくれた。通信会員は会費を払う必要がなく、大会の案内を受けることが出来、会長などの選挙には関わらないが、さまざまな情報も伝えてくれ、便利な制度であった。ポーランドのビスクップ教授なども同じ通信会員になっていた。ドイツに行った時、私は初めてこの学会の大会に参加した。フランクフルトのザクセンハウゼンで開かれた学会にはアメリカなどからも多くの会員が出席し、盛会であった。通信会員には国境から大会の場所までの旅費が出ることになっていた。ホテルなどの費用もかなり安くなっていた。報告はかなり多かったが、質問に多くの時間をとり、しかも激しい応酬が交わされるのである。私は日本の学会も大して知らないが、それほど激しい応酬は見られないのが常である。しかし東西プロイセン史学会ではプロイセンの現状を巡る政治的な姿勢の違いも反映していたらしく、激しい対立が見られた。

いうまでもなく、プロイセンはもはやドイツの地ではない。第二次大戦の敗北によってプロイセンだけでなく、シュレージエンやズデーテン地方もドイツの地ではなくなっているが、それらの土地に住んでいた人々はかつての郷里の新聞を発行し、その地とのつながりを維持しようとしている。ケーニヒスベルク大学も敗戦とともに消滅したのだが、今でもケーニヒスベルク大学の紀要が発行されている。東西プロイセン史学会も失われたプロイセンを対象とする以上、かつての郷里を取り戻そうとする運動と無関係とはいえないが、現状はますます厳しくなり、今ではポーランドの学者やフィンランドその他の国の学者も参加する国際的学会になっている。ドイツの地としてのプロイセンではなく、プロイセンの歴史的な位置を確認するための研究が行われる状況となっているのである。

政治的な姿勢の違いは報告の内容だけでなく、報告の際の態度にも表れていた。自分達とは対立する報告者の報告の際に一種の妨害とも見える態度がしばしば見られたのには驚いてしまった。私はすでに述べたように日本にいたときにはハインペルの書物から中世史に関する基本的な姿勢を学んでいたが、ドイツに来てからはフーバッチュ教授とも親しくなっていた。しかしハインペルはフーバッチュとは違って中世史の専門家であり、政治に対する姿勢も異なっていた。フーバッチュはプロイセン史の専門家であり、同時に絶対主義の研究者でもあった。いずれにせよ近代史が専門なのである。しかしドイツ騎士修道会に関してはフーバッチュも中世史に深く関わっていたし、ハインペルもドイツ騎士修道会に関する論文を書いている。こうして私は二人と付き合っていたが、その間には微妙な関係があった。

ハインペルがマックス・プランク歴史研究所の所長を定年で辞めたあと、後継者が着任していたのに、おそらく新任の所長がハインペルに所長室にとどまるように言ったためと考えられるが、ハインペルは長く所長室を自分の研究室としていた。このようなことは合理的なドイツ人の中では珍しい出来事といわなければならない。彼の信望が厚く、高かったからである。ハインペルと食事をしながらドイツの歴史学会について意見を聞いたことがある。しかし彼は冗談の形でしかそのようなことには答えないのである。初めて会った頃、私は彼の自伝ともいうべき『小さなヴァイオリン』の続きを書いて欲しいといったことがある。この書物は幼年時の歴史意識の形成について語ったものであったから、一人前になってからの、特にナチス時代に関して彼の経験を聞きたかったからである。しかし彼はこのときは真面目に「いやもう他の人にやってもらいたい」と答えたのみであった。

ハインペルは実証史家として知られている。それは事実の徹底的な分析と史料の博捜によってのみ可能な姿勢であった。ハインペルが中世史家であるということはフーバッチュが近世史家であるということと決定的に異なったことなのである。ハインペルによれば、「近代史研究においては対象の思考、行動する世界を研究者は自分の世界として前提しうるのに対し、中世史研究においてはそれが出来ない。バルバロッサ（神聖ローマ皇帝一一二三頃―一一九〇）とライナルト・フォン・ダッセル（ケルン大司教在位一一五九―一一六七）を扱うのにヴィルヘルム一世とビスマルクを扱う時と同じように扱うことは出来ない」「バルバロッサではなく、バルバロッサの世界がわれわれの関心の前景にあるのだ。だから近代にとっては自明であるようなことが、すなわち出来事が起こるその世界が中世史家にとっては研究の本来の対象なのだ」。これは極めて重要な意見である。このような考え方を私たちに引きつけて考えると、ヨーロッパの近代史も私たちにとっては自明な世界ではないことになり、日本人がヨーロッパ史を研究することは近代史でも中世史と同じことになるだろう。

中世史研究に対するこのような姿勢こそ私が求めていたものであった。しかしドイツにおいてもこのような姿勢を貫ける者は少なく、学会の全体の雰囲気は大きな展望については偉大な歴史家に任せて、自らは細部にこだわる史家達のそれで占められていた。中世史研究と政治的な態度との関係については一九三七年のエルフルトのドイツ歴史家会議におけるハインペルの発言が充分に示している。このとき新ドイツ帝国研究所の所長としてヴァルター・フランクが開会の辞を述べ、ナチスを代弁してゲルマン心酔の立場から、ドイツの理念を西欧の理念と対立するものとして捉える自らの方法について熱弁を振るった。似たような立場でアレクサンダー・シュタウフェンベルクやオットー・ヘフラーが報告をしたあと、三十六歳の若きハインペルが登場する。ハインペルは「中世の精神的、芸術家的証言の全体の中から、ゲルマン的要素を解き放し、それをローマやキリスト教の遺産から切り離して、プレパラートの上で歴史的現象の全体性を計るようなやり方は正しくない。そうなるとゲルマン・ドイツ支配の輝かしい時代でもあった中世の偉大さを見損なうような中世史像が生まれるだろうし、中世をみすぼらしい混合文化の地位にまで引きおろしてしまうことになるだろう」と述べた。これは当時の出席者カール・コルンによれば人種理論によって普遍的歴史像が破壊されつつあった当時の状況に対して直接的な政治的意味を持っていたという。このようなハインペルが当時のナチズム体制のもとで歴史家、実証史家として守られながら、どのようにして自己を維持しえたのかを私は知りたくて、『小さなヴァイオリン』の続編を書く気はないのかを訊ねたのである。すでに述べたように彼にはその気はなかった。その後二年間私は「中世史の夕べ」にかならず出席し、機会があれば、ハインペルと会い、いろいろと話を聞くことにしていた。
フランスのジャーナリスト、マラビーニによれば、ドイツの青年達は「ハインペルの自由思想を信頼し、必要とあらば、そのためには死を賭してでもハインペルを守る」といっていたという。ハインペルには『祖国のための死』や『歴史から見た再統一』などの著述もあり、単なる中世史家にとどまる存在ではなかった。

すでに述べた『世界百都市物語』の編集の過程でハインペルと相談したことがあった。ハインペルが推薦した歴史家は皆文書館員であり、高名な歴史家はいなかったが、ドイツの他の歴史家にその話をすると「さすがハインペルだ。立派な歴史家が選ばれている」という評価であった。私がオステローデに関する著書をケルンの書店から刊行した時、ハインペルに贈呈するとすぐに返事がきて、プロイセン定住史の研究者、カジスケ以来の業績だと賞賛してくれた。カジスケとは一九三四年に出た『一四一〇年までの東プロイセンにおけるドイツ騎士修道会の定住活動』の著者カール・カジスケをさしている。東ドイツ植民史の中でもドイツ騎士修道会の定住史の基本的文献である。彼のこのような言葉を文字通りに受け取ることは出来ない。

あるときモヌメンタの編纂に関する話になった時、彼は私に日本人でこの編集に参加してくれる人はいないかと訊ねるのである。モヌメンタとはドイツ最大の史料編纂事業でラテン語は勿論中世ドイツ語に堪能でなければならず、歴史家として充分な資格を持っていなければならない仕事である。わたしは言下にそのような人はいないと答えたのだが、彼はミュンヘンでシュトロス四重奏団と親しくしていたために、日本人の音楽家の精進の有様を知っているらしく、私の弟子のなかから誰かよこしてくれないかというのである。ドイツでも史料の編纂に関わろうとする人は少なくなってしまい、皆論文を書いて世に出ようとする人ばかりだと彼は嘆いていた。私が若くて本当にそのような資格があるならば喜んで来たでしょうといったが、私にはとても自信はなかった。しかし彼はあなた方の仕事振りを見れば出来ることは明らかだから、何とかならないかと真面目に訊ねていたのである。かつて史料の編纂は歴史家の最大の仕事とされていた。しかし今では論文を書いたり大学で教えたりして世俗世界の中での地位を求める人が多くなり、地味な史料編纂を行う能力のある人が得られずにいるらしい。

研究と調査の中で

この頃オステローデに関する私の仕事も原稿を執筆するまでに進んでいた。具体的にはどのような手順で進めていたのかを簡単にまとめると以下のようなことになる。すでに述べたように、日本にいるときにハルトマンの史料の要約から各集落ごとに表を作り、メスティッシュブレッタ—（測量用の地図）の中に位置づけ、直営地と集落との関係を平面図の上で観察し、さらに各年次ごとの変動を表に書き込むという作業をしていた。それをライプ村を例にとって説明すると次のようになる。

ライプ村の最古の史料は一三二八年のものである。この年にヨドゥーテとヴァリーテはドイツ騎士修道会総長ルター・フォン・ブラウンシュヴァイクから九〇フーフェ（面積の単位）を得、その新定住地はライプと命名された。プロイセン語でライプとは菩提樹のことであった。

同年にヨドゥーテとヴァリーテは総長ルターの薦めと認可のもとにリーゼンブルクのニッケル

にライプの八・五フーフェと村長職ならびに裁判収入の三プフェニヒをケルン法にて与えることを約定した文書を作成した。ニッケルにはさらに村長所有地に居酒屋を置き、そこから年に〇・五マルクの地代を二人の村落所有者に支払うこととされている。ニッケルには更に二モルゲンの菜園を自分の土地に置くことが認められている。居酒屋には村の共有地の中央にある〇・五モルゲンの耕地がついていた。村長には更にパンと肉を売る権利が認められていた。その売り上げの半分を村長は自分のものとし、他の半分を村落所有者に渡さなければならなかった。村長は網で魚を獲る権利を所有しているが、他の村民には釣りしか認められていなかった。ニッケルは水車を設置することになっており、そこには二モルゲンの土地がついていた。水車が稼動しなくなった場合には二モルゲンの耕地は村長の土地となることになっていた。ヨドゥーテとヴァリーテは教会に四自由（免祖）フーフェを寄進した。それは司祭所有地となる。ヨドゥーテに属する三四フーフェの住民とヴァリーテに属する三九フーフェの住民はそれぞれの領主に地代として〇・五マルクと二羽の鶏を納めなければならなかった。リーゼンブルクのニッケルはルターに任命されたロカトール（植民請負人）であり、定住希望の農民を定住させたのである。この村は十一年の免租期間を認められていた。

ここまでは日本に居たときに読んでいた。ゲッティンゲンの文書館ではこの記述の原史料にあたり、確認することから始めた。その詳細についてここでは述べない。この記述だけからもいろいろ興味深い点が見えている。たとえば居酒屋の記述である。私は文書館の史料の中から居酒屋に関する史料を探し、関係する論文を読んでプロイセンの居酒屋についてある程度のイメージを持つことが出来た。同時にポーランドの文献にも目を通した。ここでついでに触れておくと、文書館で仕事をしている時にポーランド語の必要性を痛感し、ゲッティンゲン大学哲学部のポーランド語の講座を取ったのである。街の中のアパートの一室で講義は行われ、受講者は私を含めて三人だけであった。一年半ほど講義を受けた。このことも後の研究を支えることとなった。

居酒屋について

ポーランドの学会ではこの居酒屋に関心が集まっていた。何故ならポーランドでは都市の成立を巡ってドイツとは異なった観点から興味が集まっていたからである。それまでドイツの学会では、ポーランドなどの都市はドイツ法を与えられていたから、東ドイツ植民によって生まれたと見なされていた。しかしその間にポーランドにおける研究が進み、各地に「自生的な非農業的経済の中心地」が発見されている。大部分は城(ブルク)に隣接しており、専門職となった手工業者の集落であった。彼らは単にブルクの領主のために働いていただけでなく、市場生産も行っていた。そこには生産と商業に自由なイニシアティヴをとりえた特権的な層もいたとされている。このようなポーランド側の研究はそれまでのドイツの研究とは基本的な違いがあったから、プロイセンで居酒屋の史料を見てゆけばこの点についても新しい観点を提供できる可能性があったのである。何故なら居酒屋こそこれらの「非農業的経済の中心地」だったからである。

ドイツの史家たちは領域国家の成立によって、都市の特権が与えられ、その後にはじめて都市について語ることができるという見解であった。ポーランドの史家たちは都市の萌芽を重視しており、ドイツの史家は法的都市の成立を重視していたのである。

私が見たプロイセンの史料では居酒屋が何軒か集まって集落をなしているものがあった。それはプロイセンではリシュケと呼ばれていた。それはドイツ騎士修道会が入植する以前からプロイセンにあったと見られる。リシュケはいくつかの居酒屋からなり、市場としての機能を持っていた。そのうちかなりの数が後に都市法を得て都市になっている。

リシュケに関する最古の文書は一三四八年十月二十一日にバルガのコムトゥール(騎士修道会の地区行政官)であるオルトルフ・フォン・トリエルが居酒屋の寡婦に一〇モルゲン、他の十一人にそれぞれ一つの居酒屋をプロイシッシュ・アイラウの城の前に与えたというハンドフェステ証書である。これらの居酒屋では肉、パン、魚、布など宿泊に要するものならびに飲食に供しうるもの全てを売ることが出来た。また彼らは共同の牧草地を持っており、一つの共同体を形成していたと見られる。リシュケには菜園があり、そこにはゲルトナー(庭師)がいたが、彼らは居酒屋の地位を得ようとしており、そのためにも都市昇格を目指していた。すでに居酒屋としての特権を享受していたものは都市昇格に消極的であり、こうしてリシュケ内部に二つのグループの対立があった。このリシュケはその後も都市的な特権をさまざまな形で手に入れてゆき、一五一四年にプロイシッシュ・アイラウが年の市開催権を手に入れた時には近隣の小都市は抗議をしている。しかし一五八五年には都市法を手に入れ、都市になっている。

すでに古代ローマ時代からシュレージエンやメーレンには琥珀商人達がバルト海まで行く道があったから、それらの道に居酒屋兼宿屋があっても不思議はない。私はオステローデの地域史を書く傍ら、これらのリシュケについても調査をしていた。その結果は後に『社会経済史学』に掲載された。その頃別な関連でエラスムスの「居酒屋の対話」を読む機会があり、中世の旅人の宿とそこでの会話に興味を引かれていたのである。具体的にオステローデの地域史を描こうとすれば、あらゆる史料に接しなければならず、そこに住んでいた人々の生活を描かなければならない。そのためには公刊史料や史料集などだけを読んでいてもどうしようもない。生活は何よりも会話と笑いを中心として展開していたから、それを再現できなければならないのである。ここでようやく私は人々の意識の問題に近づくきっかけを得たのである。

民衆本の世界

プロイセンの騎士修道会の史料は極めて豊かであったが、行政関係の史料が多く、民衆の世界の内実を知るには必ずしも有利ではなかった。私はリシュケなどの居酒屋に集まった人々が笑い合い語り合っている姿を見たいと思っていた。プロイセンでも十六世紀のはじめには農民一揆が起こっている。そこに至るまでの心理的過程をも知りたかったからである。庶民の笑いの世界を知るにはそれなりの史料を発見しなければならない。プロイセンではそれが見つけられなかったために、私は民衆本の世界に手を伸ばしてみた。具体的にこの作業に取り掛かったのはかなり後のことだが、これもオステローデに関する研究と深い関係があるのでここで触れておきたい。そこにはファウストをはじめとしてさまざまな世界があった。

その中でも私の興味を惹いたのは『ティル・オイレンシュピーゲルの愉快ないたずら』であった。かつてヨーゼフ・フォン・ゲレスはこれらの民衆本を「諸階層の全体の中に生きている精神」の詩的活動の結果と見て、民衆本は民衆自身が生み出したものと見た。それに対してハンス・ナウマンは上層階級の散文作品が下層階級にまで広がった結果と見ていた。いずれも正しいとはいえない。この作品を扱うには面倒な手続きが必要であった。何よりもまず作者を発見しなければならないのである。その上で個々の話について研究を進め、分析を加えなければならない。その上最近までこの民衆本には現存する最古の版として一五一五年版しかなかった。しかもこの版にはさまざまな疑問があって、到底原本とは考えられなかった。

ところが一九七三年にペーター・ホネガーがチューリッヒ・フラグメントと称する断片を発見し、それが一五一〇年から一五一一年に、一五一五年版と同じグリーニンガー書店から刊行されたものであることを明らかにした。そして一九七五年にはB・U・フッカーがほぼ完全な形の『ティル・オイレンシュピーゲル』を発見した。この両者は活字の分析によって同一のものであることがわかった。残念ながらフッカーが発見した版についてはいまだに完全な形の校本が出されておらず、詳細は不明であるが、ホネガーが発見した版についてはホネガー自身が詳細な分析を行い、画期的な成果が生まれている。

その成果の中で注目すべき点は著者を発見したことにある。ホネガーの分析によって各話の順序を変え、冒頭の語句を補ってみると、各話の冒頭の語がアクロスティションとなっていることがわかる。つまりABCの順に並べられているのである。しかし最後の九〇話以後を見るとそのアクロスティションが破られてERMANBとなっている。これは明らかに署名であり、ヘルマン・ボーテを指していると見られた。ヘルマン・ボーテはブラウンシュヴァイクの鍛冶屋の親方であったアルント・ボーテの子として一四六三年頃に生まれ、後に徴税書記になっている。一四八八年にはこの年に成立したギルド支配を嘲笑したかどで自宅監禁とされ、父とともにギルドから追放され、後に再び徴税書記に復職している。一五一三年の一揆の際には危うく処刑されそうになったが、一命をとりとめている。

ボーテは十五世紀のニーダーザクセン最大の文筆家といわれながらも比較的最近まで良く知られていなかった。ボーテの書として知られているものには『年代記』と『車の書』がある。後者はさまざまな身分を表す車のことであり、教皇と聖職者、皇帝と諸侯、貴族、市民、農民が描かれている。これらがそれぞれ水車、歯車、風車、車輪、鋤車として描かれている。これらに対して別の五つの車が対置されている。それは動輪（女）、糸巻き車（子供）といった身分制秩序の外にあるものであり、さらに魔術師、愚者、詐欺師、盗人、なども車輪で表され、これらが動くさまが国家として描かれている。このほかに『世界年代記』があり、『Der Köker（胡簶《やなぐい》）』がある。これらの書物を調べてゆくと、ボーテが『オイレンシュピーゲル』の作者であることはほぼ疑いのないところと見える。

そこでこの作品が私にとってどのような意味を持っているのかを考えてみると、何よりもまず作者が問題になる。ボーテは鍛冶屋の子でありながら、徴税書記となっている。ブラウンシュヴァイクでは徴税書記は一六五二年まで賤民職だったのである。親方で市参事会員にもなったものの子供が賤民職につくということは考えられない。しかし一五一九年の嘲笑歌の中でボーテは足萎えあるいは片足としてからかわれている。ボーテは身体障害者であったと見られる。鍛冶屋の仕事は片足のものには不可能であった。そこで父親はボーテのために徴税書記の仕事を見つけてやったのであろう。

徴税書記という仕事は市にとって重要な仕事であったにもかかわらず、人々から嫌われ、卑しまれがちであった。一四八八年には「徴税書記のボーテは市民に対して嘲笑的な口の利き方をしたために罰せられた」とある。ボーテは日常の仕事の中で親方達の傲岸不遜な態度をいやというほど見せ付けられていたのである。ここでは詳細を語ることは出来ないが、あたかもその頃一揆が起こり、その結果手工業親方達が市政を掌握することになった。そのときボーテは「猫と犬」という詩を作り、親方たちを嘲笑した。そのために禁固刑に処せられ、職も失った。その後の失意の間ボーテは多くの作品を残している。

一四九六年のボーテの手紙には次のように書かれている。「昼間の騒ぎと市場の喧騒が全く収まり、静まりかえった時、身体にも心にも別の生活が始まります。そうするといろいろな想念が、もとよりいつも最上のものとは限りませんが、夜虫のごとく湧き起こってきます。そこで私も昼の苦労の多い官職と戦いの疲れから少し元気を恢復し、あたかも知恵のふくろう（Ulen der weishaytt）のように書物の山に目を向け、ローマ人や古ドイツ人の先例や歴史に自分を映してみる（mich zcu spiegeln）のです」

作者ボーテがこのように捉えられたあとで、『ティル・オイレンシュピーゲル』を読んでみるとそこに当時の人文主義的な作品とは全く異なった香りを感じ取ることが出来る。ボーテは自ら述べているようにラテン語も充分にできず、大学に通ったこともない。古典的な教養を身につけてそこから世の中を見ていたわけではなかった。ボーテが生きていたのは民衆の言葉の世界であった。それは彼にとっては時に屈辱的な響きを伝え、耐え難い恥辱そのものでもあった。しかしこの言葉以外には彼には心を伝える手段はなかった。彼はこの書の中に昼間の親方達との争いや苦労のすべてを描き出したのである。そのためにこの書には実名で多くの人物が登場している。

それらのすべてについては私の解る限りで解説をしている、岩波文庫の『ティル・オイレンシュピーゲルの愉快ないたずら』を参照されたい。

ここで一つだけボーテらしい話を引用しておきたい。第三七話である。

「第三七話　ホーヘン・エゲルスハイムの司祭がオイレンシュピーゲルの腸詰を食べてしまい、そのあとでひどい目にあったこと」

オイレンシュピーゲルはヒルデスハイムの肉屋で立派な赤腸詰を買ってエゲルスハイムに出かけてゆきました。そこの司祭とは知合いだったのです。着いたのがちょうど日曜日の朝だったので司祭は早朝ミサをあげていました。頃よい時間に食べようと思ってオイレンシュピーゲルは司祭館に入ってゆき、料理女に赤腸詰を焼いておいてくれと頼んだのです。料理女がいいですよといってくれたのでオイレンシュピーゲルは教会へ入ってゆきました。ちょうど早朝ミサが終って、別の司祭が荘厳ミサをはじめていました。オイレンシュピーゲルはそれに最後まであずかったのです。

その間に司祭は館に戻って料理女にききました。「ちょっと食べるものができないかね」。料理女が答えました。「赤腸詰しかできていませんよ。これは焼き上がっていますけれど、オイレンシュピーゲルがもってきたものですよ。彼は教会から戻ったときに食べるつもりなんですよ」。司祭は、「その赤腸詰をもっておいで。ちょっと味見しよう」といって料理女が出した腸詰をすっかり食べてしまい、ひとりごちたのです。「神様に祝福あれだよ全く。こいつは実に美味かった。この腸詰は上物だ」。そして料理女にいいました。「オイレンシュピーゲルにはベーコンとキャベツを出してやれ。それが奴の定食さ。その方が奴にはずっと似合いだよ」。ミサが終るとオイレンシュピーゲルは再び司祭館に戻って自分の腸詰を食べようとしました。司祭はいらっしゃいというと、とても美味しかったと腸詰のお礼を述べて彼にベーコンとキャベツを出したのです。オイレンシュピーゲルは一言もいわず黙って出された料理を食べ、月曜日には立ち去りました。司祭はあとからオイレンシュピーゲルに呼びかけて、「おい聞こえるかい。こんど来るときにはあの腸詰を二本頼むよ。わしとお前の分にな。代金は払うからな。そしてあぶらで口が泡だらけになる位二人してむさぼろうじゃないか」。オイレンシュピーゲルは「そうですね司祭さん。必ずそうなりますよ。あなたのことは腸詰と一緒によく憶えておきますからね」といって再びヒルデスハイムに戻ってゆきました。

ちょうど皮はぎが死んだ豚を汚物の処理場に運んでいるのに出会いました。そこでオイレンシュピーゲルは皮はぎにお金を払うから赤腸詰を二本その豚で作ってくれないかと頼み、銀貨で何プフェニヒか払ったのです。皮はぎはいわれた通り、立派な赤腸詰を作ってくれました。オイレンシュピーゲルはそれをうけとると普通の腸詰のようにそれを半ゆでにすると、次の日曜日に再びエゲルスハイムに出かけてゆきました。

ちょうど司祭が以前と同様に早朝ミサをあげているところでした。そこで彼は司祭館へ行き、腸詰を料理女に渡して、食べられるように焼いておいて欲しい。一本は司祭の分で一本は自分のだからといって教会へ戻ってゆきました。料理女は腸詰を火にかけて焼きました。ミサが終ると司祭はオイレンシュピーゲルに気付いていましたのですぐに館に戻って「オイレンシュピーゲルがまた来たろう。腸詰を持ってきたかね」と聞きました。彼女は、「これまで見たこともない立派なのを二本ね。二本ともすぐに焼けますよ」と答え、一本を火からおろしました。

彼女も司祭同様に腸詰が欲しくてたまらなくなっていましたので一緒に腰かけて、がつがつ食べたので二人とも口が泡だらけになってしまったのです。司祭が料理女にこういっているのが聞えてきました。「あれれ、お前、みろよ。お前の口は泡だらけだぞ」。料理女も司祭にいいました。「あれれ司祭様のお口も泡だらけですよ」。ちょうどそこへオイレンシュピーゲルが教会から出てきたばかりという顔をして入ってきたのです。司祭がいいました。「お前は一体何という腸詰をもってきたんだ。みろ、わしも料理女も口がよごれてしまったぞ」。

オイレンシュピーゲルは笑いだしました。「神様の祝福を。あなたが私にこの間叫んで注文された通りになったんですよ。二人で食べるために二本もってくるように。それを食べて口が泡だらけになるような奴をといったでしょう。だけど泡なんかあとから吐き気が来さえしなければどうってことはないですよ。きっとすぐ吐き気がきますよ。この二本の腸詰は死豚の肉で作ったものですからね。まず石鹼でよく洗わなければならなかったのですよ。というわけでお二人さんが泡立っているってわけでさ」。料理女はげーげー食卓の上に吐き出しましたし、司祭も同様でした。「この野郎出てゆけ。ろくでなしめ」と怒ると棍棒をつかんでなぐりかかろうとしました。オイレンシュピーゲルは「そいつは信仰深い方に似合いませんぜ。あんたが腸詰を持ってこいといっておきながら二本とも食べてしまったんですぜ。お代を払っておくんなさい。もう一本のことはいいませんがね」といったのです。司祭は怒り狂ってこれからは皮はぎ処理場からもってきたような腐り腸詰などはてめえが自分で食ってこの家にはもってくるなとどなったのです。オイレンシュピーゲルは「あんたが嫌がるのを無理に口におしこんだわけではありませんぜ。あっしだってこんな腸詰はごめんでさあ。だけどはじめにあっしがもってきた腸詰はあっしの好物だったけどそいつをあんたは勝手に食べてしまったんですぜ。だからあとからはまずいものも食ったらよいのさ」。こういうと、さよなら、おやすみといったのです。

第三七話は友情の衣をかぶった賤視にたいする報復の話である。オイレンシュピーゲルはこの司祭とは親しい間柄であったとされている。しかしこの司祭は友情厚い友達の顔をしながら、その実オイレンシュピーゲルを馬鹿にしていたのである。いくら親しくてもオイレンシュピーゲルが持ってきた自分用の腸詰を食べてしまうということは対等な関係のあいだで出来ることではない。私たちの世界にもそのような人はいる。親しい関係と思わせておいて、その実どこかで見下している人である。このような親しさの衣をかぶった一種の賤視に対するオイレンシュピーゲルの怒りはすさまじかった。皮剝ぎが死豚の肉から作った腸詰などはこの時代の人間にとってはそれを食べるくらいなら、死んでしまった方がましと思われるほどすさまじいものであった。

皮剝ぎは賤民の中でも最下層に位置づけられており、皮剝ぎのナイフに触っただけでも通常の人間が賤民に落ちるといわれていた。その皮剝ぎが死んだ豚から作った腸詰などはそれ以上考えられないほどひどいものであった。ヘルマン・ボーテは本来は親方の子として通常の生活を送ることができる身分の出であった。しかし身体の障害のために賤民身分の徴税書記の職に就いたのである。彼の周囲に居たのはしたがって賤民ではなく、親方達であった。彼らはボーテを馬鹿にし、税を納めることに対する不満までボーテに押し付け、賤視の対象にしていたのである。この種の話はオイレンシュピーゲルのなかには比較的多い。『オイレンシュピーゲル』を読んでいると中世の庶民の会話の世界を垣間見る思いがする。

これらの仕事も基本的にはオステローデ研究の副産物なのであるが、それが具体的な成果を生んだのはかなり後の話である。ここでは再びオステローデに戻ることにしよう。文書館での仕事もほぼ終わりかけていた。最後に索引を作り、地図を作ればよい段階まで来ていた。助手のグンダーマンと一緒に、ゲッティンゲンに来たフーバッチュ教授に原稿を渡した時にはすでに滞在の最終日になっていた。家内と子供達をハンブルクの空港から見送り、家を片付けてから私はウィーンに旅だった。この二年のドイツ滞在の間、私はドイツ国内以外何処にも出かける暇がなかったのである。

ヴィンドボーナというホテルに荷物を置いてすぐに美術史博物館に行った。ブリューゲルを見たかったからである。ここには二日間通い、ブリューゲルを堪能した。野間宏の『暗い絵』などを通して知っていたブリューゲルであったが、オットー・ベネッケの『賤民』などを読んだあとではかなり違って見えた。絵を見ながら、何時かブリューゲルについて調べてみたいと考えていた。ブリューゲルのほかボッスの作品にも出会い、文書館での自分の仕事が絵画の形をとっているという印象を受けた。勿論文書館の文書にはそのようなイメージはない。すでに述べたようにそれから派生してきた仕事の中で絵画に描かれているようなイメージに出会っていたからである。ウィーンには一週間ほどいてあちこち歩き回ったが、最も印象が深かったのはクロスター・ノイブルク修道院を訪れた時のことである。フランツ・ヨーゼフ駅はその後に建て替えられてしまったが、私が行ったときにはかつてのままで、上原先生が『独逸中世史研究』の論文の中で描写されているそのままの姿であった。私は先生が「クロスター・ノイブルク修道院のグルントヘルシャフト」を書かれたその場所に立って、若かりし頃の先生の面影を偲んだ。この修道院の敷地にはカスターニエンの実が沢山落ちていた。それを拾って帰り、先生へのお土産にしようと思っていたのだが、東京に帰ってみると先生はすでに東京を引き払われていた。家の庭に埋められたその実は三十年以上経た今では大木となっている。

シュテファンスドムの隣にウィーンのドイツ騎士修道会がある。そこを訪れた時たまたまマリアン・トゥムラー氏が来ていて、会うことが出来た。彼はその頃『ドイツ騎士修道会』という大著を書かれ、私の仕事にも大変役立っていた。ここでも何人かの人は私のことを知っていて、何時かウィーンに来てウィーンのドイツ騎士修道会のことを調べないかと誘われた。ウィーンの街は私が二年間滞在したドイツの小さな町とは規模も歴史的背景も異なり、何よりもハプスブルクの大きな影響下にあった町として興味がなかったわけではないが、私はどちらかといえば小さな町に住んでその歴史を調べる方が好みにあっていたので確約はしなかった。しかしその後も何度もウィーンを訪れたから、この町の魅力は否定できない。

帰国

ウィーンの空港からまっすぐに羽田に戻った。空港には清水広一郎君が迎えに来てくれていた。彼がフィレンツェからシベリア鉄道で帰ってきたときは私が横浜まで迎えに行ったことがあったためらしい。あくる日には増田先生の家に行き、ドイツでの生活の報告をした。二年間は短いが、その間の日本の変化は大きく、戸惑うほどであった。特に大学紛争を経た大学の変わりようは大きかった。

小樽商科大学に戻ってまず感じたのは教官と事務官の地位の変化であった。かつては教官が優位に立っていて、どちらかといえば事務官はその下にあるという感じであったが、紛争後は明らかに事務官が優位に立っていた。紛争の中で教官がだらしがないということが誰の目にも明らかになったからであろう。紛争の最中に学生の要望で各教官が自分と学問の関係について講義の冒頭で語ることを求められたことがあった。そのときある教官は自分は会計学を専門にしており、そのようなことは語れないと断っていた。いずれにしても高商以来の伝統に立った教官の権威が崩れたことは明らかであり、これで大学も変わるかもしれないと思われた。しかし事務官の変化も教官の実質を見てしまったためにかつてもっていた敬意を失ったのに過ぎなかったから、その変化は大学の改善には向かわなかった。

しばらく大学を離れていたために当面は大学に対して距離をとることが出来たことが私にとってはよかった。しかし紛争の終わり方がよくなかったために、紛争以前より事態は悪化していた。たとえば紛争の最中には教授だけの教授会は解散されて、すべての人事は助手を除く全教官によって構成される教授会で決められることになっていたが、紛争後にはそれは元に戻り、教授だけの教授会が再び機能していた。

私は帰国後しばらく帰国後遺症とでもいうべきものに罹っていた。ドイツでの暮らしの後遺症である。よい例が学生会館のドアであった。ドイツではドアを開けたら、自分が出た後でそのドアを手で押さえて次の人に渡すのが慣例であった。しかし習慣的に学生会館でドアを押さえると学生達はそれを受けてドアを押さえることなく、さっさと通りすぎてゆき、私はずっとドアを押さえたままでいなければならないのである。

また客のコートを着せ掛けることもドイツでは習慣になっていたが、日本でそれをすると何か魂胆があると思われがちなのである。

このような些細なことはいくらでもある。羽田に着いたとき、狭い通路の入り口で「まっすぐに歩いてください」とエンドレスでテープが回っていた。まっすぐに歩くほかない通路なのに、である。しかし些細なことにとどまらないことも多く、後遺症といっていられないこともあった。私が人事委員長の時のことである。夜中の三時にある長老教授から電話があり、明日私が出そうとしている人事には問題がある。すぐに来て相談しようという。仕方がなく、タクシーでその飲み屋にいった。そこには四、五名の長老教授たちがいたが、問題とは、ある女性講師の助教授昇任のことであり、彼女がジーンズで講義をしているのがいけないという話であった。この人が赴任してきた時、大学の教官夫人の会に入るか入らないかでもめたことがあった。その話を聞いた私は、彼女が結婚したら彼女の夫はその会に入れるのかと聞いて庶務課を困らせたことがあった。

私が一橋大学の出であることは教官は皆知っていたが、あるとき長老教授から質問があった。一橋大学の同窓会の如水会の名簿に私の名前がないというのである。わざわざ調べたらしい。私は同窓会員になっていないからですよ、と答えたが、私より年長のその教授は同窓会に入らなければいけないと何度も繰り返した。そのときにはまだ私には入る気はなかったが、それからかなり経ってその問題が再燃することになる。

その頃私はドイツでしてきた仕事の整理をしていたが、大学の行事が多くてそれもなかなか進まなかった。小樽商科大学は単科大学であったから学部長がおらず、学長が教授会の議長をしていたが、事実上の学部長の仕事を学生部長がしていた。そのために学生部長の仕事が極めて忙しく、重い負担となっていた。特に紛争後の諸問題の解決に学生との話し合いが必要であったから、学生部長の仕事は増える一方であった。その頃学生部長の任期が切れ、来年は選挙をすることになっていた。そのために候補者として私の名を挙げるものも多かった。私はすでに人事委員長という重責を担っていたので、これ以上重い負担には耐えられないと思い、学生部長の職は辞退するつもりでいた。しかし辞退は認められなかったので、私は増田先生に連絡して事情を話し、もうしばらくは勉強が出来る環境の下で暮らしたいといい、どこかそのような場所はないかと相談した。すると増田先生は御自分がおられた東京経済大学はどうかといい、話が進められた。

東京経済大学の話が進められている間に東京近郊の別の大学からも話があったが、東京経済大学の話が先だったのでそちらはお断りした。東京経済大学に転出することが決まったとき、実方正雄学長は私を呼んで大変残念だといい、引きとめようとしてくれた。大変有難い話であったが、私はすでに小樽商科大学に十二年おり、そろそろ別な環境で仕事をしたいと話し、了解してもらった。十二年いた大学を去ることはそれでも容易ではなかった。特に山岳部の学生諸君とは極めて親しい付き合いをしていたから、別れがたかった。その冬の合宿に出かける学生達を毎日駅に見送った。私の送別会がオリエンタルという山岳部のアジトのような店で開かれた時、最後には何人かの学生が泣いていた。

日本の差別問題との出会い

こうして東京に戻ったのだが、最初は落ち着かなかった。東京経済大学での最初の挨拶にも「魂魄はいまだ小樽にいるのですが、できるだけ早くこちらに呼び戻したいと思っています」と話した。東京に来てすぐに『ハーメルンの笛吹き男』を出した平凡社から網野善彦氏との対談をしないかという話があった。網野氏の『蒙古襲来』はすでに読んでいたが、対談の経験がなかったので、大変恐ろしかった。しかしこれ以後網野氏とは親交を結ぶことが出来たし、日本史家のヨーロッパ史に対する関心のありかも理解できた。このときの対談は後の対談も含めて『中世の再発見』に収録されている。網野氏とはそれ以後も平凡社を介して何度か対談を行っており、その草稿もかなりの量があるが、二人の関心のありかが違ってきているために刊行されていない。網野氏にとっては日本史とヨーロッパ史との共通点に関心があるが、私はヨーロッパ史と日本史との違いに関心があったためである。

この対談が行われたのが一九七七年であったが、その次の年には『中世を旅する人びと』と『刑吏の社会史』が刊行された。すでにその前の一九七四年には未來社で『ドイツ中世後期の世界』を刊行し、平凡社から『ハーメルンの笛吹き男』を刊行した。一九七九年には『東京部落解放研究』において網野善彦、横井清両氏と「中世における日本と西欧の権力と賤民の構造をめぐって」と題する座談会をしている。こうした座談会がひらかれるようになったのはドイツで笛吹き男の社会的位置をめぐって考えてきたことと日本における差別問題との間に共通点があると考えられたからである。ちょうどこの頃學生社の『中世史講座』で「ヨーロッパ中世賤民成立論」を書き、私の賤民論の総まとめをした。ソヴィエトのアーロン・グレーヴィッチの『中世文化のカテゴリー』のドイツ語訳を読み、そのマクロコスモスとミクロコスモスの理論に共感するところがあったためである。その後一九八七年には部落問題研究所から出された『世界史における身分と差別』の座談会で永原慶二、鈴木二郎、脇田修氏らと世界史の中の差別について話し合い、いろいろ勉強することが出来た。

網野氏とはその後もいろいろな形でお目にかかることが多かった。時には網野夫妻と私たち夫婦が四人でそれぞれの家で順番に食事をし、話し合うこともあった。それがなぜ途中で中断されたのか。すべては私が狷介だったためである。あるとき網野さん夫妻が私の家に来ることになっていた。その直前に網野氏から某氏を連れて行ってもよいかという電話があった。私はその人を嫌っていたためによい返事をしなかったのである。そのとき網野夫人はかなり怒っておられた。それ以後この会は行われなくなった。すべては私の責任である。

この頃社会史の雑誌を出す話が始まっていた。良知力《らちちから》さんが亡くなってしまったため、詳しいことは解らなくなっているが、良知力、二宮宏之、川田順造の三氏とともに始めたのが一九八二年のことである。版元は日本エディタースクール出版部が引き受けてくれた。社長の吉田公彦氏と充分に話し合い、長井治氏が実際の編集作業をしてくれた。第八号まで出たが、途中で良知氏が亡くなったために中断のやむなきにいたった。良知力氏と私は同じ社会学部に所属していたためもあり、親しくしていた。良知ゼミの沈黙の五分間という有名な話があるが、それは良知先生がゼミナールの最中突然沈黙してしまうことから学生に恐れられていたのである。しかし私と酒を飲む機会があると、彼は沈黙どころか長広舌を振るったのである。そのようなときには必ず、「今度はバカンバカンになるまで飲みましょう」というのであった。バカンバカンになるというのはどういうことかよくわからないが、徹底的に飲もうということなのであろう。

良知氏とは短い間しか付き合えなかったが、私が一橋大学で接した人々の中でも最も懐かしい人の一人であった。氏の『向う岸からの世界史』は歴史なき民を主題にして世界史を新たな観点から描こうとした意欲的な仕事である。しかしそれだけではない。彼はウィーンの革命史を描きながら自分の過去にも目を向けているのである。この書物のあとがきの中で氏は次のように語っている。「筆者の心底を流れている言いたいことというのは、当の本人にとっても必ずしも明確な姿をとってはいない。それは、思想化された主張というよりも、むしろ自分の心のひだに積み重なってきた一つのわだかまりだからである。そしてそのわだかまりは、私なりの精神の現象学を展開しようにも展開しえないいらだちとつながっている。私の両親は故郷をはみ出て東京に流れてきた貧民の部類に属するから、本書のなかで私なりのモティーフをふくらませていくなかで、私もいつしか自分の心の生誕の地に発する経験の軌跡を描いていたのかもしれず、この小さな本をとおしていつしか自分の育った古巣にたちもどろうとしていたのかもしれない」。そのあとで彼は「学者になってはならない自分」についても語っている。このような良知氏と一緒だったから『社会史研究』が出せたのである。良知氏亡き後は継続すべくもなかった。

この前後から博多で毎年講演をする習慣になっていた。当時九州大学の図書館に勤めておられた樋口伸子さんと付合いがあり、やがてその輪が広がって毎年一度の講演会に出かけることになっていた。面白いことに博多にはかなりの回数出かけ、講演をしてきたが、その席に九州大学の教員が参加したことはほとんどなかった。『社会史研究』発刊の頃から私の研究はアカデミズムの範囲を超えて良知さんのいう、歴史なき民の方向を目指していたからである。博多の講演会と並行して熊本でも同じ形で講演会が行われた。石牟礼道子さんも参加している「暗河の会」が中心となっていた。博多の会では講演が終わると二十人ほどで会食があり、その後延々と二次会、三次会と続き、朝五時ごろに終わったこともあった。その間博多では常に遊びの心が会を保たせていた。しかし熊本では講演会のあとカリガリという喫茶店に集まり、議論になり、それが朝まで続くこともある。博多での講演の記録はその会に参加していた福元満治氏の石風社から出版されている。この頃『ハーメルンの笛吹き男』の文庫版が出ることになり、石牟礼道子さんがすばらしい解説を書いてくださった。

その頃から日本の差別問題についての講演依頼が多くなり、特に関西や四国での講演の機会が増え、そのたびに日本の被差別部落の問題について考えを深めてゆくきっかけをえた。ドイツに滞在していた最後の頃に、日本人の生き方とドイツ人の生き方との違いに関心が集まり、その違いの根底に個人のあり方の違いがあることに気づいていた。そこでドイツにいる間に彼の地でなければ出来ない仕事だけはしておこうと思って、ヨーロッパにおける個人の成立について調べていた。一九八九年に歴史民俗博物館の教授に併任された機会に、その紀要に「日本と西欧における個人と社会」を書き、この問題に手を付けた。日本に西欧の個人の観念が知られたのは明治以降であり、それ以後日本の知識人は日本の個人と西欧の個人とは同じだと信じて今日に至っている、という重要な事実に気がついたのもこの頃のことである。西欧の個人は十二世紀に生まれてから定着するまでに七、八百年を要しており、それは容易な過程ではなかった。また国によって

それは個人のあり方には違いがあり、それはそれぞれの国や社会の個人に対する対応の違いによっている。

こうした考察はある時点で「世間」の考察に向けられるにいたった。日本の個人は西欧と違ってそのまま社会を構成してはおらず、まず「世間」の中に位置づけられている。その「世間」とは本来仏教用語で、サンスクリットのローカの訳であり、器世間と有情世間とに分けられていた。本来天地などの自然界と人間の関係の世界との両方を包含する観念であった。わが国では人間の関係の世界の観念が主として知られていったが、この「世間」の歴史についてはかつて『「世間」とは何か』という書を刊行したことがある。しかしそれから七年を経た今、「世間」についてその間の調査をも含めて新たに述べるべきことも多い。そこで「世間」に関する新たな展開を次章以降に行いたい。

第五章

秋元松代氏のこと

『ハーメルンの笛吹き男』が出版されてすぐに『文学』誌上で劇作家の秋元松代氏が本年度の傑作として紹介してくださった。私はまだ秋元氏の作品を読んでいなかったので、『ハーメルンの笛吹き男』の担当編集者であった吉村千穎《ちかい》氏に聞いていくつかの作品を読んだ。たまたま秋元氏は私の家の近くに住んでおられたので、あるとき思い切ってお訪ねしてみた。小さなマンションの三階に二部屋の住まいがあった。氏は「家には座布団がないものですからこんなもので失礼しますよ」といわれて毛布を四つに畳んだものを出された。私はその言葉に感動してしまった。そのときどのような話があったのか今では思い出せない。近く八ヶ岳のコロニーに行くという話を聞いたような気がする。何年かして氏から葉書が届いた。八ヶ岳の画家のコロニーに来ているのだが、遊びに来ないかというお誘いであった。

『常陸坊海尊』や『かさぶた式部考』を世に出した人がどのような人なのか私は知りたかったので出かけることにした。小淵沢の駅に迎えに来ておられた先生は「いらっしゃらないのではないかと思いましたよ」といわれて童女のような笑みを浮かべたのである。それから三日間昼間はそれぞれの仕事をし、夕食は食堂でご一緒し、その後は先生の部屋で十時ごろまでおしゃべりをした。そのとき劇作家・三好十郎のことやご自分の家族のことなどいろいろと話してくださった。

そこは吉井画廊が経営している清春芸術村で、中央にパリのラ・リューシュを模した蜂の巣状の建物があり、そのほかにアトリエと住居を兼ねた建物があった。先生はまだほとんどあいていたその建物を私に借りないかといい、吉井画廊と家賃の交渉もしてくれた。

ちょうどこの頃私には迷いがあった。もう年は若くはなく、ある程度の収入もあり、多少知られてもいた。そのままで順調に生きていけるような気がしていた。しかし他方でそれではいけないという思いもあった。出来れば最初からやり直したいという気持ちもあった。しかしすでに子供も二人いて、この家庭を壊すことなど出来なかった。そこで気持ちの上でも学問に取り組み始めた頃の最初の状態をもち続けたいと考えていた。ちょうどそのとき秋元先生から部屋を借りないかという話があったので、私は家内と相談して借りることにした。先生の部屋から少し離れた部屋を希望していたのだが、先生は強引に隣を借りるように手配してしまった。その年、一九八二年の四月から私は十五年間その部屋で年に五十日ほど過ごすことになった。

朝は今もそうだが五時におき、朝食をとるとすぐに仕事にかかる。十時ごろにコーヒータイムをとり、十二時に昼食をとり、その後一時間ほど近所の林の中を散歩する。五時ごろまで仕事をして七時には夕食をとり、その後はベッドに入り、お酒を飲みながら小説などを読んで過ごした。電話もテレビもないこの十五年間は私にとって大変生産的な時であった。少し時間があれば秋元先生と話をした。彼女が歴史の中の男と女の情念をどのようにして掘り起こされたのかに関心が

八ヶ岳山麓の清春芸術村にて。
劇作家・秋元松代氏と。

八ヶ岳山麓にある清春白樺美術館の
「ラ・リューシュ」。

あったが、それはまさに彼女自身の情念が生み出したものであることも解った。このときの先生については『秋元松代全集』の第五巻に書いているのでここでは繰り返さない。

この十五年の間に私は多くの書物を読み、原稿も書いた。芸術村では四月にサクラ祭りが開かれた。そのときにはいろいろな人が訪ねてこられたから、そこで知り合いになった人も多い。思い出すだけでも、谷川徹三氏、川島武宜氏、西山松之助氏らがこられた。川島氏がこられた時には秋元先生は大変喜ばれて、「私は先生の家族論を読んで家族の問題にようやくけりをつけることが出来たのです」と語られていた。

ノールウェーの画家マールシュタインさんともそこで知り合いになった。彼女は吉井画廊の招待を受けて来日し、芸術村に来たのだが、日本は初めてで、芸術村に滞在しながら日本の風景を画いていた。英語、フランス語、ドイツ語に堪能で、いかにも国際人という感じであった。長坂のファミリコというコンヴィニで買い物をしていたが、日本の食材に慣れていなかったので自分でも何を食べていたのか解らないという。私はドイツ訪問の途中一度オスロに彼女を尋ねたことがあるが、百年も経った古い家に一人で住んでおられ、そこを拠点にしてパリやニューヨーク、日本と、世界の各地に出かけていた。そのほかここで多くの人に出会うことが出来た。

学者達との付き合い

あるとき文部省から連絡があり、東宮御所に行って天皇と皇太子に差別問題に関して講義をして欲しいといってきた。私のほか数人の講師が選ばれており、日本史の人もいた。東宮御所に行ったのははじめてのことで興味深かったが、御所の絨毯は擦り切れており、古い楽器などが置かれていた。後にも行ったことがあるが、そのときは天皇になっていたためか擦り切れた箇所はなく、改修されていた。天皇と皇太子の違いを見た思いがした。私たちが行った部屋にはすでに天皇のほか皇太子も着席していた。部屋の壁は水槽になっていて、いろいろな種類の魚が泳いでいた。天皇も皇太子も立って挨拶をした。白い服を着た人たちが酒や肴を運んできたが、彼らは天皇には絶対に後ろを見せないようにして出入りをしていた。

差別問題に関しては天皇からも質問があり、それはなかなか鋭い質問であったが、皇太子からはさしたる質問はなかった。このときの印象は天皇は真面目な人柄で、物事をきちんと整理しておくような人だと思った。しかし天皇の印象よりもその後のことのほうが私には興味深かった。というのは網野善彦氏と会った時、東宮御所に行った話をした。すると網野氏は「何であんなところに行ったの」と訊ねるのである。私は「差別の問題だといわれたから行ったのだけれど、東宮御所がどんなところか興味もあったしね」と答えた。すると網野氏は「私なら絶対に行かないな」という。そこで私が「それなら天皇の差別に関する知識は変わらないことになるんじゃないの」というと、網野氏は「私なら教えて欲しかったら家に来るようにいうね」といったのである。私が「それでは近所の人たちに大変な迷惑をかけることになるよ」といったのだが、網野氏は譲らなかった。

この問題だけでなく、別の機会にも似たようなことがあった。名古屋のちくさ正文館から講演の依頼があり、私と網野氏が出かけていったことがあった。網野氏は講演の中で自分のペルー旅行の話をされ、折から皇太子が南アメリカに行った時、記者に「日本の皇室は何故長く続いたのですか」と質問されて「わかりません」と答えたことを紹介し、「皇太子がわかりませんと答えてはいけないですよ」と話したのである。私はそのあとの講演の中でさきほどの網野氏の話をとりあげ、「皇太子は大学二年生に過ぎないのだから、網野氏が皇室の問題についても教えてあげなければいけないのではないか」といった。

そのあと何年かたって「文藝」だったと思うがある雑誌に網野氏のそのときの講演の記録が載ったことがあった。その中で私が網野氏の講演内容を批判して「天皇陵の発掘に反対している」と語られていた。私はそのようなことを言ったことも考えたこともなかったので仰天して直ぐに網野氏に電話をして取り消しを求めた。網野氏ははっきり覚えておられなかったらしく、「そういうこともあったかもしれないな」と言って取り消すことを約束してくれた。ことが天皇問題になると網野氏は天皇を強力な存在の敵として位置づけようとする姿勢があったように思えるのである。

しかしかなりあとになって網野氏が網野銀行の関係者だと知って学生時代に彼は家庭教師などをしたことがなかったのだと思い当たった。だから天皇を家に呼ぶなどという発想が出てくるのだろうと思った。

網野善彦氏との付き合いもつづいていたが、この頃に他の日本史家も加わって差別問題について何かを書くという話が持ち上がった。中心になったのはY氏で、私は何を書いてよいのか決まってはいなかった。Y氏は出版社とすでに話し合ったらしく、私が書くテーマも決めていたらしい。この話はそうした事情で実現しなかったが、これを機会として日本史家との付き合いも始まった。といってもほとんどが中世史家で、丁度その頃、実証主義的歴史研究を超克し、他の学問領域の知見と、人間の暮らしのあり様までを含んだ全体を見渡す視点による歴史学、という呼び声のもとでフランスのアナール学派の紹介が行われていたことも関係していたらしい。私自身も網野氏もアナール学派とは何の関係もなかったが、ジャーナリズムには私たちがアナール学派と関係があるかのように書いているものもあった。私はこの頃差別の問題について学ぶことが多かったのだが、この問題については当時のアナール学派から学ぶところはほとんどなかった。

あるとき突然Y氏から絶交状なるものが届いた。何がきっかけだったのか今では定かではない。そのときには私にも理由がある程度解っていたので、そのままにしておいた。私とY氏との付き合い方に問題があったらしいのだが、今となっては思い出せない。Y氏が病気入院した時には当時の私としては精一杯のお見舞いをしたつもりであるが、そのような配慮の仕方に問題があったらしいのである。それから数年して歴史民俗博物館の研究会でたまたまY氏と同席する機会があった。私はその頃歴史民俗博物館の教授を兼任していたのである。研究会の中では何も問題はなかった。その後懇親会が予定されていたが、私は懇親会には出席せず、帰宅した。それから二年後のことである。歴史民俗博物館の研究会が伊豆で開かれたことがある。そのときある研究者からその懇親会での事件の説明を受けた。Y氏は懇親会の後、各研究室の扉に「阿部キンのアホ」と書いて回ったというのである。掃除のおばさんはそのペイントが消えないので困っていたという。不思議なことに歴史民俗博物館ではそのことを私には知らせないように取り決めていたというのである。Y氏がその後新しい著書を出された時、私はその書評をしたが、氏との付き合いはそのときで終わっている。その後何度か家に電話があり、家内が出たが、絶交状が取り消されていない以上私が出るわけには行かなかった。私としては理解しがたい事件であり、その絶交状は今でも持っているが、取り消されることはなさそうである。もう二十年も前の出来事である。

網野氏と石井進氏、樺山紘一氏と私の四人で中央公論社から『中世の風景』を出したのもこの頃のことであった。最初は山の上ホテルで本の方向性について話し合いをした後、軽井沢にあった中央公論社の山荘で座談会をした。今ではもうないらしいが、この山荘のご馳走は素晴らしく、皆食べ終わった時には話をする気もなくなっていた。座談会の方法は皆が二つずつテーマを持ち寄って討論するというものであった。私は馬と鐘の音をテーマとして出席しようとした。ところが鐘の音では話になりにくいという理由で、そのテーマを変えられないかと編集者がいってきた。私は鐘の音についてはどうしても日本史側の反応を知りたかったので、このテーマを取り上げないのなら、座談会には出ないと答えた。こうして二つのテーマで話をした。馬については多くの議論が出されたが、鐘の音については日本史側からほとんど議論が出されず、後に持ち越された。しかしそれから数年で日本史の分野でも中世の音についての論文が数多く出されるようになり、中世の音の世界は豊かになっている。そのときその山荘に泊まった文人達の書いた宿泊記念帳があった。その中でも野坂昭如氏が「われ食い逃げを恥ず」と書いておられたのがおかしかった。くだらない話をするくらいなら、食い逃げの方がはるかに良いと当時私も自戒をこめて思っていたので、この言葉は忘れられない。

この頃『ハーメルンの笛吹き男』を出した平凡社との関係が深まっていたが、小林祥一郎氏が中心となって百科事典を全面改訂することになり、そのための会議が渋谷のドイツ料理店ラインガウで開かれた。新しい百科事典はエリアを中心として構成されることになり、定期的に「エリアの会」を開くことになった。この会には廣末保、西郷信綱、板垣雄三、高取正男、良知力、中村喜和、川田順造、二宮宏之各氏とその他の人々が集まり、毎回一人か二人が報告をして議論をするという形で進められた。当時平凡社は五番町にあり、その会議室で毎回一流の人の報告を聞くことは大きな楽しみであった。何時も平凡社の人たちにサービスをしてもらっていては悪いと思って、板垣氏らと西荻窪の小さな料亭に平凡社の社員を招き、著者達がお礼の会を開いたこともあった。板垣氏は自分が受付をするといって早く会場について実際受付をされていた。この頃のことを思い出すと平凡社にとっても著者達にとってもよき時代であったと思う。

エリアの会ではおかしなこともあった。私が報告することになり、「家と家計」という題でヨーロッパの大家族制の問題を話そうとしていたとき、高取氏がその報告題名を聞いて、興奮して朝早く平凡社に駆けつけたという。彼は家計を家系と誤解し、またぞろ昔の家系論が復活したのかと興奮したのだという。高取氏はあるとき中世の橋の架け方について報告をし、ついでに関西の方が橋梁技術は優れており、関東はかなり遅れていたということを強調されたことがある。そのとき、平凡社の女性社員が「でも先生、男はなんと言っても東男ですよ」といったので皆で爆笑した。このような調子でこの会は大変楽しくまた勉強になる会であった。

かなりあとのことだが、一橋大学の社会学部で国際シンポジウムを開いたことがあった。この時は世界システム論のウォーラーステインやオッフェなどの著名な学者が集まり、盛会であった。ある朝ウォーラーステインが新聞を手にして現れたとき、誰かが「世界システムに何か変化があったかね」と聞くとウォーラーステインは「たいしたことは何もない」と笑顔で答えていた。シンポジウム参加者達が六本木に行きたいといい出し、誰か六本木に詳しいものはいないかと探してみたが、社会学部には誰もいなかった。仕方がなく、適当なところで我慢してもらったが、外国の学者達が六本木に詳しいのに驚かされた。このときは費用が足りなくなり、文部省に電話して学術国際局長に不足分の費用を出して欲しいと頼むことになった。局長はかなり無理をして費用を出してくれたが、私が文部省に電話したのはこの時が最初であった。

後のことになるが西郷信綱氏の家でかなり前から読書会が開かれており、そこには平凡社の社員のほか何名かの日本史や国文学の研究者が参加しておられた。私も参加させてもらい、最初は『今昔物語』を読み、次いで『作庭記』や『平家物語』などを読んだ。一人が原文を音読し、皆で解釈をしながら討論が始まる。この会は西郷氏の家で行われ、そのつどコーヒーやケーキなどをご馳走になった。なんといってもこの中では西郷氏の博識が断然光っていた。新しい欧米の文献に常に目を光らせておられた氏からは大きな刺激を受けた。この会で私はソヴィエトのアーロン・グレーヴィッチの『中世文化のカテゴリー』を紹介した。この書物のドイツ語訳が出ていたからである。グレーヴィッチのマクロコスモスとミクロコスモス論は私には中世文化を理解する上で最も重要な観念だと思われた。このような書物がほかならぬソヴィエトで出されたことに驚きを隠せなかった。ロンドンタイムスのリテラリーサプリメントも「ソヴィエトがスプートニクを打ち上げた時われわれは驚かされたが、グレーヴィッチの書物によって再び驚かされた」と評していたが、まさにその通りであった。

グレーヴィッチは中世における土地所有について近代の私的所有権のように理解してはならないと考えていた。「私的所有権は、主体の客体に対する関係が存在し客体を自由に処理することができることを前提としているからである。土地は動産とは異なり、無制限の譲渡や他の財産取引の対象ではなかった。人間と土地所有の間には、より正確に言うならば、人間集団と土地所有の間には、本質的にはるかにもっと緊密で切り離すことのできないつながりがあったのである」と言う。

こうしてグレーヴィッチは土地所有を中世人の宇宙観の中で説明しようとしている。「人間世界はミズガルズと呼ばれたが、文字通りに言えば《まん中の庭》、すなわち世界空間のうち、耕作、耕耘された部分のことであった。ミッドガルドは、人間に敵対的な怪物や巨人の世界にとりかこまれていた――これがウートガルズ、つまり《屋敷の垣根の外にあるもの》であって、世界のうちで耕やされずにカオスの状態のままでいる部分であった。ミズガルズとウートガルズの対比は、スカンディナヴィアの法における二つのカテゴリー――《垣根の内》と《垣根の外》――の対置とパラレルをなしている。この対比によって、基本的な権利関係（個人的・集団的土地所有）のみならず、宇宙に関する根本概念もとらえられていた――人間世界は屋敷内、農家の庭であって、アース神の屋敷内であるアースガルズに対して完全なアナロジーを持ち、同時にこのアースガルズによってその存在が高められている。だがこの庭は四方から恐怖と危険の、未知の闇の世界にとりかこまれているのである」（川端香男里、栗原成郎訳）

グレーヴィッチの「ミクロコスモス、マクロコスモス論」は中世理解の要であり、私はそれまで大塚史学に満足出来なかった部分をグレーヴィッチによって満たされた思いであった。このミクロコスモス、マクロコスモス論はヨーロッパだけでなく、日本にも適用できる概念と思われた。とくにグレーヴィッチの時間と空間に関する議論はヨーロッパに限定されるものではないと思われた。しかしそのような見通しが開かれるにはもうしばらくの時が必要であった。

贈与慣行の転換と罪の意識

この頃朝日新聞から夕刊に百回ほどの連載を頼まれた。西洋中世史の新聞連載などは初めてのことでかなりの冒険であったが、引き受け、構想を立てる段階でドイツでの体験を基にして書くことにした。すでに述べたようにドイツでは贈答の習慣が日本とは違っている。そこから私はマルセル・モースの『贈与論』に関心を持ち、読んでいた。ゲルマンの時代にも贈与慣行があったことはモースが書いているが、すでに久保正幡氏が「ゲルマン古法における贈与行為の有償性」という論文の中でかなり詳しく贈与慣行を扱っていた。私は日本では贈与慣行が現在でも商品経済の中で生きていることに注目しながら、ヨーロッパ中世のどの時点で贈与慣行が転換したのかを調べてみようとした。何故なら、現在のヨーロッパにおける贈与慣行は日本のそれとは決定的に異なっており、何らかの形での転換があったに違いないからである。

フランスのジョルジュ・デュビーの仕事やそのほか多くの書物を読み、ヨーロッパにおける贈与慣行の転換がまさにキリスト教の普及と並行して行われたことを確認し、ルターの宗教改革の中でその最終段階があったことも確認した。このような試みをする上で民俗学の研究に大いに助けられていた。このような新しい視角は何よりもドイツでの暮らしのなかでみずから経験したことから始まっており、そのつど文献を探し、確認することが出来た。贈与慣行の転換は日本とは違ったヨーロッパの人間関係を生み出す上で大きな役割を果たした。何かを貰ったら返すという関係が変わり、貰ったものを直接返すことなく、天国を経由して相手に返すという回路が出来たために、日本的な「世間」とは異なった人間関係が生まれたのである。その直接の契機はキリスト教の普及にあった。

ルカ伝十四章十二節以下に次のように書かれている。「またイエスは自分を招いた人にいわれた。『午餐または晩餐の席を設ける場合には、友人、兄弟、親族、金持ちの隣人などは呼ばぬがよい。おそらくは彼らもあなたを招き返し、それであなたは返礼を受けることになるから。むしろ、宴会を催す場合には、貧乏人、身体不自由な者、足の不自由な者、盲人などを招くがよい。そうすれば、彼らは返礼が出来ないから、あなたはさいわいになるであろう。正しい人々の復活の際には、あなたは報われるであろう。』」

イエスが説いたのはユダヤ社会においても普及していた贈与慣行を転換することであった。彼岸を通してこの世の人間関係を見てゆく視角をイエスは提案しているのである。わが国でも浄土に憧れる姿勢はしばしば見られたが、浄土への希求が現世の生活態度を改革してゆくような視角は乏しかったように思える。この点で贈与慣行の転換はヨーロッパのその後の展開の大きな転機となったと私は考えたのである。これはヨーロッパ社会の本質的転換であった。そしてそれを支えたのが罪の意識の覚醒であった。

十二世紀以降教会においては贖罪規定書が使われ始めていた。すでに六世紀には告白の初期の形が生まれていたが、それは人々の前で罪を告白し、罪の贖いとしては巡礼やガレー船に乗るなどの具体的な形が求められていた。ところが十一、二世紀になると告白は個人ごとに秘密の形で行われるようになり、そのために司祭が用いるマニュアルとして規定書が作られたのである。贖罪規定書は本来五、六世紀にまずウェールズとアイルランドで成立し、やがてフランク王国やアングロ・サクソンにも知られ、後になってフランス、ドイツ、イタリア、スペイン、スカンディナヴィア半島にも広まっていった。

その中でも十一世紀のヴォルムス司教ブルヒャルドゥスの『矯正者・医者』が特に内容が豊かで私たちの関心を惹くものである。その内容は多岐にわたっているが、特に注目を惹くのは魔術や呪術を強く否定する態度が強調されている点である。たとえば第六十章を見てみよう。

「お前は魔術師に相談したり、魔術師をお前の家に招き、何らかの魔術の働きを求めたり、災難を防ごうとしたことがあったか。あるいは異教の慣習に従って占い師を家に招き、お前のために占わせ、予言者が何かをもたらすことを期待してお前のところに呼び寄せたり、あるいは占いによって未来を予言させたり、卜占を行わせ、呪文を唱えさせたりしなかったか。もしそうしたことがあったら、すでに指示した祭日に二年間の贖罪を果たさなければならない」

第六十六章では次のように規定されている。「お前は司教や司祭が定めた教会などの施設以外の場所に、祈りに出かけなかったか。泉や石、樹木や十字路などでその場所を敬うためにローソクや松明が置かれているところへ、パンなどの供え物を持ってゆき、そこで身体と心の病を癒そうとはしなかったか。もしそのようなことを行い、それらのことに同意を与えたのなら、さきに述べた祭日に三年間の贖罪を果たさなければならない」

このような規定は太陽や月を巡る儀礼などの自然現象にも適用されており、この段階でキリスト教は魔術や呪術や自然信仰を徹底的に排除しようとしていたことが解るのである。このような魔術や呪術の排除はいわゆるシャルトル学派の成立とも深い関連があると見なければならないが、その後のヨーロッパの展開にとっては決定的な意味を持っていたといわなければならない。何故ならわが国ではこれらの魔術や呪術は今も生きているからであり、後で詳しく述べるわが国の「世間」はまさにこのような呪術を抱え込んで機能しているのである。

再びドイツで

このようなことを論じた「中世の窓から」を朝日新聞に連載していた頃に、ニュルンベルクのエアランゲン大学社会科学研究所から日本社会についての講演を頼まれた。ドイツ滞在中に抱え込んだ疑問に自ら答える機会と思い、引き受けることにし、準備を始めた。まず「世間を騒がせて申し訳ない」という科白について考えてみた。この科白は全体としてドイツ語にも英語にもならないからである。「世間」の訳語もいろいろ考えてみたが、適当な言葉がないのでそのまま使うことにし、「世間」の中に生きている原則として贈与・互酬関係と長幼の序、さらに時間意識を取り上げた。互酬関係についてはマラヤ大学のサイード・フセイン・アラタス教授の『汚職について』をも取り上げた。アラタス氏は東南アジアにおける贈与慣行についてさまざまな例を挙げているが、伝統的な儀礼としての贈与慣行は汚職にはつながらないとしている。しかし日本においては必ずしもそうとはいえない。この準備の中で神判の問題にも出会い、西欧と日本における神判の例にも触れ、現代にもなお神判の慣習が生きている日本の特殊事情について考えてみた。

小さな研究者中心の会であったが、そこでの反響は興味深かった。東南アジア出身の研究者や南アメリカの研究者達の理解は早かったが、ドイツ人やアメリカ人にはすぐには理解できなかったらしい。このときの反響から私は日本の社会はヨーロッパとは基本的に異なっているという事実に確信を持つことが出来た。欧米では近代社会が比較的徹底して生み出されているが、日本では伝統的な慣習が今も生き続けており、その事実についての考え方が人々の間で大きく分かれているということに気がついたのである。私はこのときはじめて欧米人の前で日本人の本音の話をしたのだが、彼らは理解しようと努めてくれた。

ただ欧米の研究者の中でも日本研究者はやや特異な位置にあり、好事家的な面を持っていることは否定できない。そのために日本研究者の分野は芸能や美術などに偏り、現代社会の研究者は僅かの例外を除いて当時はほとんどいなかった。しかし社会学の研究者達は違っていた。彼らは私の話を聞いて理解しようと努め、さまざまな質問をし、この研究所ではしばらくの間「世間」という言葉が流行ったのである。この頃から私にはドイツの社会学の研究者との付合いが始まっていた。エアランゲン大学のヨアヒム・マッテス教授を初めとするその仲間達である。その中には現在はヴィッテンベルク大学の教授をしている島田信吾氏もおられた。

日本の社会が明治以降二重構造になっていることは知識としては多くの人に知られているように思えるのだが、実際にその影響がどのような分野に及んでいるのかについてはほとんど意識されていないように見える。明治政府の近代化政策によって各省庁や産業も近代化、西欧化されていったが、その中で近代化しえなかった分野があったことが極めて重要である。人間関係は近代化しえなかったのである。そのために現在においても極度に近代化された省庁や産業や学校の中で人間関係だけが近代化されず、明治以前の「世間」の関係の枠内にとどまっている。そこに現在の日本がかかえているさまざまな問題の一つの根源があることはいうまでもない。

それだけでなく、このときに西欧のインディヴィデュアルの訳語として個人という言葉が生まれ、ソサイエティの訳語として社会という言葉が生まれ、教育においては近代化路線を進めるという意味で西欧文化の紹介が行われたために、あたかも個人も社会も欧米のそれと同等な意味を持つかのように誤解され、今日に至っている。この点はわが国の人文科学の展開を考える上で極めて重要な問題点である。現実には日本の個人は「世間」という枠の中でかろうじて生きていたに過ぎないのに、人々の意識の中では欧米と同じ個人として考えられてきたのである。

欧米では個人が成立したのは十二世紀であり、それ以後国家と教会の両者の圧力を押し返して、個人が市民権を得るまでに数百年を要している。然るにわが国では個人が成立してから今日までこの概念については国家や社会の側からの抵抗もほとんどなく、受容れられている。その違いはわが国の個人が「世間」の中に包摂されている点に求められるだろう。

こうしてわが国では個人が欧米と同じ意味のものとして受け留められ、人文科学においても文学においてもこのような理解が今でもほとんどの人の共有するところとなり、歴史学でも文学でもわが国の独自性が見えなくなっている。

すでに夏目漱石は「私の個人主義」の中で注目すべき見解を述べている。「たとえば西洋人がこれは立派な詩だとか、口調《くちよう》が大変好いとかいっても、それはその西洋人の見る所で、私の参考にならん事はないにしても、私にそう思えなければ、到底受売《うけうり》をすべきはずのものではないのです。私が独立した一個の日本人であって、決して英国人の奴婢《ぬひ》でない以上はこれ位の見識は国民の一員として具《そな》えていなければならない上に、世界に共通な正直という徳義を重んずる点から見ても、私は私の意見を曲《ま》げてはならないのです。——しかし私は英文学を専攻する。その本場の批評家のいう所と私の考《かんがえ》と矛盾してはどうも普通の場合気が引ける事になる。そこでこうした矛盾が果して何処から出るかという事を考えなければならなくなる。風俗、人情、習慣、溯《さかのぼ》っては国民の性格皆この矛盾の原因になっているに相違ない。それを、普通の学者は単に文学と科学とを混同して、甲の国民に気に入るものはきっと乙の国民の賞讃を得るに極《きま》っている、そうした必然性が含まれていると誤認してかかる。其所《そこ》が間違っているといわなければならない。たといこの矛盾を融和《ゆうわ》する事が不可能にしても、それを説明する事は出来るはずだ。そうして単にその説明だけでも日本の文壇には一道《いちどう》の光明《こうみょう》を投げ与える事が出来る。——こう私はその時始めて悟ったのでした。甚だ遅蒔《おそまき》の話で慚愧《ざんき》の至《いたり》でありますけれども、事実だから偽《いつわ》らない所を申し上げるのです」(『漱石文明論集』岩波文庫　一一三ページ以下)

　現在人文科学を研究するものがまず読まなければならないのは漱石のこの文章であろう。何故なら現在歴史学でも文学でも欧米の学会などで持て囃されている学説をそのまま受容れている人々は極めて多いからである。明治以降のわが国の歴史学は欧米の歴史学を輸入して生まれたものであり、この国の人々が真に求めていたものに応えてはいなかった。しかし歴史学も文学も当時の明治国家の事情に合わせて形成されてゆき、今日に至っている。まがりなりにも当時の日本の学会が欧米の歴史学や文学を輸入することが出来たのは、国民国家の形成という点で欧米の国家の事情と合致するものがあったからなのである。欧米の歴史学自体国民国家の形成と軌を一にして成立していったものであり、したがって国家の事情には合致していたが、日本に住む一般の人々の需要に合致したものではなかった。漱石はまさにその点を指摘しているのである。漱石が「風俗、人情、習慣、溯っては国民の性格皆この矛盾の原因になっているに相違ない」という時、彼はまさにわが国の「世間」のことをいっているのである。

すでに述べたように、わが国の明治維新は欧米の諸制度を取り入れようとした近代化の一環として行われたものであるが、わが国独自の慣習や風俗、人情などは影の部分に押しやられ、現実には大きな機能を果たしていたにもかかわらず、それ以後現在にいたるまで識者の意識の中に位置を占めてはいなかった。わが国の近代化は諸制度のハードの部分の改革ではあっても、意識などのソフトの改革ではなかったのである。近代的な制度機構の中で働く古い意識を持った人々の群れが生じたのである。その古い人間関係としての「世間」の中で生きている人々こそが私たち自身であり、その生活が何によって動いているのかを知ることが安保条約の改定を巡る闘争の中で私が密かに自らの課題としたものであった。この課題を漱石自身は『文学論』の中でも解決していない。もとより私に出来ることではないが、やってみるしかほかに道はなかった。しかしその道にまっすぐ突き進むことが出来たわけではなかった。

大学行政に紛れ込んで

一九七九年（昭和五十四）に私は一橋大学の社会学部の教授になった。増淵龍夫教授が退官する前に私を図書館長室に呼んで、社会学部に移るよう勧められた。そのかなり前に私たちは西順蔵先生から退官記念の品をいただいていた。いただいたのは先生が篆印された石の印で、あるものは驕という字をいただいた。もう一人は嗇という字で、他の一人は偏という字であった。私のいただいた字は環であった。それは西先生の私たちに対する批評であった。私の環という字については先生は説明してくださらなかったが、おそらく一橋大学に戻ることを暗示していたものと思われる。東京経済大学には結局三年間いたことになる。この三年間に井汲卓一氏や色川大吉氏と知り合いになることが出来た。依光良馨先生は教授会のときなど隣に座るといろいろ一橋大学の昔の話をしてくださり、一橋大学の寮歌「紫紺の闇」が先生の作曲になるものであることも始めて知った。ご年配であったにもかかわらず、青年のような若々しさとロマンを漂わせた方であった。またこのときの学生達とは今も付合いがあり、私の著作集の出版記念会にも大勢来てくれた。

一橋大学社会学部ではこのとき大講座制が敷かれようとしていた。それまでの小講座では教授、助教授、助手と一講座の定員が決まっており、教授が定年にならなければ次の教授を採用できないといった不自由があった。大講座制ではその点がかなり自由になったのである。社会学部では九つの科目が大講座としてつくられ、その中での定員の運用は自由に出来た。問題は増淵先生が上原専禄先生の跡を継いで歴史学という講座を持ち、そのほかに東洋社会史という講座を持っておられた点にあった。すでに述べたように歴史学は社会学部の専門科目であり、かつて帝国大学などで国史、東洋史、西洋史という区分で講座が出来ていたことを上原先生が批判し、それらがわが国の国策に沿った区分であり、そこから学んでくる対象としての西洋史、学んだものを実際に適用する場としての東洋史、それらを踏まえて自らの生きかたを定めてゆく国史という国策に沿った区分を否定したものであった。

増淵先生は歴史学という講座では実際は東洋史に沿って展開されていたが、私が歴史学の担当となると西洋史の題材で行わなければならない。しかも私にはもう一つ新しく認められた西洋社会史という講座もあった。大講座に教員を振り分ける会議が少人数で行われたとき、私だけが二つの講座を持つことに多少の抵抗があった。歴史学は全員が交代で持つべきだという意見も出ていた。その意見を具体的に採用すると一人一人の負担が増えることが明らかとなり、その会議では私だけが歴史学を持つということが決まった。

その直後に各講座の助教授を決めなければならなくなった。この頃社会学部の歴史系の講座はほとんど代々木系の教官で占められていた。私だけがその系列に属していない教官であった。私は本田創造先生の家にお邪魔し、助教授人事について相談をした。私が小樽商科大学で最初に教えた学生の三人が大学院に進んでいたが、そのうちの一人、ロシア史の土肥恒之氏は本田創造先生のゼミナールをへて小樽商科大学に勤務していた。本田先生はすぐに土肥さんではどうかといわれ、私も賛成した。こうして助教授の人事は決まったが、土肥さんはけっして喜んではいなかった。一橋大学に来ることをためらっていたのである。彼も大学院を一橋で過ごし、人事の難しさを知っていたためかもしれない。いずれにせよ人事が決まったことを社会学部以外の歴史関係の教官たちに報告しなければならなかった。

かつて一橋大学の歴史関係の教官は数が少なかったこともあって、全学で人事を進めるという暗黙の了解があったらしい。しかし学部が四つに分かれ、各学部の自治が確立して以後は人事も各学部で行われていた。私は経済学部の渡辺金一教授に会い、土肥氏の件を報告した。すると渡辺教授は「ロシア史に関しては本来私に相談があってしかるべきだ」といわれたのである。それだけでなく、いろいろと社会学部のあり方について不満を述べられた。このとき初めて私は複数の学部を持つ大学の人間関係の難しさに触れたのである。

この頃私のゼミナールにはいろいろな人が参加していた。都庁の職員や東京大学の助手などもいた。私が朝日新聞から頼まれて夕刊に「中世の窓から」という連載を百回し、それが一九八一年に大佛次郎賞を受けたためである。この連載のおかげでかなりの人がゼミナールに出席したいといってきた。私のゼミナールにはその前から単位にならない学生も含めて大学に属していない人が参加していた。私は英語かドイツ語、フランス語が出来ればそれらの人々がゼミナールに参加することを認めていたが、実際にはいろいろ問題があった。たとえばコンパの時など、家庭の主婦が参加していたときには酒に酔ってゼミナールとは関係がないことをぼやき始めたり、他大学の学生が参加していると大学間の対抗意識が出てきたりしていろいろ面倒なことも起こった。この頃はゼミナールでグレーヴィッチの『中世文化のカテゴリー』を読んでいた。まだ訳書が出ていなかったから、ドイツ語版を読んでいた。

一橋大学のゼミナール制度は他大学のそれとは全く異なっている。昔から一橋大学では卒業生のことを聞く時、何処の学部の出身かを聞くよりも誰のゼミナールに属していたのかを聞くことが多かった。たとえば上原専禄先生のゼミナール出身といえば、誰もがその学生は学問が好きでよく勉強する学生だということがすぐに解るという具合である。そしてゼミナールでは週一回報告会が行われるだけでなく、春や秋には旅行や合宿も行われた。上原先生が若かった頃にはその旅行は奈良や京都だったらしいが、先生は仏像や寺についていろいろ説明されたらしい。私のゼミナールでは夏の合宿と冬の合宿には奥鬼怒の手白沢温泉によく出かけた。そこで全員の報告を聞くのである。夜になるとお腹が空いてくるので学生達はこっそりとおでんを作ったりしていた。夏の尾瀬にもしばしば出かけた。尾瀬に行くにはいろいろと道があるが初めは檜枝岐《ひのえまた》村から歩いて沼山峠に登り、そこから湿原を横断していた。あるとき湿原を歩いている私たちの姿がNHKの天気予報のバックとして映されていたこともあった。こうしてゼミナールはある意味で全人格的な付き合いの機会となり、うまく行けば素晴らしい場となったはずであるが、私の力不足のためにそううまくは行かなかった。親しくなればなる程互いの個性がはっきりと見えてくるし、我儘も出てくる。とくに大学院生ともなると、もう大人でありながら社会の経験がないだけに未熟で、扱いに困る場合も多かった。

大学院生は現代の社会の中では特異な存在である。大人の年になっているが、収入がなく、三十近くなってもまだ学生の身分であり、同期の学生達が課長などになって比較的豊かに暮らしているのに、貧乏暮らしに甘んじなければならない。今はアルバイトがいろいろあるから稼ごうと思えば稼ぐことは出来る。しかし稼いでいると研究の時間がなくなり、何のために暮らしているのか解らなくなってしまう。かつて将棋指しは勝負が全てであり、勝負に勝ちさえすれば生活の程度もあがるということで努力したという。しかし学問の世界では学会があり、学会が認めなければ就職の可能性もない。

すでに述べたことだが、私の就職が問題になっていた時増田先生は私立大学の理事を通して私の就職の可能性を探ってくださった。そのようなことが出来たのは先生が日本の学会の中で位置を持っておられたからで、私には到底出来ないことであった。私自身学会の一応の認知をうることが出来たのはドイツで書物を出して帰国してからであり、大学院生のときには日本の学会の理解をうることは全く不可能であった。大学院生が自分が本当に研究したいと思うテーマを選んでその研究に没頭すれば、いつかは学会の理解が得られると考えるのは理想であり、現実にはそうとはいえない。しかしそのような事情であればその学生は理解が得られなくとももって瞑すべしということになるだろう。

清春芸術村で知り合った日本画家の石川響先生はあるとき中央線でご一緒に帰京する際に「画家志望の人が教師になったりするともう画家としては立ってゆけなくなる」と話されたことがあった。私は大学院生を何人か抱えていたとき、彼らの就職で困ったことが多かったが、私には何も出来なかった。後に息子がアメリカの大学院に留学した時、就職ということになると大学院生を対象としたマーケットが一定期間開かれると聞き、わが国の遅れを痛感した。日本では今でも大学教授のマーケットは成立していないのである。ではどのようにして就職が決まっているのか。まずは教授の顔によるコネがある。その場合東大などの有力大学の教授の場合が決定的に有利となる。たとえば私立大学の院生で優れた論文を書いたものがいるとする。彼あるいは彼女が学会でその論文を発表しても、聞いている人がそれを理解し、優れていると判定しなければ結果は出ない。多くの場合、有力大学の教授たちは自分の学生を抱えているから、たとえ優れた研究者を発見しても自分の学生を優先してしまう。

大学院生の最大の問題は教師との関係である。二十代の後半から、場合によっては三十代になっている大学院生は一人前の大人であるが、必ずしも生活は容易ではない。将来の見通しも暗い。そのような大学院生が教師とうまく付き合えなくなることも多いのである。中にはその結果精神に異常をきたす学生もいる。一橋大学のゼミナール制度は確かに学部生にとっては良い制度として機能してきた。しかし大学院生にとってはそれは時に桎梏ともなり、教師と学生の両方の行動を縛ることもある。博士課程の後期ともなれば学生の優劣はかなりはっきりしてくる。出来る学生は多くの論文を書き、出版社から声がかかる学生も少なくない。そうなると成果の上がらない学生がひがんだり、コンプレックスに悩まされたりする。こうした学生を抱えているだけでもかなりの苦労がある。

私立大学の院生の多くは自分の大学にしか就職することが出来ない。そして自分の大学に就職するためには教授の覚えがよくなければならない。教授の覚えが良くなるためには教授が優れていると解るような論文を書かなければならない。それはその教授の学問の程度に拠るからなんともいえない。大学によっては公募をするところがある。しかし公募という体裁をとりながら、実際にはすでに決まっている場合もある。特に優れた名のある研究者はそのような公募には応募しない。そのような人を採るためにはあらかじめあなたを採りますという約束をして公募に応じてもらうしかない。こうして公募は名ばかりとなる。そのような意味でも大学は日本の社会と全く同様な構造を持っている。大学も学部も「世間」なのである。

弔旗掲揚問題

一橋大学で私はこのような状況にあった学生達を相手にすることになる。しかしすでに述べたようにこの頃から私には大学で新しい問題が生じていた。昭和六十年の四月には評議員に選ばれ、平成元年の四月には社会学部長に任命されていた。その前の年の社会学部の懇親会で、ある長老教授が私のところに来て、「来年の四月から学部長をお願いしますよ」といった。私は「学部長は選挙で決まるのですから、あなたからお願いされるいわれはありませんよ」と答えた。この人は社会学部のオーナーをもって任じている人であった。評議員の時には寮問題で翻弄され、何度か団交に出席した。ここでは詳細は述べないが、文部省の負担区分通達を引き金として寮の食堂が運営できなくなり、一橋大学では如水会という同窓会から支援を得て、かろうじて寮食堂を維持するという形をとっていた。

しかし学部長になってから新たな問題が生じてきた。それは天皇を巡る問題である。一九八九年の一月七日に天皇が亡くなり、服喪期間中の弔旗の掲揚と大喪の礼の際の大学の態度について一月十日朝八時半から部所長懇談会が開かれた。部所長懇談会とは学長と四学部長、図書館長と研究所長、学生部長、局長などが非公式に集まって具体的な問題について論議する場である。一橋大学では国民の祝日と入学式、卒業式には校門に日の丸の旗を掲げる慣習があった。それ以外の日には原則として掲揚していない。したがってこの日まで日の丸は掲揚していなかった。部所長懇談会でもいろいろな議論があった。人が一人死んだのだから、弔旗を掲げても良いのではないかという議論も最初はあった。しかしそうこうしているうちに文部省から高等教育局長名の通知がきた。「国旗の掲揚について配慮して欲しい」という内容であった。その通知を見た後では議論が違ってきた。文部省の高飛車な態度に部所長達が反発したためである。川井健学長が九日午後高等教育局長と審議官に文部省で会った際の説明によると「大学の常識を信頼して配慮という言葉を使ったこと」、大学が指摘している「掲揚した場合の不慮の事態について」「掲揚しない場合、機関として掲揚しないということになると大学の責任を回避したことになるのではないか」などが文部省が指摘した点であった。すでに「すべての大学が掲揚している」、「お願いや要請ではない。大学が自立的に判断できるのではないか」などの説明があったという。

同日の三時半から私も学長といっしょに文部省に行き、高等教育局長に会った。審議官と大学課長も同席していた。最初は学長が上原行雄法学部長の作成したメモに沿って事情を説明した。日の丸を掲揚すれば学生による混乱が予想されるという文言がその中にあった。すると高等教育局長は「学生にはどういう対応をしているのか」と聞き、学長が部所長懇談会で取り決めた内容を説明したが、局長は「まず掲揚するという意思を確認しなかったのは遺憾である」といい、「学生の混乱を理由にするのでは大学の姿勢が問われるのではないか」といった。そして「大喪の日には再び日の丸掲揚の問題が生じてくるが、どうする気か」と訊ね、さらに「現在までの一橋大学の態度は象徴に対する弔意が示されていないので遺憾である。国の機関として弔旗の掲揚をすべきでないという教官もいるようだが、それに従ったのならおかしい」「学生が大学の自主的運営に口をだし、それによって管理運営が支えられているのは適当ではない。さらに検討をお願いしたい」といい、最後に「これは公式な要請である」と高等教育局長が締めくくった。学長は「文部省が指摘した点を大学に持ち帰って検討したい」と述べた。

一月十一日には学部長会議が開かれ、十二月二十一日の三自治会（一、二年生の前期、学部、大学院）からの「天皇問題に関しての抗議および申し入れ」についての報告と一月七日以降の本学の対応についての報告があった。学部長会議は部所長懇談会と同じメンバーのほか課長以上の事務職員も出席する正式な会議である。そこで弔旗を掲揚しないことを正式に決めたのである。といっても服喪期間はあと一日しか残っていなかった。

弔旗の掲揚についてはすでに十月に自治会から公開質問状が出されており、「弔旗の掲揚などの追悼表現は信教の自由と学問の自由を保障する憲法に違反している」として大学の態度が問われていた。これに対して大学は十二月に回答をし、「弔旗の掲揚等は学長を中心とする大学執行部の判断で決定する」と答えていた。

一月二十一日には「朝日新聞」に「弔旗を掲げなかった一橋大」という比較的大きな記事が出た。事務局が調べた限りでは各国立大学は皆揃って弔旗を掲揚したらしい。二年前の沖縄国体の時に沖縄の読谷村の知花昌一さんが日の丸の旗を焼き捨てた事件の記憶もまだ新しかったときに、各国立大学が揃って弔旗を掲揚したことに私たちは驚きを隠せなかった。学生の自治会との会合の時も大学院生たちのなかには日の丸を掲揚するような大学に居たくないと公言するものもいた。それらの学生達も現在は日の丸を掲揚する大学などに勤務しているから、一橋大学の対応に批判の声もあった。学生に甘すぎるという批判である。当時一橋大学はこのような問題に対する態度を決定する際に学生の意向を常に気にかけていた。大学の意思は学生自治会との折衝の中で形成されていたのである。

二月二十四日の大喪の礼が近づいてきた。二月二十二日には部所長懇談会が開かれ、大喪の礼の際の対応について話し合われた。同日の夕方から学生との会合が予定されていたから、かなり具体的な議論となった。会合とは正式には学長会合と呼ばれ、そこでの結論については必ずしも確認書などの形を取る必要はなかった。議論は学生から出されていた「弔旗の掲揚は憲法違反である」という点からまず始められた。「弔旗の掲揚が憲法違反であるか否かについては議論があり、大学としてこれを確定すべき立場にはない。また学生が主張しているような全学的重要問題ではない」という点については一応の一致を見たが、違憲の疑いがあるというだけで、対応を拒否することは出来ないという意見が強く出された。また弔旗掲揚問題は学生の自治に関わる問題ではないとして評議会で「自治の侵害ではない」という意見を決定し、学長にこの問題の判断を一任するということになった。

同日夕方からの会合には学長の他山田欣吾経済学部長、上原行雄法学部長と私が出席した。議論は憲法違反かどうかに集中した。六時半から途中休憩を入れて終わったのは午前二時五分であった。途中の議論をここでは紹介しないが、学長の態度は「機関の長として対応せざるを得ない」ということに終始し、学生側は「学生に誠意ある対応をせよ。つまり、弔旗を掲げるな」と主張し、学長は「学生の意見をも全般的な状況の一つのファクターとして考慮する」と答え、院生の一人が最後に「個人の自由も侵されていることをどう評価するのか、思想信条の自由が踏みにじられていることを理解しているのか」と迫り、会合を終了した。

服喪期間の各大学の対応はさまざまであった。東京大学では新聞報道によると弔旗を掲げ、職員数十人が周囲を固めて弔旗を守ったという。明治学院大学では弔旗を掲げず、弔意を表さないという学長声明を出したという。今このときのノートを読んでいると大学という組織の持つ問題点がはっきりと見えてくる。大学の構成員は個人であるが、個人が集まって構成している大学は別な意思を持っている。それは大学が存続しなければならないという意思である。もし個人が集まっただけなら、それらの個人の意思で必要な場合には大学の終息を宣言できなければならない。全員が大学の存続を前提として行動している中で、個人の思想信条の自由などが論じられているのである。大学が持っている別な意思とは何かがここで問題になるのであるが、私はそれを一つの「世間」として捉えたいと思っている。この問題については後段で扱いたい。

弔旗掲揚問題を振り返って思われるのは大学の教員にこの問題に関する明確な意思がなかった

という点である。わが国の大学における学問のありかたに関わってくるが、弔旗の掲揚について自立的な判断が出来ず、学生が騒ぐということを理由にしていたに過ぎなかったのである。二月二十四日の大喪当日には学生部長が体調を悪くして出席できなかったため、山田経済学部長が学生部長代理として弔旗掲揚の役目を負った。当時一橋大学では日の丸の掲揚はすでに述べたとおり、校門において行うことになっていた。掲揚しようとした八時四十五分には掲揚に反対する学生達が集まり、守衛ともみあっていた。山田学生部長代理は「掲揚できないと判断し」掲揚を中止した。東京大学でも学生約五十人が集まり、弔旗掲揚に反対していた。弔旗は新聞報道によると三十分ほど掲揚されただけで終わったという。

弔旗の掲揚を巡る問題は私の学部長職在任中で一番大きな問題の一つであった。そのために費やした時間も長かった。それと同時に天皇の存在をこれほど身近の問題として考えたのも私としては初めてのことであった。私のそれまでの生活の中で天皇の存在が大きな意味をもっていた戦時中を除けば、はじめて天皇のあり方について考える機会となったのも事実である。しかしその問題に積極的に関わる前に他にも一橋大学に固有の問題で頭を悩ませなければならないことがあった。それが一橋大学のキャンパス統合問題と教養課程の改革問題そして学長選考問題である。

第六章　キャンパス問題

一九九二年に一橋大学の学長選挙があり、思いがけず私が選ばれた。私は社会学部の教授であったが、社会学部から学長が選ばれたことはほとんどなかったから、候補になっても選出されるとは思っていなかったのである。私は当時社会史の分野でかなり精力的に仕事をしていたから、学内行政で時間をとられることは辛かった。しかし一橋大学の学長選考規則では候補者にされたら、降りることは出来ないのである。どうしてもやりたくなければ辞職するしかなかった。この頃一橋大学にはさまざまな問題があり、前学長もその解決のために苦労されていた。当時の一橋大学は普通の大学とはかなり異なっていたから、まずそのあたりから説明しなければならないだろう。

普通の大学と異なっていたのはまず学長の選出方法であった。候補に選ばれると学生の三つの自治会（一、二年生の前期、学部、大学院）と組合から公開質問状が届けられる。このとき候補になったのは四名であったが、その候補者の選び方がそもそも普通の大学とは全く異なっていた。

推薦委員会が助手を除く教官の全体から二人ないし三人の候補者を選び、そのほかに組合も二人ほど教官の中から候補者を選ぶのである。この候補者の選び方がそもそも学長選考問題の核心となっているから、詳細については後に説明することにしよう。

公開質問状の内容は多岐にわたっているが、このときの質問状からいくつか例を挙げよう。(一)教育理念についての具体的ヴィジョン。(二)一般教養の位置づけ。(三)キャンパス問題。(四)一橋大学の自主性と文部省との関係。(五)大学院重点化構想。(六)大学自治と学長選考制度について。三者構成自治について。(七)学生の団交権について。

この公開質問状の項目には当時一橋大学がかかえていた多くの問題が挙げられている。候補者はこのほか多くの質問に文書で答えなければならない。同様な質問状が組合からも出され、それにも答えなければならないのである。それらの問題はみな絡み合っているが、ここではキャンパス問題から見ていこう。

当時一橋大学には大きく分けて国立と小平の二つのキャンパスがあった。大学発祥の地である神田の一橋にも一橋講堂を中心とする土地があったが、そこでは後で問題になるように当時は学生の教育は行われていなかった。学部も大学院も国立にあり、小平では一、二年生の教育が行われており、そのほかに寮と課外活動施設などがあった。しかし教官の研究室もほとんどが国立にあったために、教官は小平に授業のために出かけていっても、普段は小平に常駐していないのである。そのために学生は何か質問があっても教官がいないという状況が長い間続いていた。この問題についてはすでに増田四郎学長(一九六四－一九六九)の頃から問題になっており、私自身、当時の長期構想委員会の一員として一、二年生の教育をすべて国立で行うことが可能であるという答申を出していた。

しかし一橋大学はその歴史の中で文部省と何度か事を構えた体験があり、文部省を信用しないという雰囲気が伝統的にあった。それは申酉事件（明治四十一年－四十二年）に象徴されている。明治四十年衆議院で商科大学設置建議案が提出され、同議会で可決され、貴族院も通過した。しかしそのとき文部省は東京帝大の法科大学内に経済科を設置すべきだといいだしたのである。それと同時に建議案には高等商業の専攻部の廃止も盛り込まれていた。東京高商側はこの案に同窓会も含めて全面的に反対し、学生達も決起してついに学生総退学を決議した。この学生の動きに対して渋沢栄一らは学生の復学を説得し、専攻部を四年間存続するという形で決着がつけられた。それは満足すべき決着ではなく、さらには文部省に対する不信感の温床となったのである。もとよりこの時の一橋の態度については批判もある。同窓会を始めとして一橋の申酉事件が学生と教官の結束の萌芽だとする意見が今でも強いが、このときの東京帝国大学には経済学の教官はほとんどおらず、結果として二つの経済学の大学が出来ることになり、わが国の経済学の水準がかなり後れをとったという人もいる。日本全体を考えるとこの意見にも聴くべきものがあることは否めないだろう。

小平の一、二年生を国立で教育するという結論にはあまり反対はなかったが、小平の跡地の利用に関して大きな意見の違いがあった。教官や同窓会の中には小平の土地を一片たりとも国にとられるなという意見が強くあり、前学長はそのために苦労されていた。前学長の下で小平の跡地利用に関して総合グラウンド設置などの案が出されていた。また小平に研究室も含めて新しい組織を作るという案もあった。しかしそのいずれもおおかたの賛成を得られなかったのである。

私が学長に就任したのはこのような状況の時であった。選出されてから、就任まで一か月ほど時間があった。私はその間に社会学部の事務長にキャンパス問題に関するこれまでの議論の記録を集めてもらい、それを読んでみた。この問題のために費やされた時間は厖大なものであり、私は教官と事務員のその努力を無にしない方法を考えなければならないと思った。就任の前に同窓会の理事長であった三菱化成の鈴木永二氏から招待があった。鈴木氏は一橋大学の事情を良くご存知で、学長選考問題についても「今の方法で本当に良い学長が選べるのなら、文部省がなんといおうと私たちは大学を支持しますよ」といってくれた。そこにはこれまでの学長の選考結果に対する批判が込められているように思えた。鈴木氏の跡を継いで同窓会の理事長になられた新日鉄の齋藤裕氏と一緒に食事をしたときも、齋藤氏はキャンパス問題に関して「本来国の土地なのだから、使わなくなったら返すのが当然です」といわれ、大学人に比べて財界人のほうが合理的な考え方をしていることがわかり、少し安堵した。

たとえ合理的とは言えないとしても、小平を失うなという意見が強い時に、それを無視する提案をしても通るはずがない。その上、何らかの組織を小平に作るとしても文部省に予算を認めてもらわなければならない。それには大変時間がかかる。こうした隘路に立たされて、私は同窓会の力を借りようとした。一橋大学には体育の施設が充分でなく、温水プールもなかった。そこで小平に温水プールを含めた体育施設をつくる案を考え、そのために如水会に募金をしてもらおうと考えたのである。その問題で如水会の事務局長と話をしたが、世の中の景気が良くない時の募金に積極的ではなかった。そこで私は同期の仲間達に相談し、まず同期の仲間で募金をはじめ、それを如水会に示して全体の募金に持ってゆこうとした。同期の市畑進氏と重松成行氏はそのために全面的に協力してくれた。こうして昭和三十三年卒業の仲間達のおかげでかなりの募金額が集まることになり、最終的には如水会も認めてくれ、二年後には公式の募金会が作られ、個人と法人を合わせて十七億円を集めることが出来た。小平にある如水スポーツプラザはその資金で建設されたのである。

三・一確認書

こうして小平の土地の一部は確保できたが、肝心の一、二年生の国立への移転については全学的な合意が出来ていなかった。当時の一橋大学では全学的重要問題に関しては学生との団交で決めるという慣行があり、それは昭和四十四年に学生の自治会と評議会との間で確認されていた。通常三・一確認書と呼ばれているこの文書の内容はおよそ次のようなものである。

前半は学長選出問題に関してと題して「新しい学長選考には学内全階層(教官、職員、院生、学生)の意思が何らかの形で反映されることが望ましい。新しい学長選考制度の院生、学生に関する事項についての具体的改正内容は評議会団交で決定する」とあり、後半は学生自治の原則問題に関してと題して「学生全体に関わる問題の交渉権は、学生の代表機関のみが有する。大学は全学的な重要問題については、学内の全階層(教官、職員、院生、学生)に迅速に報告し、全学の意見に基づいてこれを解決してゆく態勢をとらねばならない。評議会は新しい団交方式が決定されるまで、自治会の正式代表が評議会に団交を要求した場合、これに応じなければならない」といったことが確認されている。

この確認書が昭和四十四年から平成十年ごろまで一橋大学のあらゆる意思決定を拘束していたのである。この確認書が生まれた時代を再び見ていただきたい。昭和四十年以降わが国の大学はいたるところで紛争状態にあった。慶応大学で学費値上げ反対の全学ストライキが打たれていたし、早稲田大学でも同じく学費値上げ反対のストライキがあり、全学共闘会議が大学本部を占拠していた。東京教育大学では評議会が筑波研究学園都市への移転を強行決定していた。東京大学でも医学部学生自治会は登録医制度に反対して無期限ストライキに入っていた。昭和四十四年には東京大学と東京教育大学で入試が中止になっている。日本大学では機動隊を導入して封鎖が解除されていた。

一橋大学の三・一確認書もこのような時代背景の中で生まれたのである。この頃から一橋大学では団交が正式な大学の意思確認のために必要な手続きとなっていた。全学的重要問題の解決には常に団交が行われていたのである。この時代の一橋大学を知るには、四十四年の評議会と各学部、研究所などが連名で出した声明を見る必要がある。それは中央教育審議会の〔当面する大学教育の課題に対応するための方策について〕に基づいて緊急立法がなされようとしていることに反対を声明したものである。そこでは「教授会の自治ではなく、全学の意見を結集することによって新しい大学を創造する道を歩もうと」していることがうたわれている。その全学の意思の結集の手段が団交なのであった。

しかしながら私が評議員や学部長になった頃には団交はしばしば行われていたが、実質的には無内容なものになりつつあり、それを「なじむなじまない団交」と呼んでいた。団交議題について大学側と学生自治会との間で、意見が食い違い、学生達が全学的重要問題だと主張しても、大学側がそれを認めないケースが増えていたからである。「団交議題になじむかなじまないか」を議題とする不毛な団交に成り下がっていたのである。大学紛争の時代も遠ざかり、三・一確認書も古証文になりつつあったが、学生達はあくまでも昭和四十四年に結んだ確認書にしがみつき、大学側は自分たちの先輩が過去に結んだ確認書に縛られて率直な意見の交換が出来なくなっていた。教官も学生も過去の証文に縛られ、身動きができなくなっていたのである。

学生達は小平の移転改築は全学的重要問題だと主張していた。この問題は単に移転だけでなく、一般教育をどうするのかという問題とも連動していた。それは同時に一般教育担当教官つまり学科目教官の地位の問題でもあったから、教官組織の改革をも必要としていた。しかし、これまでの団交に対する大学側の態度はどちらかといえば逃げの姿勢であった。私はこのような状況を打開するためには全学的重要問題についてまともに考える必要があると思った。学生が主張しているように小平の移転改築は学生の教育という点から見ても全学的重要問題であることは明らかだったからである。こうして全学的重要問題としての小平の移転改築を巡る団交が行われることになった。

団交

団交が行われる前に議題の確認がなされる。学生担当評議員が学生の自治会とつめるのだが、その結果四つの議題が決まった。それは大きく分ければ大学改革と小平の移転改築の問題に分けられる。場所は国立の二十一番教室で、六月八日と決まった。

二十一番教室は四百人入る大教室で、かつて中山伊知郎教授の経済原論などもこの部屋で行われていた。その部屋がほぼ満員となる状況の中で団交が始まった。移転改築問題が中心であったから、一、二年生の前期自治会が議事進行の中心的役割を担っていた。ここでは団交の経過について詳しく述べないが、大学院生の姿勢が学生の中で異質な雰囲気を持っていた。彼らにとっては教養課程の問題は焦眉の問題ではなかったから、大学改革の問題に焦点を当てようとし、移転改築の問題については反対の姿勢を貫こうとしていた。しかし一、二年生の前期自治会は違っていた。彼らの中には入学間もないものも多かったし、何よりも過去の「なじむなじまない団交」の経験が少なかった。彼らは真面目に小平の教育環境を改善しようとしていたのである。

確かにこの頃の小平の教育環境は劣悪であった。建物は奇妙な灰色に塗られ、校舎の真中に日当りの良い芝生の庭があったが、その光景があたかも刑務所のように見え、学生達の評判もよくなかった。教官の研究室もなかったから、学問的な雰囲気も感じられなかったのである。入学試験は小平でも行われていたが、小平で試験を受けた学生は一橋大学の建物に失望する始末であった。

前期自治会の執行委員たちはこの団交で移転改築が進むことを期待していたのである。こうした前期自治会の姿勢に対して大学院生たちはそれに反対し、大学側の提案を全面的に拒否しようとしていた。このような大学院生の態度を見て前期自治会の執行委員長は大学院生に対して「あなた方は大学を愛していないのですか」と涙ながらに問いかけ、大学院生たちもさすがに頑なな姿勢を貫くことが出来なくなっていった。全体として八、九時間の団交の後、最終的には、大学側の移転改築に関する提案に「条件付賛成」ということになった。これは一橋大学の団交の歴史

一九九八年の学長選改正団交。撮影・松浦清貴。

学長になって二年目の小平祭にて。

のなかでも極めてめずらしい結果であった。初期の団交を除いて団交のなかで賛成が得られることなどほとんどなかったからである。

団交が終わって部屋へ戻ると学部長や評議員もすでに戻って席についていた。私が部屋に入ると皆が拍手で迎えてくれた。団交というものはほとんど学長一人で対応するものであり、八時間か九時間私ひとりで学生達に答えてきたのである。しかし学生達が真面目に対応してくれたので私としては高揚感はあっても不愉快なことは全くなく、疲れたとも思っていなかった。こうして、小平で学んでいた一、二年生の全員を国立で教育することは決定された。しかしそれで問題が解決したわけではなかった。移転改築にともなうさまざまな問題が浮上してきたからである。国立の東地区に新たに校舎をいくつか建てなければならないのはもちろんだが、それだけでなく、教養教育そのものをどうするかという根本的な問題が連動していたからである。

教養教育の問題——瀕死の大学

平成三年に文部省が大学設置基準の大綱化を進めて以来、全国の国立大学からは教養部がほとんど姿を消しつつあった。それまでの一般教育は何処でも一、二年生が対象であったが、それ以後は四年間で行われることになり、専門教育が一、二年次でも行われるようになってきた。

各大学は一般教育を解体したあと、新しい名称を考えなければならなくなり、総合教育や普遍教育などの新しい名称で教養教育が行われるようになってきた。しかし「教養とはいったい何か」という問題に正面から取り組むことが出来なかったために、各大学の教養教育改革はその場しのぎのものになりがちであった。そのような対応の仕方は大学としては本来考えられないようなことだが、この頃の大学は何処でも教官は皆多忙であり、原理的に問題を考えられるような状況ではなかったのである。大学で「教養とは何か」という原理的な問題を考えられなくなったということは、大学が死にかけていたということにほかならない。

そもそも教養教育を担当する教師は本来教養教育を担当すべく養成されたものではなかった。全員が専門科目を担当すべく教育を受け、ポストが無かったために仕方なく教養教育を担当することになったというようないきさつがあった。したがって教官の中で教養教育担当教官はやや低く見られていたのである。正式には講座教官に対して一般教育担当教官は学科目教官と呼ばれ、講座単位の予算も給与も低かったのである。このような状況は全国の大学で共通であった。

しかし一橋大学ではやや事情が違っていた。一橋大学には教養部がなかった。小平にあったのは分校にすぎず、一、二年生がそこで教育を受けていたに過ぎない。小平所属の教官はいなかった。では教養教育を担当する一般教育担当教官は何処に属していたのかというと、各学部に配属されていたのである。つまり教養教育の教官を採用する委員会で誰かの採用が決定すると、評議会でその教官の所属が順番で各学部に割り当てられるのである。各学部にとってはそのようにして自分達が採用したわけでもない教官が割り当てられ、教授会では同等の人事権ももつという事に抵抗がある学部もあった。そのような学部では人事については、専門科目担当教官と一般教育担当教官とに分けて行うところもあった。

しかし人事権以外は他の大学とは違って、一般教育担当教官と専門科目担当教官との間には予算や旅費の格差がなかった。そのほか大学院担当についても問題があった。かつて一橋大学では一般教育担当教官と専門科目担当教官の間には大学院担当に関しても同等の扱いだった。教官は皆大学院担当になれたのである。しかしあるときから文部省から指摘をうけ、学科目教官は教授になってから初めて大学院を担当できることになった。専門科目担当教官は助教授で大学院が担当できたから、明らかに差が生まれたことになる。このような差に抵抗した教官たちもいた。たとえばフランス語の教官たちはかなり長い間、このような差に抵抗し、大学院の担当を拒否していた。

このように一橋大学では他の大学で行なわれた教養部の解体は必要なかったが、しかし、一般教育担当教官を各学部にあらためて配属しなければならなかった。各学部の学部長達は事情を良く知っていたから、快く受容れてくれたが、各学部に配属されたあとの教養教育の人事を具体的にはどうするのかという問題があり、この問題の解決には長い時間が必要であった。しかし大学の授業はその間も休むわけには行かないし、教官によっては定年も迫ってくる。そうすると自分の後任を決めたいという教官も出てきて、それらの教官を説得するのにも時間が必要であった。

一般教育担当教官を各学部に配属するだけではこの問題は終わらなかった。各学部には研究科があり、教官は皆大学院研究科にも所属していたからである。しかし英語やドイツ語あるいは体育の教官を経済学部や商学部の大学院担当教官にすることは出来ない。そこでかねてから懸案であった新しい大学院の創設を検討することになった。一般教育担当教官を中心とする新学部構想はかねてからあったが、竹下内閣の下で立てられた首都圏への人口の集中を防ぐという原則に抵触し、新学部の可能性はすでに消えていた。一橋大学では大学院を中心にして考えて欲しいという文部省の意向もあり、人文学研究科と情報数理研究科の二つの研究科の創設を要求していたが、二つの研究科の創設は無理とわかり、言語社会研究科のひとつに絞った要求となった。これは学部を持たない独立研究科である。学問の必要性から大学院を作るというより、人員の配置のために大学院を作らなければならなくなったのである。成立の事情はそうであったとしても、この研究科から将来優れた研究者が生まれることを願っている。また、言語社会研究科の設立と同時に各研究科に専修コースが置かれた。従来の大学院の目的である研究者の養成だけでなく、高度な職業人養成も視野に入れた設置であった。それと並行して、神田の一橋に社会人のための夜間大学院を作る案が検討されていた。

一橋大学には国立と小平のほかにもう一つのキャンパスがあった。それは前述したように高等商業学校発祥の地、神田のキャンパスである。ここには一橋講堂があったが、公開講座以外にはほとんど使われていなかった。建物が古くなり、消防署からも注意を受けていた。この土地は二千坪あり、神田の一等地であるために多くの人の注目を集めていた。国有地が有効利用されていないという指摘を受ける前に大学はここに学術会館を建てるべく文部省と交渉していた。しかし予算の不足から、それが認められないでいる間に、大蔵省から国有地の有効利用に反していると いう注意を受けた。この頃各地の国立大学で同様な問題が起こっていたために、文部省は財務センターを設置し、国立大学の土地の有効利用を図ろうとしていた。

やがて一橋の土地の土地信託による利用の計画が持ち上がった。各信託会社が入り乱れて参入しようとし、騒がしいことになった。国有地の土地信託による利用は初めてのことで、誰もその行く末を見定めることが出来なかった。二十年経てば土地は戻ってくるなどと説明され、しばし混乱した。しかし判断が難しく問題が長期化しかねない事態のなかで、文部省がこの土地に学術センターを建てる案を提示したのである。ここに懸案の一橋大学の夜間大学院を含めるという案であり、この問題は一挙に解決に向かった。残る問題は一橋講堂をどうするかということであった。このとき如水会の働きもあり、一橋講堂も一橋記念講堂としてその中に含まれることになり、同窓生は安堵したのである。この経緯については、学術情報センター(現国立情報学研究所)の猪瀬博氏の尽力と協力があったことを忘れてはならない。学術センターには、新たに国際企業戦略研究科が生まれることにもなった。

教養とは何か

私は一般教育の改組の問題に直面した時、「教養とは何か」という問題を考えなければならなくなった。しかしそのために時間を作ることは難しく、空いた時間にいろいろ書物などを読み、むしろ学長職の実践の中で教養の問題を考えることになった。大学の学長という職は多忙な職務であると皆が口を揃えて言う。しかし学長を初めて経験する私は、大学の行政面については学長室の中でだけ考えることにし、いったん帰宅の車に乗ったら、シューベルトの曲などをかけて、家に着く頃には大学のことを忘れようとしていた。国立大学協会などで他の大学の学長の話を聞くと、皆学長の間は学問は諦めているという。しかし三年間学問から離れていたら、もとに戻ることは出来なくなってしまう。そこで私は学長職にあっても学問はやめないということを自分で決めた。それともう一つ私が自分で決めていたことは学長職に一生懸命にならないことであった。私は自分を非常勤学長と位置づけ、自分の学問である社会史研究のフィールドワークとして学長を務めているつもりになっていた。

かつての一般教育は学生達からパンキョウと呼ばれて馬鹿にされていた。それには理由があった。当時の一般教育は人文、社会、自然の三教科から成り立っていた。しかしその三者の間の関係は全くなかったのである。学生から見れば高等学校とほとんど同じ内容の講義が行われているように見えたのである。また三教科相互の関係は全く見えなかった。来年度誰が人文科目を担当するのかといった問題は学部で順番が決められ、人文、社会、自然が有機的に連動するような相互関係は全く無かったのである。来年度の担当者達が集まって授業内容について話し合うということもなく、それぞれの担当者がばらばらに講義をしていたに過ぎなかった。

白川静氏に『初期万葉論』という書物がある。そこには「ひむがしの野にかぎろひの立つ見えてかへりみすれば月傾きぬ」という歌の成立年代などを東京天文台に問い合わせ調べた人の話が載っている。もしこのような話を一般教育の講義の中で聞くことが出来たら、学生は驚かされ、学問の奥の深さに圧倒されることだろう。そして物理学と国文学のいずれもが人間に直接に深く関わる学問であることを知るだろう。このような教養教育が必要なのである。

ちょうど講談社で『「世間」とは何か』という書物を書いた後で、編集者も次の書物を書くよう求めていた。しかし『「教養」とは何か』という書物を執筆する段になって編集者がいなくなってしまった。講談社の編集者は私の執筆期間が夏休みしかないことを知っていたが、その間にどうしてもアメリカにゆかなければならないといい、結局原稿が出来るまで何の手伝いもしてくれなかったのである。したがってこの書物は私としては始めて編集者なしで書いたものである。

大学では『「教養」とは何か』を学部長たちに配ったが、その内容を実践することは出来なかった。教養教育担当の教師達の共感をうることが出来なかったからである。教養とは知識ではなく、生き方であり、一人一人の学生が自分を発見できるような手伝いをすることが、大学における教養教育の最初の段階である、というのが私の考えであった。私はこのようなことを学長として教官たちに直接主張したわけではない。書物を読んで共感してくれる人がいればそれを実践してくれるだろうと思っていたからである。しかし一橋大学にはそのような教官は一人もいなかった。

仕方が無いので私は一人で教養教育を実践してみた。というのは新入生の中に十人ほど私にゼミナールを開くよう求めるものたちがいたからである。この話をするためには、まず如水会の新入生歓迎会について触れなければならない。毎年五月の初めに如水会では新入生歓迎会を開いている。学長、各学部長のほか多くの教官も参加し、如水会側からは理事長以下の理事達、そして政治家や著名な財界人も参加する。私が学長として最初に出席した時には理事長は新日鉄の齋藤氏であり、石原慎太郎氏ほかの政治家達も多数参加していた。新入生は全体で千二百人もいたから、一度では済まず、私たちは二時間ずつ二回この会に出たのである。東京會舘のご馳走が並び、皆一橋大学に入学したことを喜び合う機会であった。

新入生にしてみれば各界の著名人と始めて接触できるので皆興奮していたし、一緒に記念写真を撮るものもいた。このとき私のところに四、五人の学生が来て「自分達は先生のゼミナールに入るつもりで一橋大学に入学した。しかし先生が学長になってしまったために、講義もゼミナールも開講されていない。何とかしてくれないか」というのである。それを聞いて私も困ったのだが、毎週でなくても良いかと聞き、月に一、二回のゼミナールを開く約束をした。そのような学生は全体で十人ほどいた。小樽商科大学の時と同様にこのときもゼミナールの部屋をもらえなかったので、私の研究室でそのゼミナールを開いた。その時間をとることは容易ではなかったが、何とか数年は続けることができた。

私は通常のゼミナールでも最初に同じことをもとめている。それぞれの学生が生まれてから高等学校を卒業するまで、ともに暮らした両親や兄弟姉妹、友人や教師たちとの関係について一人一時間ほど説明してもらうことにしていた。そのような説明をしたくない学生は自分が好きな書物や音楽などについて説明すればよいことになっていた。それまでの経験では一人があることを説明すると他の者も「うちも同じだ」としばしば合いの手を入れるのである。その中で頻繁に顔を出す注目すべきことは、母親に対する批判が強く出されることである。部活や進学、ボーイフレンドやガールフレンドの問題など話題はさまざまであったが、誰もが母親に対して深い反感を抱いていることがわかった。それは重大な問題であった。

わが国ではこれまで母親の愛は無償の愛であり、母親は愛の権化であるかのようにいわれてきた。これが全くの誤りであることは最近では多くの人が知っている。学生達も母親の愛情を確信しつつも、それが自分の生き方を縛るものであることを体験的に知っていた。しかしそのことを口にはできなかったのである。一人がそのような発言をすると皆が堰を切ったように「うちもそうだ」と合いの手が入るのである。

このようなゼミナールを半年もつづけてゆくと、やがて皆母親にもそれなりの理由があることが分かってくる。そこから始めて社会科学に向かうのである。

私の考える教養教育はこのような理解に尽きるのだが、それを大学の教官に理解してもらうことは大変難しかった。あるときＮＨＫテレビの企画で教養について話をする機会があった。そのとき東大のある教師にこの話をしたことがある。彼は言下に「そのようなことは大学ではなく、高等学校以下でするべきことだ」として私の教養教育論に反対を示した。このような教師が一橋大学にも多かったのである。ある英語の教師は私のところへ来て、「教室は水場ですよ。学生を水場まで連れてくることは出来ても飲ませることは出来ないのですよ」といった。私は思わず「そこに水があると思っているのは先生だけなのではないですか」といってしまった。

教師はいうまでもなく、自分が教えている教科が誰にとっても絶対に必要なものだと思っている。教師は大学院で勉強した時から、そう思い込んでいるのである。ところが現在大学生は同世代人口の五割近くを占めている。それほどの数の学生達が、大学教師になったエリート達と同様な価値観を持っているはずがない。彼らは大学で教えられている教科がどのような価値をもっているのかを知らず、少なくとも自分とは関係がないと思っているのである。大学における教養教育はまずこのような学生を知ることから始めなければならないのである。そして彼らの一人一人が自分を発見し、社会の中における自分の位置が解るまで指導しなければならないのである。大学の構造が今では戦前とは全く違ってしまっているのに、教師は今も自分が学んだ学問が誰にとっても価値があるものだと思い込み、それを理解しない学生を馬鹿にしているのである。

大学はこのような状態の中で確実に死にかけている。そのような大学に最近では市場論理を導入し、独立行政法人にすることが決まっている（二〇〇四年四月より独立行政法人になった）。それがどのようなことになるのかは後で論ずることにする。

学長室の日々

学長に就任した時私は五十七歳であった。一橋大学の学長の任期は一期三年であり、二期近く務めた増田先生を除いてこれまでの学長は通例では皆一期しか務めなかったから、学長を終えた後は教授に戻るのが常であった。そのために学長になっても研究室はそのままの状態で残されていた。

学長室にはプライヴァシーがない。用がある人は誰でもどんどん入ってくる。そのような付き合いに疲れると私は研究室に戻って暫らく休んだのである。しかし最初の秘書はそのような私の心理状態を知らず、研究室に戻っても数分もすれば電話をかけてきた。こうして休む暇もない状態になっていった。尋ねてくる人の大半は事務関係の人であり、はじめは教官などはほとんど来なかった。学長の仕事の中心は学部長会と評議会であった。その二つの会議の準備のために、打ち合わせが行われる。その打ち合わせをはじめてしてみて、これは問題だと思った。なぜなら打ち合わせをするのは庶務課の課長以下の数名だけであり、これでは教官と学生の立場を代弁するものがいないと思われた。教官の立場は私が代弁するとしても学生の立場を代弁するものがいないのである。

そこで私は会議の準備の打ち合わせに各課の課長を集めることにした。こうして学生部の課長も出席できることになり、それで一応の形は出来たが、さらにもうひとつの問題があった。当時の一橋大学には女性の課長がいなかったのである。学部長会や評議会を通じても女性が一人もいない。そこで私は、一年後には秘書の女性を部所長懇談会に出席させ、女性に関わる問題があれば指摘してくれるよう頼んだのである。しかしこれは事務の人々には大きな波紋を投げかけることになった。部所長懇談会はすでに述べたように非公式の会合であり、学部長達以外には庶務課長しか出席していない。しかし大学の重要な問題はまずそこで議論されるのであり、最も重要な会議であるともいえる。そこに一介の秘書が出席することになったのである。私は知らなかったが、そのことが事務官の間では問題視されていたらしい。もとより私は秘書の部所長懇談会への出席については局長に話してあり、局長も承諾してのことであった。しかし問題はその秘書が終に何も発言をしなかったことにあった。今になってみれば、彼女には気の毒なことをしたと思っている。

ある日湘南白百合学園高等学校の二年生が尋ねて来た。一橋大学を志望しているという。そのために大学を見に来たというのだが、思いがけないことなので少し驚かされた。私もかつて一橋大学を志望していたが、入学前に学長に会おうなどと考えたことはなかった。そのときの生徒は二年後に実際入学した。その次の年にも同じ高校の生徒が尋ねてきた。聞くところによればこの高等学校では学長に会えれば合格するというジンクスが出来ているという。近頃の高校生についてはいろいろ言われているが、何事にも積極的なところは評価してよいのではないだろうか。

学長に就任して一週間たったとき、カナダのマッギル大学の学長が尋ねてきた。彼は私が学長になって一週間だと聞いて、自分は七年目だといっていた。訪問の目的は大学間協定の締結にあったが、このような外国からの客人の場合は別な場所で一夕歓迎会を催すことになっていた。このような対外的な仕事も多く、これが意外に大変なのである。訪問者は引きも切らず、多いときには昼と夜の二回の食事を訪問者としなければならないこともあった。この頃には副学長の制度もなかったし、時には学部長に代わってもらうこともあったが、たいていは私が出席しなければならなかった。

トルコ訪問

外国からの客を迎える以上、当然答礼が必要になる。前学長の頃から課題となっていたトルコ訪問を私がしなければならないことになった。アンカラ大学とは交流協定が締結されることになっていたが、締結は一橋大学がトルコを訪問してなされることになっていたらしい。一橋大学では学長の外国訪問には事務官がついて行く慣習があった。トルコ訪問には庶務部長と庶務課の課員のほかトルコ担当の教官が二人同行することになった。同行する事務官は局長が選んだのだが、不思議なことに全員が一緒に出かけるのではなく、まず教官二人と庶務部長が二日ほど先に出発し、その後で私と庶務課員が出発することになっていた。教官の場合は先方との打ち合わせがあるから当然としても、事務官も前もって出かけてゆく理由が私にははじめはわからなかった。英語も出来ない事務官がついていっても何の役にも立たないのである。暫らくして解ったことだが、外国出張は一種の特典であり、事務官にとっては骨休めだったのである。

先のマッギル大学の学長にしても諸外国の学長たちはみな日本に関する専門家を一人だけ連れてくるが、事務官などは一人もつれてこない。日本の国立大学はまさに後進国の典型であった。かなり後にニュージーランドのオークランド大学に行ったときも、私が多忙で一日だけしか滞在できなかったのに、事務官は私が単身帰国した後数日間滞在していた。このようなことは日常茶飯事であったが、それを就任直後に変えてゆくことは困難だった。

そして、トルコのアンカラ大学を訪問することになった。私たちがアンカラ空港に着いた時、他の乗客が飛行機から降りた後そのままでいてくれというのですこし待っていると、パスコントロールも税関の検査もなく、そのまま宿舎に案内された。アンカラ大学は国立大学だから、皆さんは国のお客さんだという。教官の一人が町でトルコの貨幣に交換しようとした時、付添っていたトルコの官吏が大勢の人が列を作っていた先頭に教官を案内し、真っ先に両替できるようにしてくれた。何から何まで特別の待遇であることに驚かされた。

アンカラ大学の副学長は女性であり、教官にも女性が多かった。学長はかつてフンボルト財団の奨学生であったために、ドイツ語が出来たので、私と話が合った。

その後アンカラ大学の学長が一橋大学を訪問してきた時のことである。数人の女子学生に囲まれてご機嫌の様子だった学長は皆さんをトルコに招待しましょうといい、実際その学生たちはトルコに招待され、出かけて行くことになったのである。こうしたことはわが国の大学ではあり得ない。アンカラ大学が政府と密接な関係を持っている大学であるだけでなく、学長が大統領から任命されるというこの国の事情のためである。

イスタンブールもアンカラも町並みは美しく、熊を連れた男が町を歩いていたりし、驚かされたこともあるが、全般には落ち着く町であった。ヨーロッパに行くと何処でもやや緊張するが、トルコではそのような緊張感もなく親しみを感ずることができたのはここがアジアだからだろうか。しかしその一方、郊外に不法に建てられた仮住まいに暮らす人々の数も圧倒的であった。一夜にして建てられた家という意味のゲジェ・コンドが丘を占領し、貧しさは覆うべくもないが、このようなトルコの底辺にいる人々はイスラム原理派が多いという。経済的には恵まれていないが、何事にも積極的に見える。彼らの中にはドイツで働いていたものも多く、ドイツ語が出来るものも少なくなかった。大学で出会う人々は上流階層の人々で、そこでは男女は同じ比率で上層にも進出していた。

トルコはイスラム諸国の中ではヨーロッパに顔を向けており、高等学校にも英語、フランス語、ドイツ語だけで教育を行う学校があるということだった。欧米化は確かに進んでいるように見えたが、下層民の動向が上層の動きとずれており、不気味な気がした。

アンカラの絨毯屋に案内された時、埃まみれの店でピザなどをご馳走になったが、主人は日本の大学の学長は威張っていないと感心してくれた。博物館を案内しようといわれたのに、私はバザールの方が良いと返事をしたためかもしれない。その絨毯屋の主人は後に一橋大学を尋ねてきた。

佐野書院

国立キャンパスの南に佐野善作元学長の書院があった。御遺族から大学に寄贈されたものである。広い庭の中にある二階建ての瀟洒な建物で、外国人研究者などの宿舎に当てられていた。その建物が老朽化したために建て直しが必要だった。国費では賄えなかったため、如水会に寄付を仰ぐことになっていた。かなり前からその話は出ていたのだが、私が学長に就任した後、具体的な話になってきた。しかし如水会と大学とで話に食い違いがあり、面倒なことになっていた。大学側では外国人の研究者が訪ねてきたときの宿舎として、また同時に研究会などができる建物が欲しいと考えていたが、如水会側は単に佐野書院の建て替えと考えていた。建て替えだけなら数億でできるが、大学の希望を入れるとその数倍もかかるということでややもめていた。

多少ごたごたしたが、最終的には大学の案に従って建てられることになった。しかしそこで問題が発生した。佐野書院がある土地は一橋大学のものではあるが、普通財産とされていた。キャンパスは行政財産であり、そこでは大学の裁量でかなり自由に建築物を建てることが出来た。しかし普通財産の場合、そこが特に住宅地である場合には大きな建物は建てられなかったのである。佐野書院の場所は第一種住宅専用地域であったから、大学が計画していたようなゲストハウスは建てられないというのである。そこで東京都と話し合いに入ったが、規則をたてにとって大勢の人が出入りするゲストハウスは建てられないの一点張りなのである。

私は局長とともにまず文部省に行き、その後建設省その他の役所に行って事情を聞いてきたが、国の機関と東京都の間には決定的な距離があって、どうにもならなかった。最後には鈴木俊一都知事にも会ったが、彼は憮然とした様子で、こちらの言うこともほとんど聞いていない雰囲気であった。結局新しい佐野書院は学長の官舎として建てるということで都の了解も得られ、工事が始まった。工事開始まで一年以上かかったことになる。そして、計七億五千万円かけて立派な佐野書院が出来上がった。この建物は以後一橋大学の国際交流などの会合に大きな威力を発揮することになった。佐野書院と同時に如水ゲストハウスも国立の東に作られた。これは外国人研究者の宿舎として如水会の援助で建てられたもので、こうして国際交流の拠点が出来上がったことになる。

これらの建物は皆如水会の援助で出来上がったのだが、一橋大学と如水会の関係についてここで触れておく必要があるだろう。

如水会

如水会は大正三年（一九一四）に創立され、定款の第二章、目的および事業の第四条で「本会は、一橋大学の目的および使命の達成に協力し、わが国経済、社会文化の発展に寄与し、あわせて会員相互の親睦、知識の増進を図ることを目的とする」と定め、行うべき事業の第一に、「一橋大学の後援および相互の連絡」を挙げている。

通常の同窓会なら会員相互の親睦を第一に挙げるのに、如水会は一橋大学の目的および使命の達成に協力することを第一に挙げている。実際私が学長の間だけでも、小平の如水スポーツプラザをはじめとして佐野書院、如水ゲストハウス、国立の学生会館、近代経済学の創始者の一人、カール・メンガーの旧蔵書を保存する、図書館のメンガー文庫関係などに大きな寄付をいただいたが、そのほか教官の海外渡航、寮の運営費補助、学生の海外留学費、図書購入費、もろもろの諸費用についても援助をいただいていた。それらは神田の如水会館の運営の中からあがった利益を基にしていたから、最近は援助額はかなり減少している。しかし私が学長であった頃には如水会の援助はそれまでで最大の額に達していた。

大学が何かの問題をかかえ、費用が必要になると一橋大学では何かというとすぐに如水会頼みの風潮が生まれていた。如水会の内部にもそのような傾向に危惧の念を持っている会員もいた。

このような事情はどうして生まれたのだろうか。いうまでもなく、本学創立の事情に負うところが大きい。すでに触れたように、一橋大学の前身である東京高等商業学校はわが国最初の商業経済を講ずる高等教育機関であった。明治政府が作った高等教育機関は東京大学等に代表されるが、そこには商業経済は含まれていなかった。森有礼や渋沢栄一たちがわが国の経済の発展を願ってはじめは私学として明治八年に商業学校をつくったのが一橋大学の始まりであった。外国人の講師を雇い、英語で授業をする学校であった。

当時の政府は法学や工学に重きを置く大学を作って良しとしていたが、渋沢栄一たちは商業こそ一国の基礎を築くものと考えたのである。すでに述べたように申酉事件の時には政府が高等商業を廃校にしようとさえしていた。そのような状況の中で同窓生達は一橋大学を支え、それによって日本の経済を守ってきたのである。こういう背景があったから、今でも如水会は一橋大学の動向に深い関心を抱いているのである。

いうまでもなく、商業は平和の使徒であり、合理性を培うものであった。日本の社会はいまだ合理的な社会にはなっていない。商業を通じて合理的な生活を作り上げようとする一橋大学の使命はいまだ達成されてはいない。私は学長として仕事をするときにまず日常生活の合理化を考え、日本社会の合理化を課題とし一橋大学の使命を受け継ごうとしたのである。

第七章　ウガンダ訪問

一九九四年七月、アフリカのウガンダにあるマケレレ大学との学術交流協定の締結のために現地へ出かけることになった。社会学部の長島信弘教授が長い間研究対象にしていた場所であったから、教授と事務官ひとりの三名で出かけた。ケニアまでの直行便はない。まずボンベイまでゆき、一泊して次の日にケニアのナイロビに向かった。今回の旅は多少時間があったので、私の希望で旅の途中にキリマンジャロまで足を延ばす旅程を組んでいた。キリマンジャロに登るだけの余裕はなかったから、その麓で数日間サファリをすることになっていた。

ナイロビではスタンレーというホテルで数日間過ごしたが、治安が悪いらしく、ホテルの各階段に銃をもった男が立っていたし、ロビーには娼婦がたむろしていた。都市の治安を守る警備員にはマサイ族の男もいるとのことであった。

長島教授がフィールド調査をしたのはテソという部族で、そこでの経験からか、教授は私に「アフリカの言葉には有難うという言葉はないからそのつもりで」という。その理由を尋ねると教授は「アフリカの人はひとたびしてもらったことについては生涯感謝し続けるので、一度でも有難うといってしまえば感謝の行為はそこで終わってしまう。だから有難うといわないのだ」という。私は「それでは飲み屋のツケと同じだね」というと教授は笑って「その通りだ」と答えた。小樽にいた頃私は、酒も飲めないのに山岳部の学生たちが世話になっていた飲み屋に月に一度は立ち寄って、ビールを一、二本飲んでいた。山岳部の学生に何かが起こるとまずその酒場に連絡が入り、そこから顧問であった私の家に連絡が来ることになっていた重要な場所であった。

あるとき女将が私に「お勘定はそのつど払わないで下さいな」という。どうしてと聞くと「そのつど払われると縁が切れてしまう気がするから」という。そこで私も年に一度だけまとめて払うことにしたのである。

長島教授の話から、私には思い出すことがあった。かつてドイツに留学していたとき、アフリカの学生でジャバクーという男がいた。それはゲーテ協会の語学学校であったが、この男は貧しいらしく、よく私に金を貸してくれといってきた。僅かの金であったから私も貸していた。しかし彼はその金を返すときに一度も有難うといったことがなかったのである。私は何かをしてもらったら、返す時には有難うというものだということを教えたことがあった。しかし彼は呆然とした顔をしていた。私は長島教授に話を聞くまで数十年もの間、その男のことを礼儀知らずだと思っていた。数十年あとになって自分の無知を悟らされるのはなんともいえない気持ちであった。

有難うという言葉が全世界にあるものだという偏見を私ももっていたわけである。アフリカの人々は集団として暮らしており、その全体の中でたとえばものをもっている人間が人に分け与えるのは当然であり、もたないものはもっている人間から受け取るのも当然だと考えているのかもしれない。ウガンダやケニアに滞在している間に、私自身もそのように実感するようになった。マケレレ大学では、学長だけでなく、教授たちもしばしば日本のジャイカ（国際協力機構）による支援の話をしていた。ジャイカが建てた建物もいくつか見受けられた。だから一橋大学も何かの援助をしてくれるのではないかと期待しているように思えた。他国との学術の交流には、このように、文化の違いを認識していなければ見落としてしまう問題が常に付きまとっているのである。

キリマンジャロの麓のコテージはかつてのイギリスの植民地風の建物で、食堂には着飾ったマサイの男がただ漫然と歩いていたり、たたずんでいたりしていた。見世物になっていたのである。そのいっぽう食事や部屋は立派なもので、かつての植民地での生活を偲ばせる雰囲気があった。朝、コテージから車で二十分くらいのところに丘があり、そこからの見晴らしが大変よかった。朝、起き出して散歩のつもりでそこへ登ってみたら、二十人分位の朝食の用意がしてあり、白い服を着たボーイがすでにコーヒーなどを入れていた。今はいつの時代かと錯覚するような光景であった。今でもイギリスやアメリカの人々はアフリカに来ればこのような生活をしているのである。このコテージにはナイロビから車に揺られて行ったが、航空機の便もあり、空路なら僅かの時間で着く。

サファリは退屈であった。何故なら動物たちは人間に関心がないからであり、私たちは車で動物を探して走らなければならなかったからである。象の一群れに行き当たり、車を止めてしばらく観察した。子象が長旅に疲れて倒れ、その周りを大人の象たちが取り巻いているのである。何時までもそのままの姿で取り巻いていた。時間はそこで止まったかのようだった。またキリンが走るのも見た。それを見たとき、私は高村光太郎の詩を思い出した。

何が面白くて駝鳥を飼ふのだ。
動物園の四坪半のぬかるみの中では、
脚が大股過ぎるぢやないか。
頸があんまり長過ぎるぢやないか。
雪の降る国にこれでは羽がぼろぼろ過ぎるぢやないか。
腹がへるから堅パンも食ふだらうが、
駝鳥の眼は遠くばかり見てゐるぢやないか。
身も世もない様に燃えてゐるぢやないか。
瑠璃色の風が今にも吹いて来るのを待ちかまへてゐるぢやないか。
あの小さな素朴な頭が無辺大の夢で逆まいてゐるぢやないか。
これはもう駝鳥ぢやないぢやないか。
人間よ、
もう止せ、こんな事は。

私が見たキリンは動物園にいるキリンとは全く違った生物であった。世界中で人は動物園を作り、動物たちを狭い檻の中に囲い込んでいる。かつて上野の動物園で日本に来てから四十五年たったという札がかけられたガラスのケースに蛇が一匹囲われていたのを見たことがある。私は思わず「お前はこんなちいさな檻の中で四十五年も過ごしたのか」といってしまった。動物園などは廃止すべきである。

ケニアでもウガンダでも話題になったのは、私の名前だった。Kinyaという名は音にすればKenyaと同じだったからである。しかし、同行した事務官の苗字が油田であったために、私の名前よりもはるかに関心を呼んだ。ユダと聞こえたからである。彼らだけでなく、ヨーロッパの人々から見てもありえない苗字だったからである。

ウガンダの首都カンパラは年平均気温が二十四度と過ごしやすく、ヴィクトリア湖も近く、イギリス人が別荘地として好んだのも理解できる土地である。私たちが泊まった宿はナイルというホテルで、西欧風の立派な建物であった。おりからルワンダで騒動があり、アメリカ兵が駐留していたが、将校達はこのホテルに泊まって優雅な生活を送っていた。市場では鶏などを生きたまま買って帰る娘たちの姿が見られた。全体として大変貧しく、当時は観光の絵葉書さえなかった。ちょうどこの滞在中に、新しい憲法の草案をマケレレ大学の教授が作成中であった。その原稿を見て欲しいといわれ、瞥見したが、ジェンダーについても項目があり、なかなかのものだった。あの憲法草案がその後どうなったのかは解らない。

一夕、マケレレ大学の学長達をこのホテルに招待して懇親会を計画した。宴会は八時からと一応時間を決めたが、八時には誰も来なかった。十時を過ぎた頃、二人ほどやってきて、全員が揃ったのは十二時を過ぎた頃であった。揃ったときには料理はすでになく、飲み物の希望を聞けば皆がシャンパンがいいという。このときの経費がいくらかかったかは知らないが、アフリカの人々の生活のスタイルはある程度解ったような気がした。

大学で私たちの歓迎の宴が開かれた時のことである。様々な飲みものがある中で、たまたまウガンダ産のビールを飲んでいたら、いろいろな人がやってきて、さかんに同じビールを注ごうとする。それを皆受けていたら、長島教授が「こちらでは一つの種類のビールを飲んだら、ずっとそれを飲み続けなければならないのですよ」と解説してくれた。

長島教授のテソ語が上手だと褒められ、どうしてそんなに上手なのかと聞かれて、教授は「ピロウランゲージ」と答え、笑いを誘っていた。長島教授は人類学者で、普段は余り付き合いはなかったが、この旅行で人柄もわかり、楽しく旅が出来た。彼が若かった頃、テソ族の村で過ごした生活についても、あるいはテソの娘との恋愛の話など、旅を共にしながら興味深い話を沢山聞くことができた。長い間大学にいても互いに知り合うチャンスは少ない。旅にでも出なければこのように知り合うことはなかったであろう。教官同士ですらそうなのだから、事務官とはほとんど接触もないのである。

学長選考規程の問題

私が学長に選ばれた直後、小樽商科大学の学長が訪ねてこられた。私の学長就任はまだ発令されていなかったから、その時は研究室で仕事をしていた。そこへ庶務課から電話があり、小樽商科大学の学長がお会いしたいとおっしゃっているという。会議室で会うことになった。会議室へ行ってみても私にはどの人が小樽商科大学の学長か解らないのである。そこには庶務課長のほか何人かの関係者が座っていた。庶務課長がすぐにでも立って紹介すればよいのに、誰も立ち上がらないので、私は誰に挨拶すればよいのかわからない。当時の私は、庶務課長の顔すら知らなかったのである。

後日、事務局長が研究室に来て、就任以後の事務の予定について話し合った。局長はまず緊急の課題について説明した。それは、前学長のもとで行われてきた小平の移転改築問題と教官組織問題、そして学長と学生部長選考問題についてであった。小平の移転問題について、私は小平地区にとどまって何とか解決すべきだと思っていた。すでに述べたように、この問題に費やした教官と事務官の莫大なエネルギーを考えて私はそのエネルギーを無駄にしてはならないと思い始めていた。しかし学長などの選考問題についてはほとんど抽象的な考えしかなかった。一橋大学の学長選考は他の大学とかなり違っていたし、その規程を作るのに関係があったのは私の恩師上原専禄教授であったから、私はこの選考の形は守るべきだと思っていたのである。

一般の教官や学生が理解しているところでは、一橋大学の学長と学生部長選考問題とは、選考に学生と事務員が関わっているということくらいであった。特に学生が候補者を除斥する権利をもっている点が文部省から注文をつけられていると考えていたのである。事実は必ずしもそうではなかったのだが、私もその程度の理解しかもっていなかった。そこで私は事務局長に選考問題についてさまざまな資料を集めてもらい、それを徹底的に読むことからはじめた。

そうこうしているうちに一九九二年の十二月一日になった。文部省に行き鳩山邦夫文部大臣の代理から辞令を受け取り、次の日に再び文部省にいった。学生部長が私とほぼ同時に選ばれ、その発令の問題があったからである。学生部長には油井大三郎教授が内定していた。油井教授はその時組合の委員長であったから、組合の委員長を管理職にすることについて組合から問題を指摘されていた。このように私は自分が学長に選ばれた直後に文部省で学生部長の発令について交渉しなければならなかったのである。十二月二日の十一時五分から交渉が始まった。

学生部長の選考のありかたについては慎重に検討してきたが、現在の学内の諸状況から見て具体的な措置をとるところまでゆかず、今回は従来の手続きで選考を行わざるをえなかったことをまず最初に説明した。学生部長の選考に教官以外のものが参加することになったのは昭和四十四年二月以降のことであるが、一橋大学では昭和二十一年一月に「大学長推薦規則」が制定され、学長の選考に教官以外のものが参加することになった長い歴史があり、この考えが一貫して学内に強く定着していることを述べた。これにたいして審議官から「前回の学生部長の選考の際にもその手続きに問題があるということで、評議会および教授会において引き続き検討を重ねると回答があったが、どのような検討を行ったのか」という質問があり、同席していた中川学経済学部長が説明をした。

選考補足メモは提出してもらえるのかという審議官の質問に対しては、塩野谷祐一前学長のもとで私の発令をめぐる交渉の際に提出したのと同じ補足メモを私が読み上げた。これは評議会と教授会において審議し、承認を得たものである。それは、「今後の対応としては適切な機関において、さらに具体的に引き続き誠意をもって検討し、早急に所要の措置を講ずることとし、その過程において文部省とも必要に応じ、意見交換を行うつもりである」という文言であった。そしてこの補足メモの提出によって学生部長の発令をしていただきたいと述べた。この文言の一字一句には文部省との確執の歴史が刻まれているのだが、これについては後に触れる。

さらに審議官から「次回までに改める」という言葉はいただけないのかという質問があった。

私は「次回までに改める、とはいえないが、誠意をもって検討することは約束する」と述べた。さらに大学の現在の状況についてさまざまな発言があったあとで、私が「就任してまだ二日目である。まだ三年あるので、今後に期待していただきたい」と述べて交渉を終えた。全体で三十分ほどであったが、私には二時間にも感じられた。その後、私の最後の発言が文部省内部で問題になったと聞いた。学生部長の任期は二年なのに私が三年後と述べたためである。私は自分の任期のことを考えてこういったのだが、学生部長の発令の交渉であるから確かに三年といったのは適切ではなかった。

大学長推薦規則

この交渉で問題になった事柄はすべて第二次大戦敗戦直後の昭和二十年十二月十一日に、高瀬荘太郎東京産業大学学長が教授会で語った言葉に由来している。高瀬学長は、「学園ハ学術研究ナル共通ノ目的ヲ有スル研究者、教職者、並ビニ学生ニヨリテ構成セラレタル協同体ナリ。――大学長トシテ推薦セラルベキ者ノ選定ニハ各部科研究者、教職者全員ノ意志ヲ参加セシムベシ。――其ノ推薦ニ当タリテハ適当ニ学生ノ意志ヲ反映セシムベシ」と述べた。その後昭和二十一年一月十四日に「大学長推薦規則」が制定された。そこでは教官のほぼ全員と高等官たる職員が選挙権をもつことになっている。

またこの規則には内規があり、「推薦委員会が推薦せんとする候補者に学生の総意を徴し、適任ならずと認むる者あるときは之を候補者より除斥するものとす。除斥は六月以上在学する学生の投票に付し、総数の三分の二以上の得票ある候補者に付き之を行う」としている。

それ以前の学長の選定の方式は現学長が次期学長として推薦する人を選定し、これを文部大臣に具申、内閣の任命を受ける形式となっていた。しかし本学においては佐野善作学長以来、学内の決定がそのまま内閣の任命となり、大学は実質的に自治を確保してきた。昭和二十一年六月にこの推薦規則に基づいて学長選挙が行われ、上原専禄教授が選出された。この時は文部省もすぐに発令し、なんら問題はなかった。

この推薦規則が生まれたのはいうまでもなく、敗戦直後であり、戦場から復員したばかりの学生たちの新しい学園に対する期待と民主化の波の中にあった。学生達は上原教授と戦時中に追放された大塚金之助教授の二人を支持し、運動を起こしていた。敗戦直後であったために、教授たちの中には戦時中の言動を問題視される人もいた。上原教授はそのような学生達の強い支持を受けていたのである。しかし上原教授はそのとき四十七歳であり、専門部の教授であった。上原教授よりもはるか年長の教授たちが数多くおられた中で突然学長に選ばれたから、その後の学園の運営は容易ではなかった。しかし上原教授は新任の学長としてそのような状況の中で学園の改革を断行し、社会科学の総合大学の設立という課題を掲げていた。

社会科学の総合大学という構想は一九四七年の新制大学の構想の中で具体化されていった。東京商科大学は学部、予科、専門部、商業教員養成所と研究所から成り立っていた。これらの全体を含む新制大学を社会科学の総合大学として作るべきだという要請があった。文部省との折衝の中で商学部、経済学部、法学部のほかに社会教育学部を作る案になっていったが、最終的には法学部と合せて法学社会学部という形で収まった。

一九四九年五月三十一日、国立学校設置法が公布され、東京商科大学に代わる一橋大学が発足した。新学長には中山伊知郎教授が就任した。このとき以後「大学長推薦規則」によって、中山伊知郎、井藤半彌、山中篤太郎、高橋泰蔵、増田四郎の五名の学長が任命され、発令にもなんら問題はなかった。しかし増田学長が昭和四十二年二月に再選された時、学生の除斥投票の結果の公表をめぐって不祥事があり、推薦委員会が解散するという事態が生じた。その結果この時から除斥投票の結果が公表されることになった。

この頃全国の大学は紛争のさなかにあった。一橋大学には当初紛争の火種がないかに見えた。国立の学園では静かに研究と教育が行われていたのである。この時、増田四郎学長が週刊誌『週刊現代』(昭和四十三年十二月十二日号)のインタービューで「一橋大学は学内の行政がガラス張りのために」今の所紛争は始まっていないという主旨の発言をした。このインタービューは当時紛争の渦中にあった東京大学と比べて一橋大学がいかに安泰であるかを誇る内容となっていて、当時の学生はこの言葉に刺激されたものと考えられる。特に学内行政がガラス張りだという理由として学長候補者に対する学生の除斥権を挙げていたから、まさにその問題に関心をもっていた学生を一層刺激したことは確かであろう。

増田学長のこの言葉が火付け役となり、一橋大学でも騒動が始まった。しかしそれはきっかけに過ぎなかった。すでに昭和四十三年十月二十一日の国際反戦デーに向けて前期自治会の学生大会ではストライキが可決され、十一月一日にはバリケードストが行われた。この時の問題は学生大会での決定が大学の意思決定とどのような関係にあるのかという点であった。自治会の要求は、学長選考における学生の除斥権について従来の三分の二以上の反対による除斥から、全学生の二分の一以上の反対による除斥に変更するよう求めるものだった。

昭和四十三年十二月十三日には前・後期自治会と評議会の団交がはじめて行われ、ここで以下の事項が確認された。「学生と評議会との団交において討論の結果、双方の一致した事項は確認事項として双方が文書を交換することによって確認する。これは学生と評議会との決定であり、評議会はこれを教授会にかけ、評議員はその実現のために努力する。ただし、教授会の決定が学生・評議会の合意事項と異なった場合、評議会は学生との合意事項に拘束されており、学生と再交渉しなければならない」と定められた。これはその後長い間「確認書方式」として定着していった。

その直後の十二月十六日の団交では「一、学生部長候補者についての学生の拒否権(除斥投票)を認める。二、除斥は全学生数(学部生・院生)の二分の一をもって成立する。三、除斥投票の結果を公表する」といったことが確認され、こうして学生部長選考への学生参加がはじめて認められた。その間に増田四郎学長が徹夜団交の際に病に倒れ、昭和四十四年(一九六九)一月十三日田上穣治法学部長が学長代理となり、学長の選出問題が全学問題の中心となった。

こうした中で後期学生評議会と三自治会が評議会と別々に団交を行い、確認書などがまとめられていた。こうした事態を学生は学生自治の分断と見なし、二月二十八日から三月一日にかけて三自治会と評議会が同席する場で団交が行われた。そこで交わされたのがすでに述べた「三・一確認書」である。会合は学生諸団体と行うが、団交、確認書の学生側窓口は自治会であることを評議会は認め、学長選への要求も認めた。こうして大学の管理運営に学生が関わる「一橋方式」が確立したのである。

その間にも学内はバリケードストライキによってしばしば封鎖され、増田学長が三月十日に辞任したあと、学長代理もしばしば代わっていた。あたかもこの時大学の管理運営に関する臨時措置法案（大学立法）が国会に上程され、全国の大学で反対の声が湧き上がっていた。一橋大学でも評議会と各部所教授会連名の「大学緊急立法措置に反対する声明」が出され、この問題に関する会合などの要求が学生から出されていた。国立の本館も封鎖され、前期、後期の学生大会で大学立法反対ストが決議されていた。この頃私は小樽商科大学にいた。そこでも紛争があったが、その間の経過についてはすでに『北の街にて』（『阿部謹也著作集』第九巻　筑摩書房）で描いているのでここでは繰り返さない。

一橋大学では増田四郎学長が辞任してから三年間も学長不在の状態が続いた。新しい学長を選ぶことが出来なかったのである。学長事務取扱を置いてしのいでいたのである。学園紛争の中で学生の発言権が強まり、学長選考規則について学生側から新しい要求が出されていたためである。昭和四十七年一月十四日に自治会と評議会は確認書を取り交わし、新しい学長選考制度として次のことを確認した。「一、除斥は投票者の総数の二分の一以上に当たる投票によって成立する。二、在籍する学部生・院生が投票権者となること。三、除斥投票の結果を発表すること。四、投票の管理は、学部生・院生と教官の共同管理とすること。また規則のうち学生に関係する条項および内規の改正については、団交での決定を経て行うこと」等を内容としたものである。また教職員組合と評議会との間では一月二十八日に学長選考に関して確認書を取り交わし、特に職員については職員の第一次選挙で三名の候補予定者を選出し、第二次選挙は五等級以上の役付き職員の数を全職員の数で除した数（いわゆる調整数）によって全職員が選考に参加するというものであった。

文部省との確執のはじまり

こうした変更には学長選考規則の改定を諮る有権者総会の開催が必要であったが、本則の改正を行わずに次期学長の選挙を円滑に行うための暫定的な措置として「学長選考についての特例に関する決定」が評議会で了承された。昭和四十七年には五年ぶりで学長選考が行われ、都留重人教授が学長に選出された。しかし都留教授の学長の発令に関しては問題が生じていた。文部省が「一橋大学の学長選挙に学生や事務職員が加わったのは不適当」として任命を保留したため、馬場啓之助学長事務取扱が文部省に「今回限りの暫定的な措置」という一札を入れてようやく発令になった。この一札が三月三十日の『朝日新聞』で明らかとなり、院生自治会から「抗議と要求」が出されることになった。ここに最近までつづく「補足メモ」の歴史の原点があったのである。

長い間一橋大学の学長選考には文部省から何の問題も指摘されてはこなかった。それなのに何故この時点で突然文部省から注文がついたのだろうか。この点を見るにはまず、昭和二十四年一月に「教育公務員特例法」が施行されていたことを想起しなければならない。その第二章第一節に学長の任免に関する条項があり、「学長の採用のための選考は、人格が高潔で、学識が優れ、かつ、教育行政に関し識見を有する者について、評議会(評議会を置かない大学にあつては、教授会。以下同じ。)の議に基づき学長の定める基準により、評議会が行う」と規定されている。

ここには「学長の選考は評議会が行う」とあるだけでそれ以外には特段の規定はない。文部省は規定を援用して、「学長の選考は教官のみによって行う」と解釈し、一橋大学の学長選考規程は教育公務員特例法に違反していると考えているらしかった。しかし学内では一橋大学の学長選考規程は昭和二十一年に決められたものであり、教育公務員特例法よりも古いものだという主張もあった。またその解釈についても文部省のような解釈は取らないという主張もあった。

この時点で文部省が一橋大学の学長選考規程について注文をつけはじめたのはこの頃の学園紛争の中で各大学に似たような規定が生まれていたためであったと考えられる。たとえば名古屋大学では第一次選挙後に職員・学生の意向投票を行っていた。これにたいして文部省から指摘があり、名古屋大学は「意向投票が行われることは問題があるので、今後改善するよう引き続き努力していきたい」としている。京都教育大学や神戸大学などでも同様な状況であった。

馬場啓之助学長事務取扱が二名の評議員とともに文部省に都留新学長の発令のための折衝に赴いた時、大学側の基本的姿勢は今回の学長選考は教育公務員特例法の枠内にあるとしていた。何故なら選考は研究・教育の担い手である教官によって行われたからであり、学生と職員の参加のあり方については従来の歴史的実績を尊重して行われたと考えていたからである。これに対して文部省の質問は以下のようなものであった。「一、現行規則第十条で定める有権者総会を開かなかったのはなぜか。二、教職員組合および学生と確認書を取り交わしたことに関連してその場合の組合の性格をどのように考えているのか。また確認書に『将来の改正については合意を必要とする』旨の記載がある点は評議会の自主的判断を拘束することにならないか。そのほか学生の除斥投票の成立要件を二分の一に変更した理由は何か」。また、職員参加についての質問なども続いた。

これらの点をめぐって多様な議論が展開されたが、最後に文部省側が「当方としては第三者に与える影響を考えざるをえない。現行規則との関連で手続き上疑問が多い。学生参加については他大学にも例のあることだが、職員参加の方式には重大な疑問がある。特に最終選挙への参加については歯止めが欲しい。これが今後ゼロの方に進んでいくというならよく解るのだが」と述べて第一日目の折衝を終了している。三月二十一日。この時文部省が「表現は相談するとして、当方と大学側との共通認識を内容とする文書を作りたい。手がかりとして、口頭でもよいのだが、話を確かめるうえではメモのほうが適当だから、大学側でメモを作って出して欲しい」と求め、大学がメモの提出を承諾している。

そこで大学は評議会に諮り、メモの原案を作成し、文部省に渡した。それに対して文部省の人事課長から電話があり、「メモはあのままでは了承し難い。今回の選考は手続きの上で瑕疵《かし》があったということを認めて欲しい。また将来に向かって検討するという意向を表明して欲しい」という内容であった。そのあと大学と文部省の間で何回かメモの往復があり、三月二十八日に大学側の第二次メモに加筆した文部省側の第二次メモが届けられた。その内容は以下のとおりであった。

「一　今回の学長選考を行うにあたり正規の手続きによらずに進めたことは形式的に不備であったが、これは今回限りの暫定的な取扱という意味で、このような措置を講じたものである。新しい学長選考規則は現行規則の改正により制定されるものであり、その改正は同規則第十条の規定に従い、正規の手続きを経てなされるべきものと考える。

二　学長選考の方式は、教育公務員特例法の趣旨に従い、評議会の自主的な判断により決定され、実施されるべきものと考える。今回の暫定的な選考方式を定めるに当たって職員等と合意した事項は、いずれも評議会が自主的に決定した事項について取り交わしたものである。これについて、教育公務員特例法上の評議会の権威をそこなうような取り扱いを行わないのは当然である。

三　教官以外の大学構成員の意向を反映するための今回の措置は本学の歴史的な実績を考慮し、この実績の限度内で、これら構成員の参加を補足的に認めたものである。

学長の選考にあたっては、研究・教育の直接の担い手である教官の意向が中心的役割を果たすべきであり、今後その他の大学構成員の意向を反映させるにあたっても、このような教官の中心的役割を貫くべきものと考える。

四　なお、今回の上申にさいし教育公務員特例法に関連して提起された疑点については、当方として十分検討し、このような疑点の生じないよう所要の措置を講ずることとしたい」

同じ日に評議会が開かれ、このメモが提示された。評議会はこのメモの文面の曖昧さは解釈に際して幅をもたせる余地を残しており、大学独自の見解をもつことができるものと理解してこのメモを承認するか、あるいは曖昧さをさらに文部省と折衝して詰めるかに議論が分かれたが、学長の発令の時期が迫っていることもあり、各部所教授会の審議にかけることにした。同日の午後六時から開かれた評議会で各部所教授会の審議結果を集約し、次のようにまとめた。

文面が曖昧なことはかえって大学独自の解釈の幅を残している。それを詰めることは将来における大学側の検討内容を拘束するおそれがある。ただし将来を拘束するおそれをなくすためにメモ第三項第二段の「今後」をとり、「学長の選考にあたっては」の前に「教特法のもとでは」を入れることを要求する。

これに対して文部省側は修正には応じられないという態度であったので「大学としては第三項の『今後』というのは『教特法のもとでは』の意味であると解釈することとしたいが、それでさしつかえないか。文部省側がそのような解釈ではいけないといわれると困るのだが」といったのに対し、文部省側は「そのようなことは言わない」といったのでこの文章で了承することになったのである。

このようにして都留学長の発令を巡る文部省との折衝は終わった。しかしこのメモがそれから長く続くメモの歴史の始まりであった。以上で解るとおり、メモの歴史は文部省と大学との共同作業であり、それが一橋大学の学長選考をめぐる対立の実情なのであった。

昭和五十年七月二日に大学は文部省に「学長選考規則等の一部を改正する規則の制定について」と題する報告を行った。それは五等級以上の役付き職員の学長選考への参加を定めたもので、それ以外は前と同様であった。それに対して文部省の大学局長から文書が届けられ、「下記の点については適当ではないので、さらに検討されるよう願います」とあり、以下の三点があげられていた。

一、学長として推薦される者の選挙に教員以外の者が参加すること。
二、学長候補者推薦委員会が候補者を推薦しようとするときに職員および学生の総意を徴すること。
三、学長選考規則の改正は評議会構成員以外のものの承認を受けなければならないとすること。

この文部省の通知に対して三自治会から団交要求があり、昭和五十一年一月二十六日に団交が行われ、確認書が交わされた。その内容は次のようなものであった。

一、「学長選考規則等の一部を改正する規則の制定について（通知）」（昭和五十年八月十日付）において述べられている三点を不適当とする文部省の見解は、昭和四十四年三月一日付の確認書にもられた本学の自治理念と相容れないものであり、この方向は本学においてはとらない。

二、かりに文部省による大学自治に対する干渉と解されうるような事態が生じた場合にも、本学は、上記確認書にもられた自治理念にそってこれに対処する。

この確認書には小泉明学長が署名している。先に述べたように学長選考の際の補足メモは大学と文部省の共同作業のなかで作られていた。しかしこの確認書においては大学は補足メモにもられた内容からかなり後退して三・一確認書の内容を守るという立場に戻っている。これから後大学の学生自治会に対する態度と文部省に対する態度との間には乖離が見られ、その点が大学と学生自治会の論議の的となっていった。

昭和五十五年七月四日と八日に行われた団交において現行学長選考制度をめぐって次のような確認書が交わされた。

一、三十年来続いている本学学長選考制度は、学内的には有効に機能してきた。したがって、いかなる場合も現行学長選考制度をあくまで擁護し、かりに、今後発令拒否という事態になった場合にも、本学の自治理念にもとづいて、事態に対処する。

二、教育公務員特例法の解釈については、本学の自治理念と相容れない文部省の見解はとらない。なお、右記「一」に関する討議において提出された「人事問題の対外折衝は、大学執行部の責任に属するものであるから、団交の議題になじまない」とする評議会の主張をめぐり、評議会と三自治会との意見は対立したままとなっている。この確認書には宮澤健一学長が署名している。学生側は補足メモの作成段階についての情報を求めており、このような主張となっていたが、大学側はそれを認めず、この点の対立も長いあいだ争点となっていった。

選考補足メモの経過

そこで以下においては補足メモがその後どのように扱われてきたのかを見てみよう。

先に馬場啓之助学長事務取扱のもとで作成された補足メモを挙げておいた（264～265ページ）。その次が昭和五十年七月二十四日の小泉明学長事務取扱のもとでの補足メモである。このときは小泉明教授が候補者となっていた。文面は以下のとおりである。

学長選考規則改正理由説明書補足

このたびの学長選考規則の改正に当たっては、教官の意向を中心として行うことを基本とし、評議会の定めるところに従って、教官以外の大学構成員の意向を学長選考に反映させることとした。

この評議会の定めとしては、その趣旨に基づき教官以外の構成員との間に、参加の具体的なあり方について、それぞれ異なる方法をとることとしている。

しかしながら、教官以外の大学構成員の学長選考への参加の望ましいあり方については、なお検討すべき点があり、かつ、今回の評議会の定めについて、教育公務員特例法の趣旨に反するのではないかとの疑点も残されていることでもあり、なお引き続き検討し所要の措置を講ずることとしたい。

この補足メモの形がそれ以後受け継がれて行くことになる。このとき選出された小泉明学長は病のため亡くなられたので、宮澤健一学長事務取扱のもとで選考が行われ、蓼沼謙一教授が候補者となった。そのときの補足メモは次のとおりである。

選考報告書補足

このたびの学長選考は、小泉明学長の在任中の急逝という事態に伴い、すみやかに学長選考の手続きを開始して、現行の学長選考規則（昭和五十年五月十二日改正）に基づき実施したものである。

したがって、今回の学長選考は、昭和五十年七月二十四日付学長選考規則改正理由説明書にあるとおり、教官の意向を中心として行うことを基本とし、評議会の定めるところに従って、教官以外の大学構成員の意向を学長選考に反映させ、参加の具体的なあり方については、教官と教官以外の構成員との間にそれぞれ異なる方法をとることとしている。しかしながら、同説明書補足にも記載のとおり、教官以外の大学構成員の学長選考への参加の望ましいあり方については、なお検討すべき点があり、評議会の定めについて、教育公務員特例法の趣旨に反するのではないかとの疑点も残されていることでもあり、なお引き続き検討し、所要の措置を講ずることとしたい。

次の学長選考は宮澤健一教授を候補者とした時のものであり、昭和五十五年六月十九日に上申書が出され、そのときに次のようなメモがつけられた。

選考報告書補足

このたびの学長選考にあたっては、教官の意向を中心として行うことを基本とし、評議会の定めるところに従って、教官以外の大学構成員の意向を学長選考に反映させることとしている。

この評議会の定めとしては、その趣旨に基づき教官と教官以外の構成員との間に、参加の具体的なあり方について、それぞれ異なる方法をとっている。

しかしながら、教官以外の大学構成員の学長選考への参加の望ましいあり方については、なお検討すべき点があり、かつ、評議会の定めについて、教育公務員特例法の趣旨に反するのではないかとの疑点も残されていることでもあり、なお引き続き検討し、所要の措置を講ずることとしたい。

このときの補足メモは文部省との間でのやり取りの結果、五十五年七月に最後の「所要の措置を」の次に「早急に」という言葉を入れて了解に達した。

次の学長選考は昭和五十八年七月六日に種瀬茂教授を候補者とするものであり、このときは前回の補足メモの最後の「なお引き続き検討し」を「さらに引き続き検討し」に改めている。その他は同文である。種瀬茂学長は国立大学間の入試時期の問題が急を告げ、一橋大学と東京大学の入試を同時期にするという提案が出されていた頃、病で急死された。そのために学長選考が行われ、当然補足メモが出された。川井健学長事務取扱が文部省に提出した補足メモはほとんど前回と同文であったが、最後の「引き続き検討し」の中に「誠意をもって」という文章を入れ、「引き続き誠意をもって検討し」としていた。

このとき社会学部教授会では議論が沸騰し、「誠意」という言葉の意味についてさまざまな意見が出された。このときの学部長は安丸良夫氏で、安丸氏は誠意という言葉の意味を辞書によって説明し、学部の同意を取り付けた。

その際の学長選考においては候補者の一人であった今井賢一教授が学生の除斥投票で除斥されるという事態が起こり、そのような状況に満足しなかった教官たちが白票を投じ、候補者を決定することが出来なかったのである。候補者の除斥が成立したのは初めてのことであり、何故今井教授が除斥の対象になったのか当初はよく理解できなかった。それ以前にも学生による除斥投票の実情が問題になっていた。投票所で「誰に投票したらいいの」と聞く学生も多く、除斥の意味を知らない学生も増えていた。

今井教授の場合は、ちょうどその頃、小平に建物を建てる計画があり、それがホッケーコートに影を作ることが運動部で問題になっていた。運動部に属する学生は数が多く、彼らが動いたために、除斥が成立したのだが、今井教授とは直接の関係はなかった。いずれにしてもその時の学長選考では候補者を絞れなかったので、再度選考が行われ、川井教授が候補者になった。そこでまた補足メモが提出されたが、「さらに引き続き誠意をもって検討し」という文章の中に「具体的に」という言葉を入れることで了解に達した。「さらに具体的に引き続き誠意をもって検討し」

という文言になったのである。ほかの文章には手の入れようがなかったから、この部分がいつも問題になり、そこに何らかの言葉を入れてしのいできたのである。次の選考によって塩野谷祐一教授が学長に選出された。

補足メモの文言の変化を長々と引用したのは、当時このメモの一言一句が大きな意味を持ったからである。しかし、一歩離れてみれば、これらのメモの作成は滑稽といえばこの上なく滑稽な事態であった。このような事態になったのは大学の執行部が文部省と学生の間にたって、どちらにも良い顔をしようとしたためであった。選出された塩野谷学長は小平キャンパスの統合など多くの課題に精力的に取り組まれたが、三年の任期では決着をつけることが出来なかった。塩野谷学長の最後の仕事は私の発令のための選考補足メモの作成であった。今回もメモの最後の文章に手を入れることになった。「さらに具体的に引き続き誠意をもって検討し」の前に「適切な機関において」という文言を入れて了承された。この文言にはさまざまな反対意見があった。選考規則を扱う機関を特定することによって縛りが強くなるのではないかという意見が一番強かった。しかし「適切な」という言葉でその拘束を弱めているということで教授会では了承された。

国立大学協会

ここで暫らく学長選考問題から離れて当時の国立大学の状況を見ておきたい。一橋大学が学長選考問題にかかりきりになっているあいだに国立大学全体に大きな変化が押し寄せてきていたからである。一橋大学の学長は国立大学協会では長い間第六常置委員会に属すことになっていた。

国立大学協会とは国立大学の学長が構成している会で、国立大学の全般に関する問題を論じ、文部省と協議する機関である。当時六委員会が常置されており、組織を扱う第一常置委員会から、入試などを扱う第二常置委員会、学生関係の事柄を扱う第三常置委員会、教職員の厚生関係を扱う第四常置委員会、国際交流を扱う第五常置委員会、大学財政を扱う第六常置委員会があり、他に図書館特別委員会、医学教育に関する特別委員会、教員養成に関する特別委員会、教養課程に関する特別委員会、大学間格差問題特別委員会などがあった。最後の大学間格差問題特別委員会は私が参加したときにはなくなっていた。また後で述べるように特別委員会だけでなく、常置委員会も新しくいくつか作られていた。

初めて第六常置委員会に参加したとき驚かされたことがある。ある学長が突然つぎのように発言した。「いったい人文学部という学部は何なのでしょうね。ここには一橋大学の学長さんがおられるからお聞きしたいのですが、人文科学という学問はいったいなんの役に立つのでしょうか」。私はあまりに驚いて一瞬返事が出来なかった。「ご質問の意味がよく解りませんがどういう意味ですか」と聞き返すと、その学長は自分の大学の人文学部の教授会が言うことを聞かないという愚痴を繰り返すばかりであった。その学長のいいたいことは解ったが、いうことを聞かない学部に対する不満が「人文科学とはいったいなんの役に立つのか」という形の質問になっていることが気にかかった。

私は国立大学の学長の集まりに幻想を抱いていたことを痛感させられた。この学長は土木関係の学者であったが、一流の学者であるらしい。そのような人でも人文科学についてこのような印象をもっているのである。この委員会の後、私はその会に出席していた人文系の学長と語りあって「人文社会系の学長の会」を作ることにした。神戸大学、三重大学、東京外国語大学と一橋大学が中心になって作った会は二十名ほどの会になった。最初の会では東京大学の養老孟司教授に学問における評価の話題で話をしていただき、皆で話し合った。当時国立大学協会の内部では常に学問の評価のあり方が議題になっており、そのなかでも人文科学の評価が常に話題の的になっていた。

国立大学協会の中にはさまざまな学長の会があり、たとえば医学関係の学長の会や理学系の学長の会などがあり、懇親会ではあるが、かなりの力をもっていたらしい。中でも俗称旧七帝大学長の会には必ず文部省の高官も出席していた。ところが一橋大学と東京工業大学はそのような会がなく、何時の頃からか神戸大学とあわせて三大学学長の会が開かれていた。余談になるが国立大学協会の総会は年に二回行われ、全国立大学の学長が集まる。そのときに京都工芸繊維大学の学長と東京商船大学の学長、東京芸術大学やお茶の水女子大学の学長などが作っている十六大学の学長の会から招待された。この会は殆どすべてが単科大学で、個性的な小さな大学の集りであった。そのような大学の学長と親しくなったためであるが、大学に帰ってその話をすると庶務課の職員は困ったような顔をしていた。

というのはこの種の会では当番校が懇親会の計画を立てるのだが、その費用がかかることと手間がかかるためであり、はっきりとはいわなかったが、一橋大学はそのような小さな大学の仲間ではないということをいいたいらしかった。私は大学の大きさなどには関心がなかったので、これらの大学の学長と親しくなり、その仲間に喜んで入れてもらったのである。大学の大きさではなく、学長の人柄が大きかったからである。私が一橋大学を退職したあと、後任の学長はこの十六大学の会から脱会したらしい。好みの違いであろう。

先に述べた人文社会系の学長の会は年二回会合を開き、そのつど評価の問題について議論をした。人文社会系の学長は当時厳密に数えれば、極めて少数しかいなかった。そこで教育系の学長も加えて総勢二十数名で発足した。しかし人文社会系といってもその内容はさまざまであり、議論ははかばかしくは進まなかった。この会が現在どのようになっているのか私は知らない。

国立大学協会は会長一名と副会長を二名おいており、学長になったはじめの年の選挙で私が副会長に選出された。副会長については規定があり、二人のうち一名は旧七帝大以外の大学の学長から選ぶことになっており、私はその一人として選ばれたのである。国立大学協会の総会は年二回学士会館で開かれたが、そのときどきの問題のほか常に議題となったのは国立大学のあるべき姿についての議論であった。国立大学とは何かという議論がこの頃からジャーナリズムの中で大きな話題となっていたからである。国立大学は全国で九十九あり、それらは文部省のいわゆる護送船団方式によってそれぞれ規模は決定的に異なっていても、互いに対等であるということになっていた。しかし実情は東京大学を筆頭とする旧帝国大学と例えば単科大学の小樽商科大学とは鯨と鰯くらいの違いがあった。

そして国立大学の学生全体を数えても私学の学生数には到底及ばなかったのであり、わが国の大学教育の大半は私学が担っていたのである。それにもかかわらず、国立大学には特別会計から膨大な予算が計上されており、自民党の国会議員をはじめとして私学を擁護する政治家からも国立大学に批判が寄せられていたのである。このような風潮に対して国立大学協会は何とか対抗しようとしていたが、いくら議論を重ねても国立大学の支持者を増加させるような案は出てこなかった。関西のある国立大学の学長は以下のように述べた。「私の大学の医学部付属病院は東京大学の医学部付属病院と対等であると思っている。そのために事実優れた医療を県民に提供している。東京大学付属病院がなくなっても東京都民は困らないだろうが、わが大学の医学部付属病院がなくなったら県民は大変困るのだ」――学長の力説したことは事実であったろう。しかし、批判をしりぞけるような、具体的かつ説得力のあるものではなかった。

このような状況の中で国立大学協会は一九九五年に『文化学術立国をめざして――国立大学は訴える――』という冊子を刊行した。私はその中で「生涯学習における国立大学の役割」を分担執筆した。当時私は生涯学習の委員会に属し、委員長を務めていたからである。国立大学の主張はいうまでもなく日本の近代化の中でいかに国立大学が大きな役割を担ってきたかを想起させることにあった。学部教育に関しては国立大学と私学との間に決定的な差はなくなっていたから、国立大学としては大学院と研究の分野での優位を主張するほかなかった。この冊子の中でもそのような主張が繰り返されていたが、多くの人を説得することなど出来る筈もなかった。

科学技術基本法

国立大学協会の総会で最も失望させられたのは、科学技術基本法に関する第一常置委員会の報告であった。委員長の大阪大学学長が委員会の審議結果を承認することになったと報告した。科学技術基本法の第一章第一条には次のように定めている。

「第一条　この法律は、科学技術（人文科学のみに係るものを除く。以下同じ。）の振興に関する施策の基本となる事項を定め、科学技術の振興に関する施策を総合的かつ計画的に推進することにより、我が国における科学技術の水準の向上を図り、もって我が国の経済社会の発展と国民の福祉の向上に寄与するとともに世界の科学技術の進歩と人類社会の持続的な発展に貢献することを目的とする」

これは平成七年十一月十五日に成立し、最終的には平成十一年十二月二十二日に最終改正ができたものである。第一条の括弧の中の「人文科学のみに係るものを除く」という文章について私は第一常置委員会の中での議論の様子を質問した。それに対して委員長はさしたる議論はなかったと答えた。この問題には長い議論があるが、わが国の学問のあり方に関する問題であり、国立大学協会としても総力をあげて議論すべき問題であった。それなのに第一常置委員会ではさしたる議論もなく承認したというのである。私は驚くと同時に腹が立った。

人文科学と自然科学とは決して別種の学問ではなく、基本的に同一の学問であることは世界の優れた学者が皆認めている事実である。人文科学と自然科学が別種の学問であるという考え方は日本の特殊な考え方であり、この法律は政府の無知の現れであった。それを国立大学協会が承認したのである。この問題は今後に尾を引くこととなった。

戦前の国立大学の社会的な意味については誰もが良く知っているとおり、他に比較するものもなく国立大学の独壇場であった。しかし戦後の昭和二十二年に教育基本法、学校教育法が公布され、六・三・三制が制定され、昭和二十四年には国立学校設置法が公布されて、各都道府県に六十九校の国立大学がおかれることになった。それらの多くは国立の師範学校、医学専門学校、工業専門学校、商業専門学校あるいは女子教育機関などを寄せ集めて大学としてまとめたものだから、国立大学という名称のもとで実に多様な大学が生まれることになったのである。これらの新制大学は教養課程を置いている点に特長があった。当時ある人は「大学とその他の教育機関の違いは教養課程があるかないかの違いだ」といったことがある。このような新制大学はアメリカの州立大学をモデルにして生まれたものだが、そこでの教養課程はすでに述べたように平成三年以後大きく変貌している。その問題についてはあとでまた触れることになる。

この頃国立大学は自らのあり方を模索していたのである。国立大学協会の議論の中では旧制帝国大学の学長と地方の大学の学長との間で互いの遠慮もあり、徹底した議論にはならなかった。その点ではこの頃私も加わった「大学審議会」でも同様であった。

「大学審議会」はいくつかの部会に分かれており、私は「組織運営部会」に属していた。部会長は当時の東京大学学長の有馬朗人教授であり、そのほか国立大学の学長数名のほか私学の学長や、新聞記者、銀行の総裁などが加わっていた。そこでの議論ではいつも国立大学の学長が「自分達には権限がない」とぼやくのであった。その言葉の背景は教授会の自治がはびこっていて、学長が自由に行動できないということにあった。そのような意見が多かったなかで「大学審議会」のなかでの発言ではなかったが、慶応義塾大学の元塾長の石川忠雄氏の「私は充分な権限をもっていましたよ」という発言は注目を引いた。学長の権限とは多くの学長達が歎いていたように、学長職に付随するものではなく、教授会などとの関係の中で発揮されるものだというのが石川氏の意見であったと思う。権限がそれ自体としてあるのではなく、教授会との関係の中で発揮されるという意見は石川氏が優れた学長であることを物語っている。

大学審議会ではアメリカの例を引いて学長の権限の強化を主張する人が多かった。文部省もそれに同調し、今でも独立行政法人化の中で学長の権限の強化をうたっている。しかしアメリカの大学の制度の一部分をもってくるなどということは不可能であるし、意味もない。アメリカやヨーロッパの大学の特徴をいうのなら、その根源にあるものとの比較をしなければならないだろう。この審議会ではほぼ同時に大学教員の任期制について審議が始められていた。最初は教員全体ではなく、助手あたりからはじめるという意見が強かったが、やがてなしくずしに全教員に及ぶことになっていった。

有馬部会長は東京大学で助手から名誉教授になるまで勤めた方だが、ある会合で私に言及され、私が小樽商科大学から東京経済大学を経て一橋大学に移るまでの経歴を紹介され、このように若いときから幾つかの大学を移ったからこそ、優れた業績を挙げることができたといわれた。私が幾つかの大学を移ったのは決して任期制のためではなく、また移ることによって業績を挙げようとしたためでもない。小樽商科大学ではそのままいれば役職につかなければならないことが明らかだったので、逃げ出したに過ぎない。東京経済大学を辞めて一橋大学に移ったのは図書館やその他の条件がよかったからで、そのために給料はかなり減ったのである。

大学審議会では一橋大学の学長選考のあり方などには質問が出なかったが、ここでも学長選考のあり方をめぐって議論が交わされていた。注目すべきことは教授会の構成員による選挙に疑問が寄せられていた点である。ここでもアメリカの大学のように学長選考のための委員会を造り、そこで選考をする案が多くの支持を集めていた。このような会議に出ていると学長選考の一橋方式がいかに特異なものと受け取られているのかがよく解った。しかし、これらの委員が属する大学でも数年前まで一橋方式を取っていた大学は少なくなかったのである。学園紛争の時代ははるか遠くに去ってしまった。団交が行われている大学すらほとんどなくなってしまったのである。それと同時に各大学では学生の自治会も消滅していた。このような状況の中で一橋大学の学長選考をめぐる議論はコップの中の嵐になりかけていた。大学院生たちはこの学長選考方式を捨てれば、一橋大学の自治が失われると叫んでいたし、教官たちも同じように認識していた。

すでに私の学長としての任期の三年も終わろうとしていた。

第八章　ソウル大学訪問

一九九四年の二月にソウル大学との学術交流協定の締結のため、韓国に行くことになった。成田から二時間で金浦空港に着く。ソウル大学は十五の学部をもつ韓国最大の大学である。韓国では学部を大学と称しているから、人文大学が日本でいう人文学部なのだが、その中に十の研究所を擁している。学生数は全体で二万人余であり、大学院は七千人余を数えている。

着いた日に一橋大学の前身校であった東京商科大学の卒業生らによる歓迎会があった。三十人余の卒業生達が集まり、戦時中を含む在学当時の話が弾んだ。戦時中の日本でさまざまな差別があったが、大学の内部では全くそのようなことがなかったと皆がいっていた。学問の府であるから当然といっても良いかもしれないが、彼らの言葉をそのまま受容れるわけには行かないとも感じた。時がたてば、過去は皆美しくなるからである。しかし辛い記憶よりも良い記憶のほうが残っているのはありがたいことだと思った。次の日にソウル大学を訪問した。

ソウル大学は日本の大学とは全く異なっている。まず課外活動は日本のように盛んではなく、学生達は勉学に専念しているらしい。少し時間があったので学生食堂で学生達と歓談した。何を学んでいるのかという問いに皆がはっきりと答え、何が一番楽しいかという問いにはさまざまな答えが返ってきた。ある者は勉強が一番と答え、ある者は友達と一緒に飲むときだと答えていたが、課外活動を挙げた者はいなかった。図書館を訪れた時に驚いたのは、休憩室があり、ベッドがいくつか置いてあったことである。日本の大学では考えられないことだが、勉強に集中するためにはなかなか良い環境であった。書庫に案内してもらい、戦時中の京城大学時代の蔵書を置いてある場所にゆき、日本語の書物がある程度並んでいるのを見て、中から一、二冊を手にとってみた。かつて京城大学の助教授であった西順蔵先生が手にした書物かもしれないと暗い書庫の中で思った。

午後に総長室で協定調印式が行われた。金鍾云総長と金商副総長その他数名が列席した。調印が終わった時、私が挨拶文を読み上げた。私はその最初の数行と最後の数行を韓国語に訳してもらい、たどたどしかったと思うがそれを読み上げた。

Seoul Daehakkyo Chongjang Kim Chong Woon Sunsaengnimgua Chamsukhasin Yorobun

（ソウル大学総長の金鍾云先生とご参席のみなさま——）

主文は略すが、私の日本語での挨拶については、一橋大学の大学院で学び、長谷川如是閑について修士論文を書いたことがある Yoon Sung Jun 君が通訳してくれた。最後に次のように述べた。

Chehuro Kim Chong Woon Sunsaengnim Mit Chamsukhasinyo-robuni Gongganggua Haeng-bokeul, Tto Yonggyoi Gumhui Bonyoungeul Yihayo Gonbaehapsida.

（最後に金鍾云先生並びにご列席の皆様方のご健康と幸せを、また両校の今後の繁栄をお祈りします。）

私の挨拶が終わると金総長はすぐに「これからは日本語でお話ししましょう」といわれ、一時間ほど懇談をした。その席にいた韓国の人たちは皆日本語を流暢に話した。一橋大学はソウル大学と比べると小さな大学だが、日韓関係の中では韓国の指導的政治家や財界人などが多く一橋大学の卒業生であったこともあって韓国では評価が高く、今回の協定も大学間協定と位置づけられている。そのあとのことだが、一橋大学とソウル大学その他の大学が協力して日韓の歴史教科書問題に関する研究会が始まっている。日韓関係にはなかなか難しい問題があるが、このようにして少しずつ互いの理解が進んでゆく可能性はあるだろう。

その日に国会を訪れ、国会議長に会った。議長は一橋大学というよりは東京商科大学のことをよくご存知で、卒業生のことなどいろいろ話が弾んだ。私たちと一緒に来た一橋大学の職員が韓国人に良く似ているといって議長は彼の顔をつくづくと眺めていた。

夕刻には法曹、外交、経済界の若手の人たちとの会食があり、かなりの時間をかけて話し合った。韓国の人たちは一人一人がはっきりと自己主張をするので、日本の若手の人たちと比べても相当に違った印象を受けた。

翌日、南大門市場に行った。かつて西先生からそこでの話をいろいろ聴いていたこともあって、興味深く、楽しみにしていた。先生はそこで立ち食いの料理をいろいろ試したといわれていたが、通訳の人はあんなものは衛生的に問題があるから食べない方がいいといって聞かない。確かに豆腐を手で作っている老婆の手はかなり汚れて見えた。豚の頭が並び、ぐつぐつと煮え立っている料理はいかにも美味しそうに見えた。西先生はここで簡単な食事をしてから京城大学の官舎に帰り、暖房がカンカンと音をたてて徐々に部屋が暖まって来るのを待っていたといわれていた。

私が泊まったホテルはソウル・プラザ・ホテルといい、中心街にあった。そこの窓から通りを見下ろしているとあたかも五十年前の東京を見ているような気がした。さまざまな車が走っている中を大八車を押している人がいる。車の渋滞がはなはだしく、その点だけは現在の東京と似ていた。

再び学長選考の問題へ

そうこうしているうちに三年がたち、再び学長選考の問題が浮かび上がってきた。勿論この三年の間にも学部長会議では何度もこの問題について議論をしてきた。検討を重ねるうちに問題点の所在が徐々に明確になってきた。文部省が一番気にかけていたのは学生の除斥権ではなく、職員参加の実情についてであった。それは文部省の高等教育局長などとの懇談の席でいつも耳にしていたものである。つまり学長選考の中で職員の票が常に増え続け、大勢を決め兼ねない状況にあることを彼らは心配していたのである。したがって学部長会議でもこの点を考慮した案が中心に検討されていた。学生達は三者構成自治という言葉を使っていたが、それは学生、職員、教官の三者が一橋大学の自治を担っているという考え方であった。表現する言葉は違っていても、教官もこの原則に反対するものはいなかった。

一九九五年の後半には新たな学長選考の時期となり、候補者が従来通りの仕方で選考された。今回の候補者は石弘光教授、中村政則教授と私の三人であった。今回も職員組合から公開質問状がだされたが、学長選考問題については三人とも似たような回答をしていた。石教授の回答は「これまでの大学側がとってきた態度は、文部省に対し所要の処置を講ずると約束し『メモ』を出しつづけ、その一方で学内に対しては現行制度を堅持するという両面作戦でした。平和に事柄を処理しようとしてきたのでしょうが二枚舌の観は避けられず明らかにもはや破綻しています。……現行規程については全学的に再検討する必要があると考えています」。中村教授の回答は「学長選考への現行の職員参加制度は、維持していきたいと考えています。……『メモ』なしで学長が発令されるようにするには、どうしたらいいのか、次期学長のもとで真剣に検討を加えることが必要になってきたと私は考えています」。私の回答は「私は本学の学長選考のありかたは長年の間定着してきたものであり、その基本路線を守っていきたいと考えておりますが、現行の学長・学生部長選考規程をそのまま遵守するだけでよいのかどうかという点に疑問をもっています。……現行の規程を全学的に検討する必要があると思うのです」であり、三人とも現行規程の再検討を必要としているという考えかたに立っていた。

公開質問状が出される前に組合から評議会に対して学長選考の日程に関する申し入れがあった。七月二十四日付けの申し入れの中で吉田裕委員長は「少なくとも本質的な議論を欠いたままの、なしくずし的な制度改革にはやはり『断固として』反対したい」といっている。本質的な議論とは何を指すのか。一橋大学では団交にも私の経験だけからいっても八、九時間はかけていた。これらの問題に関する議論の中で私はしばしば本質的な議論をすべきだという声を耳にした。昭和二十年の頃から始まった学長選考問題を検討しようとするときに本質的な議論を欠いたままで行うなどということはできるはずもないと私には思われた。

身体障害者として生きる

選考は十月三十日と決まっていた。しかしそのかなり前に私は重大な決断をしなければならなくなっていた。ペンシルヴァニア大学の学長就任式に招待されて出かけた時に少し体の調子が悪く、帰国してから東京医科歯科大学に行って診察を受けた。その日は特に胃が痛み、秘書に頼んで予約を取ってもらったのである。診察を受けるとすぐに胃潰瘍であることがわかり、即座に入院することになった。私は覚悟していたから、それほど慌てなかったが、事務局長らは困ったらしい。内視鏡で出血をしている部分の治療をし、出血は止まったが、完全に治るまで一月半かかった。内視鏡による胃の検査は初めてであったが、モニターが見えないのは不自然だと思ってモニターを見えるようにしてもらい、最後まで検査を見ていた。そして出血している状態と血が止まった二度目の検査の結果を写真に写してもらい、それをもらってきた。その間、事務局長は私の病気が癌かどうか確かめようとしていたらしい。この一か月は私にとってはまたとない休養期間となった。私は病室にコンピューターを持ち込み、そのときに取り掛かっていた仕事を仕上げたのである。

一月半後に退院し、学務に復帰した。しかしその間に私は重大な決断をしなければならなかったのである。私はこの時に認定された等級で言えば、一級の身体障害者になっていたからである。一九九五年七月のことである。このときから現在まで私は身体障害者として暮らしているが、そのことを明言したことはない。私は普通の暮らしがしたかったからであり、激しい山登りなどを別にすればたいていのことは出来たからである。病の事情については詳しく述べることはしないが、私は医者に職務の事情を説明して辞表を書くから診断書を書いて欲しいと頼んだ。東京医科歯科大学教授で私の担当医丸茂文昭氏は「その必要はないでしょう。身体障害者といっても頭も身体も通常に機能するのですから、辞表を書く必要はありません。私たちはこうした方々の社会復帰のために働いているのですから、与えられた仕事はしてください」という。私の仕事を知っている医者のいう事に反論することは出来なかった。私自身も最後まで仕事を続けたいと思っていたから、丸茂氏のいうとおり学長を続けることにした。学内には私を支持してくれる人たちがいたからである。一九九五年十月十九日の「くみあい瓦版」第一四五号には「新学長に望むこと」という特集が組まれており、その中に次のような文章があった。「開かれた窓口、何か問題が出たら直接話し合いに応じてくれる学長＝現学長の姿勢を是非受けついで欲しい。勿論プラス的確な対応策を迅速に実行してくれる事。そして、勿論教官、職員、学生が一体となって選んでいける現行学長選考方式を守ってゆける学長であって欲しいと思います」。このような声は他にもあり、私はそれに応えなければならないと思っていた。

私の病気のことは当然大学の人事課の人たちや経理の人たちは知っていたはずである。しかし彼らはそのことを決して漏らさなかった。私はこのことについてこれらの人々にいくら感謝してもしきれない思いでいる。おそらく彼らが沈黙を保っていたために教官は誰もそのことを知らないまま、選考は通常の形で行われた。教官の中には私の病を癌と決め込んで、対応しようとしていた人もいたから、事務官が沈黙を守っていなかったら、私の再選はなかったであろう。

いずれにしても私は再選された。そして学長選考問題も新しい段階に入った。私はそのための新しい検討委員会を造り、学長・学生部長の選考問題に改めて取り掛かった。委員の中には学部長も含まれており、その中にはいろいろな意見の人がいた。職員の参加については大部分の人が維持したいと考えており、そのためにさまざまな案が検討された。中でもある委員が提案した形式は特異なものであった。学長選考の前に職員の投票を行い、それを踏まえて教官による選考が行われる際に各教官が職員の票を背負って投票をするという形である。これは一見したところ有効な案に見えた。文部省に対しては、教官だけが選考しているように見えるが、実際はその教官による選考に職員票も含まれているということになる。この案は実際に行おうとするといろいろ面倒な問題が生ずることは明らかであったが、職員の投票権を捨てたくない多くの委員の心をつかみ、暫らく議論の中心になっていた。

この委員会には事務局長は出席していなかった。委員の中には事務局長の出席に反対する人がいたためである。教官だけで委員会は進められていた。しかし選考報告書の問題が残っていた。選考報告書補足については長年にわたって議論してきたのに、選考報告書そのものを見たものはいなかったのである。私自身も見ていなかった。私の選考報告書は塩野谷前学長が提出されたから塩野谷前学長は署名されている。しかし私は自分の選考報告書を見る機会はなかったのである。

事務局長が委員会に出席していたらその点について指摘することは出来たはずである。選考報告書は選考の全過程について文部省に報告する形式となっており、はじめに人事異動上申書が付いている。そこに選考されたものの氏名と年月日、任期などが記されており、学長以下の役職員の署名がある。

次に選考報告書がある。それは五ページにわたっていて、候補者の個人情報、選考経過概要と続く。それは選挙日程の決定から、推薦委員会の発足、投票管理委員会の発足、除斥投票管理委員会の発足、内規第一条による職員投票の結果、職員総数と投票総数、無効投票数など。そしてその第一位と第二位の者の獲得した票数。そこで推薦委員会が候補者を三名に決定したこととその氏名があげられている。次いで除斥投票の公示と投票。除斥投票の結果。除斥投票の結果を踏まえて候補者の決定。学長選挙の実施投票の結果を職員票と教官票に分けて発表する。第一回投票で当選人が得られなかった場合は第二回の投票を行う。それぞれの投票の成立要件と当選人決定要件、投票を行ったものの数、最終投票結果などが詳しく記されている。

選考報告書がこのような詳細なものであれば私たちが行っていた議論は成り立たない。議論の最終段階になって事務局長に議論の概要を話したところ、事務局長は選考報告書があるから今の案は無理でしょうという。そこで話は最初に戻ってしまった。私はこの案にはじめから疑問をもっていた。大学が文部省だけでなく、学内外の人々全体を欺《だま》す結果になるからである。大学は常に公明正大でなければならないと私は思っていた。たとえそれが職員の選考権を守るためであっても、大学は隠し事をしてはならないのである。そのように考えていた私には事務局長の指摘は渡りに船で、私はその案を葬ることにした。そのためにその案を強く主張していたある学部長と決定的に関係が悪化してしまった。学長を辞めたあとで学内でその人とすれちがったとき、挨拶しようとした私を無視して彼はそっぽを向いて去ってしまった。今でもその状態が続いているかもしれない。

ここで検討委員会を解散してこの問題の審議は評議会で行う提案をした。このことを一九九八年六月十五日の評議会で決定した。評議会はこれを受けて「学長選考制度に関する新たな検討の方向（案）」をまとめた。それは、

「（一）現行の学長選考規則・内規から職員（助手を含む）と学生・院生の参加条項を削除し、（二）職員については学長候補者推薦権と本選挙での投票権を削除するものであり、これらの点において、従来の確認書等に抵触することは免れず、評議会の責任を回避することはできない。

しかしながら、この案は去る六月十日の学長見解に述べられた諸状況と、『教官、職員、学生が参加している選考のあり方』を擁護するという基本方針とのはざまに立って、検討委員会の設置以来、ぎりぎりの模索を重ねる中から到達したものである。

この『新たな検討の方向（案）』の眼目は、これまでの『職員・学生の総意を徴する』方式に代えて、教官・職員・学生がそれぞれ自由な立場で意見を表明することにより、『信望ある』学長を選考していこうとするところにある。

評議会は、今後、この案をもとに職員・学生と折衝し、一方的な強行をすることなく、学内の合意形成を図っていく所存である」

という内容のものであった。

このような評議会の姿勢に対して学内だけでなく、学外からも反響があった。十一月十三日の毎日新聞に「一橋大学長選規則」として「改正で問われる学問の自由」という題の記事が載った。そこには学長選考規程の改定に関する事態の進展を報じて、独立行政法人化など大学の生き残り競争の激化が改正の原因とされていた。その少し前の十一月四日に私は「全教職員学生に訴える」と題して次のような書簡を出した。

「『大学は建物ではない』という言葉があります。かつてヨーゼフ・シュンペーターが本学を訪れた時の言葉として知られていますが、その意味が何であったにせよ、そこには真実が含まれているといってよいでしょう。ゴーリキーの『私の大学』は建物としての大学ではなく、カザンの町でした。それでは皆さんにとって一橋大学はどのような意味で大学なのでしょうか。

優れた教師と学ぶ意欲がある学生がいるところ、それが大学だという意味では大学は建物ではないということもできるでしょう。しかし他方で現代の大学が建物を含めた施設抜きにはありえないということもまた真実であります。豊かな図書館、コンピューターシステム、課外活動施設などが大学生活に不可欠なものであることは誰でも知っています。

本学の学長・学生部長選考制度について数十年前から文部省から指摘を受け、本学は『所要の措置を講ずる』と約束してきました。今回の選考に当たって文部省から予算を停止することも含めた措置が取られようとしています。しかも国立大学をめぐる厳しい環境の中で場合によっては独立行政法人への道、あるいは民営化への道が開かれようとしています。独立行政法人になれば学長は任命制になり、研究・教育に関しては文部大臣から課題を与えられ、三年から五年の間の成果を効率に照らして評価されることになります。そこでは自治どころか研究・教育の自由も奪われてしまいます。民営化されれば授業料は現在の数倍にならざるをえないでしょう。このような状況の中で大学は今重要な決定を迫られています。

現行の選考制度は昭和二十一年に遡る制度で、除斥制度の本来の趣旨は戦争協力者を排除するためのものでした。その後幾度かの変更を経て現在の形になっていますが、現在ではこのような制度を持っている国立大学は他にはありませんし、世界的に見てもまれなものです。この制度が大学の自治の象徴だという人もいますが、本学には重要問題について全学に知らせ、全学の協議のもとに決定するという慣行があります。事実小平の移転改築に関しては全学的な協議のもとに決定されてきました。現在の我が国の条件のもとでこの制度を維持するためには本学は大きな犠牲を払わなくてはなりません。研究・教育に大きな支障が生じてもこの制度を維持する必要があるかが問われているのです。

私は本学の六千人の教職員、学生の生活を守るという立場から、この問題については今一歩退いて研究と教育を守らなければならないと考えています。現在各大学は生き残りをかけて熾烈な競争をしています。今私たちがこの制度にこだわってその競争に敗れれば、当分の間一流大学という位置づけを捨てなければならなくなるでしょう。この制度の改正によっても教職員、学生が大学のありかたについて発言する機会は今後も保障されるでしょう。一橋大学の百二十年の歴史を無にすることなく、今後の発展に向けて今は耐えるべき時だと考えています。全教職員学生の理解を求めたいと思います」

この書簡は全学生に送付されたが、三自治会は「一、学生との対話を無視した行為として、二、数十万円の予算を教授会などの決定を経ないで独断決定したこと」などを理由に挙げて「受け取り拒否」の運動を広げた。十一月九日の三自治会の文書によると、さらにその内容についても独立行政法人化や民営化にどれほどのリアリティーがあるのかを問いながら、その問題と選考制度が何故結びつくのかを問題にしている。確かにこの段階では一般の学生には独立行政法人化の問題は理解できなかっただろう。

国立大学独立行政法人化の発端

国立大学の独立行政法人化の問題はあたかもこの頃広がりつつあったから、国立大学協会としても無視はできなかった。当初は独立行政法人というより、国立大学の民営化として問題が浮かび上がってきていたから、国立大学協会の理事会は「国立大学の在り方と使命に関する特別委員会」を設置し、これらの問題を集中的に議論することにした。私が委員長に指名されたので、特にお願いして委員のなかに現職の教授たちを多数含めることにした。これまでの委員会は主として学長からなっていたために、多忙な学長はともすると委員会を欠席しがちであったし、専門が違っているとまともな議論ができないことが多かったからである。こうして生まれた委員会は東京外国語大学、東京工業大学、新潟大学、北陸先端科学技術大学院大学等の学長のほか、宮島洋東京大学教授、金子元久東京大学教授、中谷巌一橋大学教授、岸本重陳横浜国立大学教授、潮木守一名古屋大学教授、吉田和男京都大学教授、丸山正樹京都大学教授、猪木武徳大阪大学教授、天野郁夫国立学校財務センター教授ほかの方々であった。

委員会ではまず民営化の問題から始め、各委員の意見を聞くことにした。中谷巌一橋大学教授は「市場原理と高等教育のありかた」と題する報告をされた。この報告は我が国における大学問題に市場原理を適用した場合どのような問題があるかを具体的に指摘したもので、私の知る限りこの問題に関する始めての論文であった。中谷氏は（一）市場支配を可能にする独占的なパワーが存在しないこと、（二）情報の非対称性が大きくないこと、（三）不確実性が大きくないこと、（四）外部性がないこと、などを挙げ、これらの条件が満たされない時には「市場の失敗」が発生するので、工夫が必要になるという。

高等教育が市場原理になじむか否かの問題についてはこれらの条件のうち、「情報の非対称性」の問題が重要であるという。教育サービスの提供者からみて良心的なカリキュラムが生徒から見ると厳しかったり、すぐには役に立たない基礎研究や人気がない分野が切り捨てられる可能性がある。次いで「不確実性」の問題がある。基礎研究など成果に関する不確実性が大きいと研究に対する過少投資が起こる可能性がある。こうした場合には高度な教育的、政治的判断が必要になる。次に「外部性」の問題がある。教育・研究がもたらす社会へのプラスの「外部性」を市場が正当に評価できないため、しかるべき措置が必要になる。こうして設置形態や評価制度が問題になるわけであるが、ここではこれ以上立ち入らない。

すでにイギリスでサッチャー首相の下で新自由主義にもとづく教育政策が始まっていたし、一九八四年には　中曽根内閣のもとで臨時教育審議会が設置され、これまで国家が担っていた教育を市場原理に委ねようとする方向が取られていた。しかし大学人はこうした動きに敏感でなく、具体的に民営化が叫ばれるようになってはじめて騒ぎ出したのである。委員会ではこの他評価委員会の設置、人文科学と自然科学のありかたや予算制度の問題点などが論じられ、具体的にリストラクチャーの試案も出されていた。しかし委員会としての意見をこの段階で纏めることはできなかった。民営化についても独立行政法人化についても一人一人の意見が一致していなかったからであり、何よりも独立行政法人についての知識がほとんどなかったためである。委員会ではイギリスのエージェンシー制度について勉強を開始したばかりの段階であった。エージェンシー制度とは、関係省庁に任期つきで任命された長官が、国の運営する公的機関の中で自由に手腕をふるいつつ、国民へのサービスを向上させて、その結果責任を負う、という制度である。日本の独立行政法人については何も決まっていなかったから、対応の仕様もなかったのである。

国立大学協会の委員会がこのような状況であったから、一般の学生や教授たちも独立行政法人についてほとんど知識がなかった。しかし彼らは一九八四年の臨時教育審議会の議論を充分に見極めていなかったと思われる。国鉄の民営化などが進められていたにもかかわらず、国立大学の民営化や独立行政法人化はできるはずがないと思っていた。そのことは団交や組合交渉のなかで明らかとなった。一橋大学の教官も職員も学生達も現行の学長選考制度を守ることに精一杯で、国内の諸状況や世界の状況などには殆ど目が届いていなかった。私が現行の学長選考制度をそのままにしていれば独立行政法人にもなれないというと、団交の席でも組合交渉の席でも怒号が上がった。教官たちは学内の新聞などにそのことを書き、学長は独立行政法人化を隠れ蓑にしているといって私を非難していた。しかし実際に当時の学長選考制度を維持したまま、独立行政法人に移行することはありえないことなのである。

この頃学長選考制度の改革案はかなり進捗していた。職員投票をまず行ってその後に教官の投票を行い、各教官が職員票を背負って投票をするという案は私が強く反対して廃案とされ、選考問題の審議は評議会で行われることになり、一九九八年六月十日に私の声明が出され、その後評議会は「新たな検討の方向（案）」を提案したことは前に書いた。それは職員の投票と学生の除斥投票を廃止して、自主的な参考投票にすることなどとなっていた。こうした中で教職員組合との学長交渉が行われた。組合との学長交渉には学長のほか事務局長、庶務部長、人事課長などが出席し、組合側からは委員長以下の執行委員のほか組合員が出席した。このときの委員長は教官で教授が七人ほど出席していたが、二人を除いて全員社会学部の教官であった。

すでに五月十七日に「学長と職員の対話集会」を開き、この問題について私から職員に説明をしていたので、その後の組合のアンケート調査の結果から話が始まった。アンケートに答えた組合員は十七名で、職員投票が必要だとする意見が六名、職員投票を廃止しないほうが良いという意見が三名、職員の参加制度は不要だという意見が三名、職員に意見表明の機会があれば職員投票は不要だとする意見が一名、選考制度だけでなく、職場の民主的運営全般についてのビジョンが示される必要があるという意見が四名であったという。これらの意見は対話集会で私が職場の民主化を進めるために対話集会のような機会を作るといったことを受けての答えだと思われる。

この組合交渉で明らかになったことは一般組合員の意見の中に次のような質問があり、教官たちが学長選考問題とエージェンシー化問題との関連について充分に理解していないということであった。「本学の学長選考問題と関係なく、政府の赤字対策の一つとしてエージェンシー化の話があるのではないか。それを学長選と結びつけるのは何故でしょうか」。この質問は教官からであり、このような疑問を抱いていたのは教官だけではなく、職員も学生も同様であった。当時の一橋大学の組合員の意見を代表する意見がこのときに出されているので、それを紹介しておきたい。

「昨年六月学長から検討委員会設置の提案があり、それは基本方針を維持するにはどうすれば良いか、制度の実質は変えないで文部省に選考補足メモを出さないで済む方法について検討するというものであったが、私どもは疑念を抱きながらも議論を続けてきた。それが今になって職員の投票権はなくするといわれる。その責任をどう感じておられるのか。また、大学審議会での審議のことについても、まだ法律にもなっていないことを先取りして国民の期待に応えていかなければならないといわれる。文部省が大学を支配する。官僚が支配する。そういうことが国民に批判されているのであって、今何が必要かというとそういう官僚がリストラされなければならない。地方分権、大学の独自性・個性ということもいわれている。学長の権限が強い大学もある。いろいろな大学があっても良いではないか」

これに対して私は次のように答えている。「今の意見に私は八割方賛成です。このような事態になったのは委員長である私の責任であると考えています。責任の取り方として、今日にも辞職するという簡単な方法もあるが、自分は学長として一橋大学を存続させてゆくという責任も負っている。自分が今の立場でなかったら皆さんと同じような意見であるかもしれない。全学が一致して現行制度を守るべきだということであれば、得難い経験としてその道を選択することになるが、私はそのように一橋大学を窮地に追い詰めたくない。大学の全体を考える立場の者として、そこに一橋大学の命運をかけたくないのであります。しかし全学の意見がそうであれば、その方向に進むしかないと思っています」。今になってこのときの意見を補強するのはフェアではないが、当時私は一橋大学が現行の学長選考制度を維持するのであれば、民営化はやむをえないと考えていた。独立行政法人になることはそれよりもましに見えたが、現行の学長選考制度を抱えたままでは独立行政法人にもなれないことは明らかだったからである。

同じような意見の交換が学生との間でもあった。学生達は現行の学長選考制度を守ることが一橋大学の自治を守ることだと主張し、学問の自由を守るために全力を尽くすべきだと主張していた。私は現行の学長選考制度は現在の日本では五十年早すぎた制度であって、それを改定しても学問の自由や大学の自治は侵されないと主張していた。しかし学生達は大学の自治を守るためにこの制度を死守すべきだと主張していた。そこで私は中西事件の話をしてあの時東京高等商業学校の廃止に反対した学生達が全員退学して各地に散っていった例をあげ、「もし皆さんが全員とはいわないまでも八割の諸君が退学届けを出すほどの覚悟をもってその主張をするならば、私がその運動の先頭に立とう」といったのである。

すると学生達は「先生、無理なことをいわないで下さいよ」と答えたのである。私はそれを聞いて学生達の運動の底にあるものが見えた気がした。

確かに中西事件のときの学生達の多くは家に帰れば何らかの生きてゆく手段はあったのであり、現在の学生達とは違っていた。現在の学生達は大学を退学すれば就職の見込みを絶たれ、フリーターとして生きてゆくしかない。しかも当時ですら一橋大学の学生自治会の活動家は全学の中でほんの僅かしか占めておらず、学生大会すら殆ど成立していない状況であった。彼らが私の発言に「無理なことをいわないで下さいよ」という理由は充分にわかったのである。しかし日本の歴史の中で権力に歯向かった運動で成功し、その後安泰だった運動はない。権力に歯向かった運動はすべて鎮圧され、その後その集団は解体されている。しかし全学がそのような意志ならば一度くらい権力に歯向かってもよいではないかと私は思っていた。それは学生達との交渉の中で高揚していた私の一時の思いつきに過ぎなかった。一橋大学もまた「世間」のひとつの集団に過ぎなかったのである。しかし学生達はその中で少なくともそのような思考には反対し、権力に歯向かえと主張していた。私はそのような学生達の高揚した運動に冷や水を浴びせたことになり、自分の思いを強く出したことにその瞬間羞恥心がおそってきた。一橋大学が戦うといっても大学の中の事情に過ぎない問題について自己主張をするだけのことである。それをたいそうな形で表現したことにたいする羞恥心であった。学生達の熱気に感染していたのであろう。

しかし教官たちは学生達よりはるかに冷静であった。ちょうどその頃一橋大学にも大学院重点化の話がせまっていた。そのとき問題になっていたのは法学部であった。すでに東京大学や京都大学などの大学院は重点化されていた。大学院の重点化とはその大学を研究大学として認めるということであり、予算も大きくなる。この頃すでに文部省は国立大学の選別をはじめていたのであり、九十九の大学をすべて同じように処遇するという方法は放棄されていた。大学院の重点化は大学選別のはじまりだったのである。当然教官たちはそのことを知っており、文部省が一橋大学に現行の学長選考規則を改定しなければ大学院重点化を延期するといってきたときに法学部は慌てたのである。私だけでなく、法学部長も同席していた文部省との交渉の中で文部省ははっきりと今年中に学長選考制度の改定ができないなら、法学部の重点化は延期となると明言したのである。

このような状況の中で次期の学長選挙が始まっていた。この選挙は従来の方式で行われるしかなかったから、現行方式の最後の選挙になるといわれていた。候補者は石弘光教授、富沢賢治教授、村井敏邦教授の三氏であり、従来どおり除斥投票も行われた。その結果石教授が選ばれた。選挙は十月三十日に行われたが、その前の六月十一日に学長選考をめぐる学生自治会との折衝が行われた。このとき学生側は詳細な記録をとっていた。組合との学長交渉は人事課が記録を取っていたから、詳細な発言の記録があるが、団交の場合は記録がなかった。私は発言に忙殺されていたから、記録をとる余裕はなかった。このときの折衝の記録は学生によるものである。それ以後の折衝の記録はないから少し前の折衝の記録だが、ここで一部を明らかにしておきたい(「第三回対話集会六・一一発言集」から)。

対話集会

議論の途中で一般学生から質問があった。

「**学生**　切迫した状況があると思うんですが、一橋がエージェンシーになって、研究ができなくなるのではないかとおっしゃってました。僕もある意味では廃止をさせない、一橋の今のことを維持することが非常に大切だと思います。もしこの現行の制度を改定できたとしても、一橋のそのリスクが残っているんであれば、変えても僕は、あまり意味がないかとも思うのと、もしもこの制度を改定したらほんとに生き残れるのか、ということが僕にはよくわからない。もしもできるのであれば、僕もこの制度は間違ってはいないし、絶対正しいと思っているんですが、あまりに小さいことにこだわって一橋をつぶすということもあまりにむごいと思う。だから実際に、このエージェンシーというのがどのくらい危険性があるのかということがわからない。切迫した理由がよくわからないですね。だから僕も維持したいんですけど、追い詰められている状況が本当にどのくらい真実なのか僕達には理解できない。

学長 その質問はなかなかいい質問ですね。答えにくい質問です。現行の選考制度を変えたら大学の研究・教育を維持できるか、そんな保障はありません。エージェンシーにならないか。そんな保障もありません。民営化されないか。そんな保障もありません。ただしはっきりしていることは大学審議会の答申が法案化される際に国会審議がある。そのときに現行の制度のままであれば一橋が脚光を浴びる可能性があるということです。議員の中からその状況を積極的に強調する人もいるでしょうし、マスコミも取り上げて騒ぎになるでしょう。そのような中で私たちは思わぬところでそちらの方向に歩まざるを得ない状況が出てくる可能性がある。それを私は恐れているわけです。文部省との間でこの問題が解決したとしてもあまり大きな声でいえないが、この問題に関して私が余り積極的に動いていないと文部省は判断したんでしょうが、今概算要求に関して大きな障害が出ているわけです。概算要求がストップされるのは大学にとっては命を絶たれるに等しいのです。給料などは出るでしょう。人権問題になりますからね。研究に関するプロジェクトなどはなくなる可能性があるのです。現在各大学は最後に生き残れるのはどこかということで競っているのです。選考制度について文部省との間で了解が付いたとしても民営化やエージェンシー化の危険性は常にあるのです。審議会もはっきりいっています。大学は大学院を重点化する大学と教養教育を中心とする大学や地域に貢献する大学など守備範囲をはっきりさせるべきだと。研究大学として残るとすれば大学院重点化をしなければならないということが当面の問題としてあるのです。あなたがいわれた全体について民営化などのような危機が迫っているのかわからないということは当たり前のことです。私たち全員がそれを知らないのですから。この選考制度について多少の手直しをしてもその点は変わりません。

学生　この間三回対話集会が行われているわけですけれども、私たちの意見は反映されたのか、全くされていないですよね。今回もいきなり検討委員会もやめますと、新しい制度が必要だという。次から次へと論点が変わってゆく。それが本当に対話集会といえるのか。文部省の意図は学長権限を強化し、その強化した学長を学生が選ぶということがあってはならないということではないかと思うんです。現行の選考制度がなくなって、強化された学長の制度が生まれた時にはや全構成員の自治、大学の自治が機能しなくなるのではないか。つまり目先の予算に目を奪われて大学の自治や民主主義を全く放棄してしまうという問題も起こってくるのではないか。そうなれば学長は嫌でしょうけれどこうした対話集会だって行われなくなるでしょう。先ほどから学長は一橋がいかにして生き残って行くかという話をされていますが、しかしながら阿部先生は国立大学協会の会長でしょう。今の問題は一橋だけの問題ではなく、国立大学全体にかかわっている問題ですよね。国立大学協会を挙げてこの問題にぶつかってゆくべきだと思うんですよ。

学長　大学自治と大学審議会の現在の議論、例えば学長のリーダーシップ云々の問題についての危惧の念があるわけですね。私もそういう危惧の念はもっているわけで、そういう意味では大体理解します。しかし一橋大学がそういうふうになると私は思っていません。そしてまたあなたは私がこのような対話集会をするのを嫌だろうといわれたけれども、それはあなたの個人的な見解で、私はあまり嫌ではないですね。どうしてかというと少なくとも学生諸君はかなり頭が固いと私は思っています。つまり現状の中でどう判断するかということではなく絶対的なものとか観念的なもの、あるいはこれが正しいと自分で思い込んだことには絶対に疑問をもたないという態度をしばしば目にしますので、私は一橋大学の社会科学の教育に問題があると思っています。対話集会はそれこそ教育のチャンスだと思っていますので嫌だと思ってきているわけではありません。

学生　ちょっと待ってください。それはどういうことですか。侮辱ですよそれは。

学長　――一般学生からいっせいに声が上がる。――

いやいやそういうときに怒ってはいけないですよ。対話集会なのですから。

学生　いかに戦うかということでここで話し合うことも出来るはずですけれども。それをはじめからシャットアウトして。

学長　いや、していないですよ。戦いのあり方については今まであなた方から提案はありませんけど、戦えといわれても私達は今まで戦ったことはないのです。一橋大学は、メモで逃げてきただけです。戦うとはどういうことか、私の立場でいえばですね、戦うということは極端にいえば例えば国立大学を離脱する以外にはない、決裂になってしまう可能性があるのでそういう道は選べない。私はそう判断しているわけで、ここの点について意見はいくらでもいえます。例えば定員の問題などについても注文をつけていますが、戦うとなれば存亡を賭けることになるのですよ。

学生　大学全体として戦えるかどうかで。

学長　それは皆さん方の全面的な支持がなければできないと何べんもいっているではないですか。私一人の判断ではできません。

学生　俺は卒業したいよ。

学生　ここにいる人でもやろうという人は大勢いると思います。

学長　この問題は大学の存亡を賭けた問題ですから、それをいう以上私たちもそれだけの覚悟をしなければなりませんが、学生諸君も当然その覚悟をしてもらわなければならない。それについては保障が必要です。つまり学生全員がそれに参加するということですね。そういう保障があれば私たちもそういう道について充分に考える用意があるし、私はそれに従うつもりでいます。

学生　学生全員一人も残さずということはありえないと思うんですけれども、少なくとも千六百近くの署名が集まった。

学長　いや千五百、千六百、程度では駄目です。五千名、六千名の学生がいますから、八割はなければならないでしょう」

対話集会の討論の一部分を引用したが、この発言集には感想文もつけられており、学生たちは自分達の主張と違った意見もここに収録している。

こうして多忙な毎日を過ごしていた時、石田忠名誉教授から伝言があった。「一橋大学が、そして国立で唯一の社会学部が潰されないよう、頑張ってほしい。参加制度は、孤立してしまい、誰も支えてはくれない状況にある。一人だけで背負い込まないように」。石田名誉教授は三・一確認書当時この問題と深くかかわった教官で、『反原爆』という書物を書いていた。学内でも孤立していた私はこのような伝言によってどれほど勇気付けられたことだろう。

十一月十八日には学長選考問題に関して規程で定められている有権者投票が行われ、賛成百九十七票、反対九十一票で学長選考規程から学生、職員参加の条項の削除が決定した。このことは十九日付の朝日新聞、毎日新聞、産経新聞などで報じられた。私の任期は十一月三十日まででであったから、ぎりぎりでこの問題に決着がつけられたことになる。最後の団交は十七日に行われ、八時間を要した。私はその前日に東京医科歯科大学での短期入院から退院し、帰ったばかりであった。しかし学生達の態度が誠実であったので、団交の間も苦労はなく、なにか悲しい気分でその時を過ごしていた。

再び国立大学協会について

その一年前の十一月、国立大学協会の理事会で私は意外なことに会長に選任された。これまで国立大学協会の会長に選ばれたのは殆ど東京大学長か京都大学長であり、短期的に東京工業大学の学長が務めていたことがあった。この頃国立大学協会は民営化問題や独立行政法人化の問題で揺れていたから、協会の運営は容易ではなかった。建前の上では国立九十九大学は一枚岩とされていたが、現実には旧七帝大とそれに準ずる旧制大学とその他の新制大学に分かれていた。その区分は学長の給与で明確に示されていた。東京大学と京都大学が一つのグループで、その次がその他の旧制帝大、それについで旧制大学があり、一橋大学と東京工業大学、筑波大学、神戸大学などがそのグループに含まれていた。

国立大学協会の総会は年二回開かれ、そこでさまざまな問題が議論されたが、この頃は「当面する諸問題」ということで、国立大学の存在理由が論じられることになっていた。私学との関係がさまざまな面で問題になっていた。自民党の政治家達が私学を支援して、国立大学は特別会計で特権的な待遇を受けている、といい、民営化の議論が沸き起こっていたからである。それに対して国立大学協会は学問の面でのこれまでの国立大学の貢献を挙げて、対抗しようとしていたが、それも私学の反発を買うことが多かった。

民営化や独立行政法人化の問題はこの段階でもまだ通則法もできていなかったために、突っ込んだ議論になりにくかったが、ある段階で突然新聞に東京大学と京都大学を独立行政法人にするという案が出されたため、もめたことがあった。このときには東京大学と京都大学の学長がすぐ文部省にゆき、事実の確認をし、収まった。これは行政改革関係の事務の人の独断による案であることがわかったため、すぐに沈静化したが、このようにちょっとしたことで大騒ぎになったのである。

国立大学協会に属している九十九の大学は規模の点ではさまざまであり、一つに纏めることは難しかった。総会の議論も大勢の人が一堂に会して行うために、かみ合わないことが多かった。国立大学協会の会長と副会長で自民党の総務会長などに会見を申し込み、「国立大学の施設の整備に関する緊急の訴え」をしたことがあった。自民党の幹事長、政務調査会長、総務会長らと会見し、国立大学の病院の改築費を出してもらうように交渉をしにいったことがあった。このときは森喜朗総務会長とも会談したが、彼は文教族で、金沢大学の移転について深くかかわっていたために、東京大学の柏キャンパスについて意見をもっており、東京大学の蓮實重彥総長に東大は全部柏に移ったらどうですかなどと言っていた。森総務会長はその中で東京大学の病院についても個人的な意見を述べ、蓮實総長は一度東大の病院に来てくださいと招待していた。

学長になって六年のあいだ八人の文部大臣と付き合ったが、その中で自分の言葉で話が出来る文部大臣は二人しかいなかった。その一人とホテルオークラで会食をした時、会食が終わってもブランデーを飲もうといって引き止められ、さまざまな話をした。そのときに彼が西洋経済史を学生時代に学んだと聞いたので、そのあとで私の新著『物語 ドイツの歴史』を贈ったことがある。彼はそれを読んで詳しく内容について批評を書いてこられた。文部大臣の任期が事実上一年足らずでは将来を展望した教育計画などは立てられるはずがない。実質的に文部省を運営していたのは文部大臣ではなく、事務官達であった。その事務官も二年ほどで移って行く。こうして日本の文部行政は短期的な視野の中でその場しのぎで営まれているのである。

独立行政法人化の問題が迫ってきた頃、文部省の中に懇談会が設置され、七、八名の委員が任命された。私もその一人であった。この懇談会で独立行政法人化の問題が現在どのような形で進んでいるのかが報告され、意見が交わされた。少人数の会議で率直な意見交換ができたが、その中でも私はほかの人たちと意見が異なることが多く、気まずい思いをしていた。この懇談会で私が学んだことについては機会を改めて論じてみたい。

国立大学協会だけでなく、この頃から各大学においても大学改革の声が高まり、さまざまな試みが行われていた。私はその中にいていつも疑問に思っていたことがあり、そのつど指摘してきたが、ほとんど誰も聞く耳をもたないという感じであった。大学改革の中心にあるのは学問の改革ではないかということであり、学問の改革を伴わない大学改革などありえないということであった。しかし文部科学省(二〇〇一年の省庁再編で文部科学省となる)の会議でも、各大学の内部でもそのようなことをいうと、座がしらけてしまうのである。文部科学省の会議では我が国に国際的な研究の場を作ることが課題とされている。それが実現できないのはなぜかという点で意見が合わないのである。文部科学省では日本の研究者は優秀だということから、あとは費用をかければそのような場が作られると考えているように見える。しかしことはそう単純な問題ではない。

この問題については岩波書店の『科学』二〇〇一年十月号に「わが国の学問の活性化のために」と題して論文を書いたことがある。ここでは繰り返さないが、研究主体の社会的関係に問題がある。私は一橋大学の学長選考問題や国立大学協会の大学改革の問題などと触れ合う中で、我が国における学問のあり方について考える機会があった。

第九章

堀口大學との出会い

私の生涯にわたる研究生活が行われた場所は、日本では東京周辺と北海道、ヨーロッパではドイツとオーストリア、東ヨーロッパの一部となる。それらの地域の自然環境の多様さからも影響を受けたが、それよりもヨーロッパでの生活において、それまでに感じたことのなかった全く新しい存在として自分自身が意識されたことのほうが大きかった。昭和十年に生まれ、二十九歳まで暮らした東京とその周辺の土地は、私にとっては暗く陰鬱で、圧制的な雰囲気をもっていた。それは土地だけではなく、その当時の社会のあり方からくるものであったかもしれない。小学校の時には毎朝由比ヶ浜まで分列行進をして行き、浜で禊をさせられた。教育勅語を毎朝読まされながら、その解説を一度も聞いたことがなかった。行進の時に右足が右腕と揃ってしまう私は何時も皆から馬鹿にされていた。学校から帰るときですら近くに住む者同士が集まって行進をして歩き、行進の仕方が悪いと班長が判断した生徒は一人になっても最後まで行進を続けさせられた。こうして私の毎日は屈辱的な日々であった。勿論このような日々の中でも私は些細な喜びを発見していた。例えば皆が嫌がる教育勅語の暗記など、私は苦もなく憶えることができ得意であった。

小学校を六回、中学校を三回転校した私はどこにも親しい友人はいなかったし、今でも同窓会の楽しみを知らない。小学校の時が一番辛かった。自分が関心をもてない科目や、体操の時間や運動会の時などは最も辛い時であった。好きな科目の成績はよかったが、嫌いな科目の成績は悪かった。好きな科目といってもその科目自体が好きだったのではなく、担当の教師が意地悪でなかったというだけの理由であった。しかし小学校から中学校、高等学校、大学と進んでゆくうちに私は多少の自由を得るようになり、何が好きかも次第にわかってきた。

苦々しく、思い出したくない経験ばかりだった学校の生活の中で僅かに記憶に留めているのが数人の教師である。それらの教師のことはすでに触れたから、ここではくりかえさないが、総じて学校の生活は暗く、陰鬱であった。私は周囲の人たちからは理解されず、一人で苦しんでいた。このような若い頃の生活の中で私を支えてくれたのは、すでに述べたカトリックの修道院での暮らしであった。そこでの生活は敗戦直後であったから、決して豊かなものではなかった。例えばサツマイモの茎を煮たものがおかずとなっていたり、オートミールだけの食事もしばしばであった。ほとんど毎日お腹が空いていた。親や姉妹から離れ、見知らぬ者たちとともに暮らす生活が快適だったわけではない。しかし私はそこで自分の世界を発見したのである。

それははじめて知ったヨーロッパであった。カトリックの神父達との会話の中で私は自分のことを対等の人間として遇してくれる人をはじめて知った。しかも彼らは皆何かを求める人たちであった。それまで私の周囲にいた人たちは生活の中でもがいていたかもしれないし、それなりに苦労されていたのだろうが、それらの生活の中で何かを求めている人はいなかったように思われた。いわば生活の中で溺れているように見えたのである。若かった私はそのような生活を正面から見ようとせず、どちらかといえば嫌っていた。私の目には神父たちは求道者に見えたのである。私もその中に入って神父になろうとすら思っていた。その頃、中学校の図書室でたまたま知った堀口大學の「椰子の木」という詩は当時の私の気持ちを代弁してくれているような気がしていた。

大地の苦悩からのがれる為と云《い》ふやうに
一《ひと》すぢにまつすぐにのび上《あが》り
なほまつすぐにのび上り
頂《いただ》き常に天上にあこがれて
高くそびえる椰子の木たち！

なやみの触手を
絶望の表情にふり立てながら
なほ高く
なほ大地より遠く
天の方《かた》へと差しのべたれど
天はそこにもあらで
天は理想のやうに
いよいよに遠ざかり

ふるる術《すべ》もなきに
紫の夕ぐれとなる。

椰子の木たちは
そもそも樹性《じゆせい》の苦行僧《くぎやうそう》
大地ものかげの底に埋《うも》れ
夕星《ゆふづつ》西天に
銀青《ぎんせい》の振香炉《ふりがうろ》をゆれば
大いなる黒《こく》十字架と身をなして
彼等は祈る。
風は梵鐘《ぼんしよう》の余韻を伝へ
潮音《てうおん》は果《はて》のない経《きやう》を読む。

椰子の木たちは
そもそも幻《まぼろし》の空中寺院。
金《きん》と紫の熱帯圏のこの夕《ゆふべ》
悩ましい人間慾の
燃え上る匂ひの渦《うづ》の上にあつて
そこにのび上り

そこに身を十字架となして
無言《むごん》の祈りに浄心《じゃうしん》するは
それは椰子の木たちか
または私《わたし》の魂であるか。

リルケの詩を読む

この詩は当時の私にとって新しい世界であった。カトリックの世界にいた私は一応キリスト教の世界を見たということになるが、あとで考えるとそれはキリスト教というよりもヨーロッパそのものであった。このときはじめてヨーロッパを垣間見た私はそれ以後ヨーロッパに関する文献を読み漁り、その結果大学院でドイツ騎士修道会の歴史を研究対象にするまでになったのである。それはライナー・マリア・リルケがロシアの大地とヴォルプスヴェエデで受けた決定的な印象とはやや異なっていた。リルケは一八九九年にモスクワに行き、トルストイを訪問している。「その足で復活祭前夜の異常な興奮の渦のなかに巻きこまれてしまつたのである。そこでは夜の街を人々が教会から教会へと列をなし、お互に兄弟であるかのやうな会釈を取り交はしてゐた。あらゆるひとの口から出るあらゆる言葉が祈禱であり、歓喜であつた。そしてこれらのおびただしい群衆のなかではもう孤立した者はゐない、すべてのひとが神のなかに包摂されてゐるのであつた。と、そのとき突然に、モスカウの夜空をついてクレムリンの塔の鐘が鳴りだし、やがて無数の教会堂の鐘がそれに和して、空ぜんたいがまるでたつた一つの熱い鐘の音でうめられてしまつたかのやうであつたといふ。リルケの感動は大きかつた。これほどまでに彼が民衆に近づき、民衆と一つになつて全体を抱容する流れの中にゐるのを感じたことは、嘗てもなかつたし、また、その後にも絶えてないことだつた。そしてこのときの彼がこのやうにひとびとと一つに溶けあふことが出来たのは、ルウ・アンドレアス＝サロメも言つてゐるやうに、その復活祭の夜のみんなの感動が、その母胎を各人に共通の幼年時代の思出にもつてゐたからなのである。それは幼いとき両親の家庭にあつてクリスマスに、或は復活祭の夜に、煌々と燃えかがやく蠟燭の光りのもとで、初めて神をおもひ、それを幻にゐがいたときのあの思出であつた。いはばあの『失はれ、誤まられた幼年時代』をすごしてきた孤独のリルケの『本来の幼年時代』(Urkindheit) が、そしてそれとともに『本来の心の故郷』(Urheimat) が、このモスカウの復活祭の夜に見出されたとでも言へようか。リルケがいつもロシヤを自分の故郷《ハイマアト》であるといひ、モスカウの復活祭を『私の復活祭』と言つてゐたその気持は、このやうな立場からおそらく理解されるのかも知れない。『私にはただの一度、復活祭がありました。それはあの永い、異常な、並ならぬ、興奮した夜に、あらゆる人々がひしめきあひ、イワン・ヴェリキイが暗闇で一撃、また一撃と、私を打つたときのことです。あれが私の復活祭でした。そして私は思ひます、あれだけで私の一生涯には十分であると。あのモスカウの夜、一つの使命が未曾有の大きさで私に与へられました。私の血の中へ、それから心臓の中へ』」(富士川英郎『ライナア・マリア・リルケ――詩人の生涯――』南風書房　昭和二十三年)

普通の人々は毎年復活祭を祝うことが出来る。それは年中行事として祝われているに過ぎない。リルケは類まれな状況の中でロシアの復活祭を経験した。それはリルケが求めていた時に相応しい形で与えられたものであり、幸せといわねばならない。リルケの文章を引用したのは私にもリルケとはやや異なるが似た体験があったためである。私はドイツのイザローンに滞在していた。ある日曜日の朝、散歩している途中で突然頭上で鳴り出した鐘の音に驚かされたのである。やがて次々に沢山の鐘が鳴り出し、いわば鐘の音のオーケストラが私を包み込み、全身を揺るがされるほどの感動を体験したのである。このとき私は日本とは全く異なった世界にいることを実感した。

リルケはもうひとつ、自己の外側にある自然から決定的な影響を受けている。ヴォルプスヴェエデでの体験である。

「『それは不思議な土地である。ヴォルプスヴェエデの小さい砂山のうへにたつと、暗色の地の四隅に花模様が光つてゐるハンケチのやうに、周囲にひろがる風景を見ることが出来る。それはほとんど襞《ひだ》のない平面で、道や水路は遠く地平線の中に没してゐる。そして名状し難い変化に富む偉大な天がそこに始まり、それはあらゆる樹木の葉に反映してゐる。すべての物が天と交渉してゐるやうに見える。天は到処にある。そしてまた到処に海がある。いまはもう埋れてしまつた海、幾千年の昔、ここで満ち、ここで引いてた海が。その砂丘がいまヴォルプスヴェエデがそのうへにひろがつてゐる砂山なのである。いろいろな物はその海を忘れることが出来ない。山の銀松の古木のなかにみちみちてゐる偉大な騒めきは、その埋れた海の騒めきであるかと思はれる。そしていちめんに吹きよせる強烈な風は海の匂ひを運んでくるのだ。海はこの土地の過去である。しかも、この土地にはほとんどそのほかの過去がない』。」(同前)

北ドイツの荒野の中の寒村ヴォルプスヴェエデには、アカデミズムの芸術に反抗してその自然の中で独自の芸術を開花させようとした若い芸術家達がいた。そこでは若い芸術家達の天空を仰ぐような意欲が満ちていた。彼らとともに一月半そこで暮らしたリルケにとっては、その景色自体が右に引用したようなものとして映っていたのである。リルケはその土の下に数千年前に波立っていた海を見る。その海は騒めき、今でも海の香りを運んでくる。リルケが見る自然は過去と現在が渾然として一つになっている。それはリルケの想像力であるが、それが彼の現実を見る見方なのであった。

私のヨーロッパ体験とは直接つながらないリルケの体験を長々と引用したのは、この二つの体験がリルケにとっては生涯を決定するほどの意味をもっていたこと、そして私の体験も、成果は別として、それに劣らない大きな意味をもっていたことを示したかったからに他ならない。

私が若い頃修道院で出会った人々はそれまで知っていた日本人とは違っていた。生粋の外国人もいたし、日本人もいたが、いずれも異国の人という感じであった。それまで私が付き合っていた人たちは皆私のことを見下しているというふうに私は受け止めていた。学校の教師にしても、友人達にしてもときに好意をもっていることを明らかにする人がいても、その好意すら私には鬱陶しかったのである。ところが修道院で知り合った人たちは私のことを全く対等な相手として付き合うという感じなのであった。好き嫌いを離れて淡々と向き合う姿勢はそれまでの日本人からは受けたことがない初めての感覚であった。私はそのような世界の中で満足して暮らしていた。ある意味でそれは完結した世界と思われた。

中学生の時にそのような体験をしていたから、十数年後にドイツに行くことになった時には、そこで出会うであろう人たちを想像して私は興奮していた。私が極めて珍しい幸運に恵まれてい

スイス、ローヌ谷の小さな村ラロンにリルケの墓がある。

リルケがその晩年、執筆に専念したミュゾットの館。

たためか、ドイツにいた二年間に私はその期待に裏切られたことはなかった。下宿の女将から大学の友人や教授たち、スーパーのおばさん、書店の店員にいたるまで皆親切で友好的であった。しかしそれだけではない。彼らは決して私の内部にまでは入り込んでこようとはしなかったのである。見方を変えれば、彼らの私に対する評価を私が拒否していたのかもしれない。そのような評価が生まれるほど親しく私が付き合おうとしなかったためかもしれない。しかし実際はそのような関係ではなかったと私は信じている。何故ならすでに書いたように、私はドイツで様々な人々と様々な機会に、日本で交される当り障りのない〝世間話〟とは異なる会話を交したからである。ゲッティンゲンのスーパーの女主人とは彼女の夫が亡くなった後で七時間も話し合い、人の死について、人生について二人だけで、親しく話し合うことになった。韓国のハイ・ボンチュンという学生ともさまざまな深い話をした。フランクフルトでもあるギムナジウムの教師と出会い、私がドイツで計画していた研究の内容を思わず詳しく話してしまった事があるが、彼はそれを充分に理解してくれたのである。私が話した内容は私の教授にも話していないことであった。

ドイツへ行く前に私が想像していたヨーロッパと実際にその地で体験したヨーロッパとは異なっていた。すでに述べたように、ドイツでは毎日文書館に通い、古文書を読む生活であり、詩的な雰囲気は日曜日の散歩の時以外にはあまりなかった。しかし日本でヨーロッパを想像していた時には日常的な細部はなく、ほとんど詩的な想像に終始していたのである。その上歴史研究はかなり技術的な日常生活を必要としていたから、ますます詩的な想像の世界から離れて醒めた気分になっていた。日本にいるときの私の悩みはドイツ中世の農民の顔が具体的に見えないということであった。しかしドイツの文書館で仕事をしているとそこで働いている館員の中にはプロイセン出身者も多く、彼らに鋤をもたせればすでに立派な農民であった。こうして日本にいた時の悩みからは部分的に解放されたが、日本にいるときに詩に託してヨーロッパを想像していた時の充足感はかえってなくなっていった。

それはどういうことかというと、日本にいるときには自己と対象つまりヨーロッパとの距離があまりに遠く、近づき難かったために、詩や書物を読む行為の中で、即ち想像の中で満足せざるを得なかったのである。大学院の頃には日本人の詩だけでなく、ドイツの詩人の書物も読んでいた。日本人の現代詩の多くはヨーロッパを詠ったもので、その中には高村光太郎の「雨にうたるるカテドラル」など、ヨーロッパの近づき難さを詠ったものもあったが、詩に描かれていることはそれなりに明快であった。「出さずにしまった手紙の一束」でさえもヨーロッパと自分との距離を語りながら、そのように語ることによって自分の位置を確かめようとしていたのである。しかし私は詩人たちの詩を読みながらも、その詩の話を教授や研究する仲間にしたことはなく、もっぱら学問の中で自分の研究の発表をしなければならなかった。

私の大学院時代の悩みは、ドイツ中世の研究と自分の生き方とをどのようにして結び付けてゆくのかということに集中していた。そのような悩みを抱え込んだのには、上原専禄教授の影響が大きかったといえるだろう。上原ゼミナールではそのような悩みは自然の悩みと見なされたから、仲間は多かったが、増田四郎教授のゼミナールに移ってからはそのような悩みを訴えることも出来なくなった。周囲の人たちは何の逡巡もなくイギリス史などに熱中できているように見えたからである。このような雰囲気の中では日本の詩人の書を読んでも答えは得られなかった。この頃から私はリルケの詩を読むようになっていた。
とくにリルケの「寂寥」という詩が好きだった。

寂寥は雨のようだ。
それは海から夕闇こめた岸べに打ち上げ、
人里はなれた広野から
いつも寂寥のこめた空にむかって昇る。
そうして空から街の上に降る。

薄明の時間を、雨となって降りそそぐ、
すべての小路《こうじ》が東雲《しののめ》の方角に走るとき。
期待を裏切られた二つの肉体が
幻滅と悲哀とを感じながらはなれるとき、
そうして憎み合う人と人とが
一つ寝床に眠らなければならぬとき、
そのとき寂寥は川となって流れてゆく……
（高安国世訳）

ここでは寂寥は孤独な一人の人間の胸のうちではなく、宇宙の中に位置づけられている。一人の人間の小さな寂しさなどではなく、海であり、雨であり、川である。宇宙の現象として個人の寂寥を位置づけてゆく視線に私はヨーロッパを見たのである。日本にはこのような詩はない。またこのような詩が生まれる母胎もないと私は思った。このような詩を生むヨーロッパを捉えたいと私は思った。この詩は確かにリルケの作品である。しかしリルケ一人によって生み出されたものではない。リルケの背後に数千年に及ぶ歴史があり、それがある段階でリルケによって結晶したのだと私は思った。

再びハインペルについて

そのような思いを抱えて一九六九年にはドイツに出かけていった。はじめはボン大学で、それからゲッティンゲンの文書館で仕事をした。私の周囲にいたのは歴史家達で、日本と違って文書館員がその中でも中心にいた。彼らは大学の教員と違ってかなり狭い範囲の地域を自分の専門領域としていた。大学の教員も同様に狭い専門分野から出発していたが、講義などの都合で、比較的広い分野をも専門領域として扱わなければならなかった。そこから両者の違いが生まれていたが、基本的には同じであった。たとえばゲッティンゲン大学教授ヘルマン・ハインペルの場合、はじめは『レーゲンスブルクの産業』という論文で学会に出て行ったが、やがてドイツ中世後期という分野を専門とし、第二次世界大戦の後には『人間とその現在』という論文集を出していた。そこでは現在を四つの捉え方で分析し、歴史の根源を捉えようとしている。その内容についてはすでに述べたからここでは繰り返さない。

この論文でハインペルはオットー・ボルノーの『気分の本質』などによりながら、現在を四つの観点から捉えようとしている。この論文は極めて難解で、全体を理解するためにはハインペルの教養を理解しなければならない。現在の分析こそは歴史家が依ってたつ原点である。私はこの論文を理解しようとして十年の年月をかけて読んだ。ドイツへ行ったときにもまだ理解できたとはいえなかった。しかしハインペルに会い、彼が主催する「中世史の夕べ」に出席するようになってから、ある程度わかるような気がし始めていた。ハインペルは歴史家であり、中世史家であるが、その本質には詩人がいた。ハインペルの幼年時代の歴史意識のあり方を述べた『小さなヴァイオリン』は、時間と空間が一致していることにはじめて気がついたのは何時であったかという問いからはじめて、幼年時代のさまざまな問題の中で自分の歴史意識が育っていった有様を語っている。先に引用したリルケの詩は個々の人間が自然現象としての海や雨と一つになっている状況を詠っている。リルケの詩の中では時間と空間も一体のものとして扱われている。このような人間の捉え方と自然現象の捉え方は近代になって生まれたものではない。

エアハルト・ケストナーはこのハインペルの書物について「歴史家が自伝を書くことは珍しくないが、このような内容の書物を書くことは極めて稀である」といっている。ハインペルはミュンヘンのシュトロス四重奏団のメンバーと親しく、自らもヴァイオリンを弾いていたが、あるとき彼とリルケの「ドゥイノーの悲歌」について話し合ったことがある。彼は幾編かを暗記していた。歴史家と詩との関係は私にとって重大な関心事であった。私はヨーロッパ史を専攻しながら、ヨーロッパのどの歴史家にも関心がもてず、歴史の事実を知るために必要な書物としてしか読んでいなかった。大学院時代から、私はハインペルにしか関心がなかったのである。それは何故か。それは人間と自然との関係の問題である。ヨーロッパの歴史学は長い年月をかけて自然から人間が脱却してくる過程として営まれてきた。そのことはランケやヤーコブ・ブルクハルトから最近のエドワード・ハレット・カーにいたるまで一貫している。歴史家の多くは自然というとき、人間の外部にある自然と理解し、人間の内部にある自然には思いを寄せなかった。したがって歴史はつねに制度の歴史として描かれ、人間の心の中の自然には目が届かなかったのである。私がヨーロッパの歴史家のほとんどを、ただ知識をうるための素材としてしか見なかったのはこのような理由があったためである。

その中にあってハインペルは違っていた。彼の論文も詩的であった。試みに「毛鉤——ジギスムントの改革における水利権と漁業権」という論文を取り上げてみれば解るが、毛鉤とはローマ時代からある人工の釣針、擬餌鉤のことである。「ジギスムントの改革」とは著者不詳の文書で、はやくからソヴィエトの歴史家達によって初期ブルジョア革命の重要な証言として位置づけられていた。ハインペルはソヴィエトの歴史家たちの大雑把な議論に対して「一般的に判断する前にこの文書の一言一句をその文意によってだけでなく、その句の背後にある現実に対しても問いたださなければならない」と述べ、水利権と漁業権に関する部分に文書批判と分析の目を向けたのである。

そこでの問題は領主と庶民の河川における権利であった。「河川は神の創造になるものだから、何人もそれを独占してはならない」と述べられている。まず小さな川における庶民の漁業権に関する文章が来る。この部分はソヴィエトの歴史家スミーリンが依拠したヴェルナー版においては

「小さな川は世界のいずこにおいても自由でなければならない」Wa aber sust klaine weasser sind, die sollent auch frey sein in all der Welt となっている。

このヴェルナー版は先行する研究者ベーアが十点から十一点もある手書本群に基づいて作成したV版を基礎としている。ベーアが目にしたテキストでは、also das sie weder nur frei sei となっていたのを、ベーアは also das sie wieder frei sein（したがって再び自由である）と校訂した。こうして否定句 weder を wieder（再び）とし、nur（〜のみ）を単なる異同として削除してしまった。他の写本をよく知っている者には weder（否定句）から feder（毛）が、nur（〜のみ）から snur（毛の糸）が見えていたはずだとハインペルはいう。

こうしてこの部分は veders nur freysy となり、「毛鉤による釣りは自由とする」という意味になる。つまり領主に小さな河川における権利を原則として認めながら、一般の庶民には毛鉤によるささやかな釣りは認めていたことになる。こうして「ジギスムントの改革」のこの部分は現実の慣行を重視したものであって、その限りで革命的ではなく、保守的なものであったということになる。

この論文に見られるように、ハインペルの仕事は徹底した文書の吟味に始まり、文書批判を通して歴史的事実に接近するというものであった。しかしそれだけではない。すでに述べたようにハインペルはこうした細部の積み重ねの上に中世後期について大きな展望を行っており、決して単なる実証主義者ではない。このような個別の研究を積み重ねながら、ハインペルは中世史像を描いていた。すでに一度引用した言葉だが、「近代史研究においては対象の思考、行動する世界を研究者は自分の世界として前提しうるのに対し、中世史研究においてはそれが出来ない。バルバロッサとライナルト・フォン・ダッセルを扱うのにヴィルヘルム一世とビスマルクを扱う時と同じように扱うことは出来ない」「バルバロッサではなく、バルバロッサの世界がわれわれの関心の前景にあるのだ。だから近代にとっては自明であるようなことが、すなわち出来事が起こるその世界が中世史家にとっては研究の本来の対象なのだ」。

高村光太郎

このように、個別研究の積み重ねの上で、中世世界を捉えることになる。しかしすでに述べたようにヨーロッパ人にとって近代史は自明な世界かもしれないが、日本人にとってはヨーロッパ近代史といえども決して自明な世界ではない。こうして私たちは中世史、近代史を問わず、未知の世界としてのヨーロッパを扱わなければならないのである。「自分の住む世界が自明である」ということはどういうことなのか。その点で私は日本の詩人達がヨーロッパと出会った時のイメージを思い出していた。高村光太郎は「出さずにしまつた手紙の一束」の中で次のように書いている。

「独りだ。独りだ。

僕は何の為めに巴里に居るのだらう。巴里の物凄い CRIMSON の笑顔は僕に無限の寂寥を与へる。巴里の市街の歓楽の声は僕を憂鬱の底無し井戸へ投げ込まうとしてゐる。君は動物園に行つた事があるだらう。そして虎や、獅子や、鹿や、鶴の顔を見て寂寥は感じなかつたか。君の心と彼等の心と何等の相通ずる処も無い冷やかな INDIFFERENCE に脅されなかつたか。虎の眼を見て僕はいつも永久に相語り得ぬ彼と僕との運命を痛み悲しんだ。此の不自然な悲惨の滑稽を忍ぶに堪へなかつた。かかる珍事が白昼に存在してゐるのに、古来何の怪しむ事もなかつた人間の冷淡さに驚愕した。それだよ。僕が今毎日巴里の歓楽の声の中で骨を刺す悲しみに苦しんでゐるのは。白人は常に東洋人を目して核《かく》を有する人種といつてゐる。僕には又白色人種が解き尽されない謎である。僕には彼等の手の指の微動をすら了解する事は出来ない。相抱き相擁しながらも僕は石を抱き死骸を擁してゐると思はずにはゐられない。その真白な蠟の様な胸にぐさと小刀《クウトウ》をつつ込んだらばと、思ふ事が屢〻あるのだ。僕の身の周囲には金網が張つてある。どんな談笑の中団欒の中へ行つても此の金網が邪魔をする。海の魚は河に入る可からず、河の魚は海に入る可からず。駄目だ。早く帰つて心と心とをしやりしやりと擦り合せたい。

寂しいよ」

光太郎は他方で「暗愚小伝」の中で自分の魂が解放された場所としての巴里、思考のどんな系譜も拒まない巴里、人が息をつける場所としての巴里を詠いながら、日本との比べようもない落差を見て取り、日本の事物国柄の一切をなつかしみながら否定している。しかし同時に彼は解き尽されない謎としての白色人種との間に金網が張ってあることを感じていた。所詮その中に入りきることが出来ない自分を感じていた。

そこで私は光太郎の「心と心とをしやりしやりと擦り合せたい」という言葉に注目したい。巴里に来て始めて自分を自覚し、芸術に眼を開かされた光太郎。それでいて巴里にいながら人々と心安んじて暮らせない光太郎、そこには日本の生活との決定的な違いが二つの面で現れている。芸術や文化という面では光太郎は巴里ではじめて自分を知り、巴里の文化にひきつけられている。

しかし日常の生活の中で付き合うフランス人との間には金網が張ってあるように感じている。一人一人のフランス人は到底理解できない存在であるかのように感じている。その原因は光太郎自身と日本の「世間」にある。日本にいるときには光太郎は日本の「世間」の中の一員として行動していた。日本にはフランスにおける個人の意識はほとんど存在しない。その中で光太郎はせいぜい頑張って自己主張をしてきた。しかし他方で「世間」とも折り合って暮らしていたのである。

そのような光太郎が個人が成立している巴里の社会の中で暮らすことになったのである。日本にいる時には個人を求めていても、「世間」とも折り合いをつけて暮らしていたから、そのような生活がなくなったとき、すんなりとヨーロッパ風の個人を演出できるわけではなかった。自分の中にも「世間」的なものを抱え込んでいる日本人は、個人が成立している国に行ってもすんなりと個人になりきることは出来ないのである。

芸術の面では個人としての自己をフランス人に対しても主張できるが、日常生活の次元では個人としての自己をすんなりと表現することが難しい。そのような生活の中での不満がこのような形で表現されていると思われる。日本の「世間」の中での対人関係は、西欧の個人を知ってしまった光太郎のような人間にはかなりギクシャクしたものであっただろう。「心と心を通い合わせたい」というのではなく、また「心と心を一つにしたい」というのでもなく、「しやりしやりと擦り合せたい」という時、そのいずれでもない、心と心の接触の際の抵抗が表現されている。心と心は日本の「世間」の中ではすんなりとは通い合わず、多少の抵抗を受けながら、擦り合せるようにして接触している状態が描かれている。

フランスで暮らすということは日常生活のすべての面で日本との違いを意識させられながら、

「どうして」と思いながらそれを受容れ、自分を合わせてゆく生活であっただろう。高村光太郎はそのような自分の心の状態を正直に詩と文章で綴っている。そうだとするなら光太郎にとってヨーロッパは自明の世界であったのかどうかが問題となる。「暗愚小伝」の中の光太郎は異質の世界としてのフランスにいた。しかし「出さずにしまつた手紙の一束」の光太郎は自明の世界の中にいる。歴史研究に戻って考えると、ハインペルに即していえばこのようにヨーロッパが自明の世界でない場合には、研究の場について中世史の場合と同じように、まずその世界の全体をつかまなければならないことになる。

日本人の西洋史研究についていえば、ヨーロッパが私たちにとって自明の世界でない以上、まずその世界の全体を捉えようとしなければならないことになる。その際に問題になることは、研究の主体である自己がどのような世界で生きているのかを無視してヨーロッパ世界の全体を捉えようとするような方法が間違っているということである。光太郎が抱え込んだ矛盾は日本とヨーロッパの違いの問題であり、具体的にはヨーロッパの個人と日本の個人との違いの問題なのである。この問題は直ちに日本の「世間」とは何か、そしてその中で日本の個人とは何かという問題となる。ヨーロッパの中世を対象としていた私の研究はここから新しい方向に向かうことになった。その前にハインペルの考え方について一つコメントしておきたい。ハインペルは近代世界は私たちにとって自明な世界だといっている。しかし本当にそういえるのだろうか。私はハインペルの言葉にもかかわらず、自明な世界という言い方に疑問がある。ハインペル以外の人にとっては、近代世界は自明な世界ではないかもしれないという疑問が残るのではないか。しかしこれはヨーロッパ人の問題であり、私たちの問題ではないから、ここではこれ以上入り込むことはしない。

日本の「世間」にはじめて気がついたのはドイツに留学していた最後の頃であったが、ドイツ人と付き合う中で、私は自分が日本にいるときとは全く違った社会にいることを日々感じていた。日本にいるときにはいつも他の人々から見下されているような感じを受けていたのだが、ドイツでは全くそのようなことはなかった。日本では何時でもどこでも誰かから評価され、試されているように感じていたのだが、ドイツではあるがままの私を受容れてもらっているように感じることが出来た。それは一つにはプロフェッサーという称号のせいもあるかもしれない。ドイツ人からプロフェッサーと呼ばれると最初は奇妙な感じを受けたが、やがて慣れてしまった。ドイツではプロフェッサーの地位ははっきりしており、過大にも過小にも評価されることはなく、誤解の余地はなかったからである。ドイツの大学の図書館ではそこで学ぶ人間に限定することなく、世界中の大学生とプロフェッサーが利用できるとはっきり定められていた。日本ではふだんは教授などという呼び方はせず、もっぱら先生と呼ばれていたが、先生という言葉ははっきりした定義も地位も示すものではなかった。

それだけではない。ドイツ語の Wissenschaft という言葉は日本語では学問と訳されているが、このふたつの言葉には大きな違いがある。ドイツ語でヴィッセンシャフトという時、それは世界の理性的秩序を示し、知の体系をも意味している。しかし日本語ではせいぜい正確な知識といった意味しかもっていない。理性という意味の Ratio は根拠という意味でもあり、この理性によって存在の究極的根拠を求めることがヴィッセンシャフトなのである。したがってプロフェッサーと呼ばれる者は世界のどこの人間であっても、ヴィッセンシャフトの担い手としてそれなりの敬意を払うべき存在として見なされるのである。

「世間」を対象化する

私が貧しく、日常生活にも事欠いていたために、日本で学問の場に身を置くことの劣等感を抱いていたのだろう。ある教授は家が貧しい者が学問をするなどということはとんでもないことだと公言していた。実際私は経済的な理由でゼミナールの年中行事に参加するのさえ難しい事が多かった。こうした自分自身の事情からも、私は日本の「世間」の存在に気がついていたのである。その経験を高村光太郎に当てはめてみた場合、そこにも「世間」が影を落としていることは明らかであった。私は「世間」を研究しなければ日本の事情はわからないと確信するようになっていった。そしてさらにヨーロッパでは何故個人が日本と違った発展を見たのかも明らかにしたいと思った。この二番目の問いはヨーロッパで調査、研究することができた。「贖罪規定書」を読み、告解のあり方の変化を学ぶことで、キリスト教の広がりが個人の成立に果した役割を知ることとなった。こうしてドイツにいる間に個人の成立についてはある程度の見通しをつけることが出来た。

しかし「世間」については日本に帰ってから手をつける以外にはなかった。帰国してからもどこから手をつけてよいのかが解らなかった。そのような中で差別の問題が解決の糸口をつけてくれた。『ハーメルンの笛吹き男』の研究の中ですでに私は差別の問題とかかわることになっていた。笛吹き男が何故差別されたのかを明らかにしなければならなかったからである。やがて刑吏が差別されていた状況もハンブルクの文書館で調べることが出来た。こうした研究の成果が日本で出版されてゆく中で、日本における被差別部落の差別の問題とかかわることが増えていった。同和教育などとの関連から、各地で講演を依頼されることも多くなった。当時私は「ヨーロッパ中世賤民成立論」を學生社の『中世史講座』に書き、ヨーロッパにおける賤民の成立について理論的見通しをつけようとしていた。日本の差別問題の研究の中では、かつてヨーロッパには賤民はいなかったという説がまかり通っていた時期があったらしく、私の著書『刑吏の社会史』によってそれが崩され、ヨーロッパの賤民に関心が生まれていたためもあった。

日本の差別にかかわりをもって以来「世間」の研究はひとつひとつ縄がほどけるように進んでいった。「世間」の構造についても徐々に見通しがついて来た。

まず日本の古代の文献から「世間」とかかわるものを見てゆくと、文学作品と仏教の経典に「世間」の原型を見つけることが出来る。その中でも『日本霊異記』には贈与・互酬の関係が明瞭に示されていて、興味深い。それは仏教を庶民に普及させるための説話集であるが、同じような目的でヨーロッパでつくられたキリスト教を普及させるための説話集『奇跡を巡る対話』と比較してみると、その違いが明瞭に浮かび上がってくる。『日本霊異記』の説話集には贈与・互酬の関係が明瞭に示されているが、『奇跡を巡る対話』にはその関係が全く見られない。贈与・互酬の関係の核にあるのはキリスト教以前の世界にあった呪術である。ヨーロッパではすでに見たように贖罪規定書において呪術は全面的に否定されていたから、贈与・互酬の関係はキリスト教の浸透とともに消滅していったが、日本では今日にいたるまで呪術を禁止するという動きは見られなかったから、贈与・互酬の関係は現在まで生き残っている。この場合の贈与・互酬の関係は人と人との間だけでなく、人とモノや動・植物との間でも結ばれており、人と天体との間でも存在している関係である。たとえば、上野公園の不忍池の側にはさまざまな供養碑がある。魚の供養や料理人の供養、時計の供養などが営まれているが、その種の供養も欧米には無い。このように見てくると、日本人は周囲の動物や植物と意識的に共生の世界に生きていたように思えてくる。このような事実を無視して、欧米の文化だけを取り入れてきたこれまでの私たちの生き方は正しかったのだろうかと反省を迫られるものがある。

このほかに共通の時間意識の問題がある。「世間」の中においては人々は共通の時間意識をもっている。その点で欧米の人々とは違っている。私たちがはじめての人と会ったとき、「今後ともよろしくお願いします」と挨拶することが多いが、このような挨拶は欧米にはない。この挨拶は「世間」の中で暮らしている者同士が又何時かどこかで会うことがあるから、そのときのためのお礼の先払いなのだが、欧米人は一人一人が自分の時間を生きているから、「世間」のような共通の時間を生きているわけではない。したがって欧米にはこのような挨拶はないのである。

金子光晴の「寂しさの歌」

ところで「世間」がこのような性格のものであるとしたら、明治以後西欧の個人の意識が伝えられる中で人々は戸惑ったであろう。欧米の個人は日本のそれまでの個人のあり方とは全く異なったものだったからである。ところが多くの人はその違いに気づくことなく、欧米の個人が日本にそのまま輸入できると思い込んでいた。今でもそのような人は多い。ところが中には欧米の個人と日本の個人が違うということに、はやくから気がついていた人がいた。そのような人は個人が違うだけでなく、「世間」がそもそも欧米には無いものだということにも気がついていた。金子光晴の「寂しさの歌」がその代表である。

国家はすべての冷酷な怪物のうち、もつとも冷酷なものとおもはれる。
それは冷たい顔で欺く。欺瞞は、その口から這ひ出る。
「我国家は民衆である」と。

ニーチエ・ツアラトウストラはかく語る。

一

どつからしみ出してくるんだ。この寂しさのやつは。
夕ぐれに咲き出たやうな、あの女の肌からか。
あのおもざしからか。うしろ影からか。

糸のやうにほそぼそしたこころからか。
そのこころをいざなふ
いかにもはかなげな風物からか。
月光。ほのかな障子明りからか。

ほね立つた畳を走る枯葉からか。

その寂しさは、僕らのせすぢに這ひこみ、
しつ気や、かびのやうにしらないまに、
心をくさらせ、膚にしみ出してくる。

金でうられ、金でかはれる女の寂しさだ。
がつがつしたそだちの
みなしごの寂しさだ。

それがみすぎだとおもつてるやつの、
おのれをもたない、形代《かたしろ》だけがゆれうごいてゐる寂しさだ。
もとより人は土器《かはらけ》だ、といふ。

十粒ばかりの洗米をのせた皿。
鼠よもぎのあひだに
捨てられた欠皿。

寂しさは、そのへんから立ちのぼる。
「無」にかへる生の傍らから、
うらばかりよむ習ひの
さぐりあふこころところから。

ふるぼけて黄ろくなつたものから、褪せゆくものから、
たとへば 気むづかしい姑めいた家憲から、
すこしづつ、すこしづつ、
寂しさは目に見えずひろがる。
襖や壁の
雨もりのやうに。
涙じみのやうに。

寂しさは、目をしばしばやらせる落葉焚くけぶり。
ひそひそと流れる水のながれ。
らくばくとしてゆく季節のうつりかはり、枝のさゆらぎ
石の言葉、老けゆく草の穂。すぎゆくすべてだ。

しらかれた萱菅の

丈なす群をおし倒して、
寂しさは旅立つ。
つめたい落日の
鰯雲。

寂しさは、今夜の宿をもとめて、
とぼとぼとあるく。

夜もすがら山鳴りをききつつ、
ひとり、肘を枕にして、
地酒の徳利をふる音に、ふと、
別れてきた子の泣声をきく。

二

寂しさに蔽はれたこの国土の、ふかい霧のなかから、
僕はうまれた。

山のいただき、峡間を消し、
湖のうへにとぶ霧が

五十年の僕のこしかたと、
ゆく末とをとざしてゐる。

あとから、あとから湧きあがり、閉す雲煙とともに、
この国では、
さびしさ丈けがいつも新鮮だ。

この寂しさのなかから人生のほろ甘さをしがみとり、
それをよりどころにして僕らは詩を書いたものだ。

この寂しさのはてに僕らがながめる。桔梗紫苑。
こぼれかかる露もろとも、しだれかかり、手をるがままな女たち。
あきらめのはてに咲く日蔭草。

口紅にのこるにがさ、粉黛のやつれ。――その寂しさの奥に僕はきく。
衰へはやい女の宿命のくらさから、きこえてくる常念仏を。
……鼻紙に包んだ一にぎりの黒髪。――その髪でつないだ太い毛づな。
この寂しさをふしづけた「吉原筏。」

この寂しさを象眼した百目砲《づつ》。

東も西も海で囲まれて、這ひ出すすきもないこの国の人たちは、自らをとぢこめ、
この国こそまづ朝日のさす国と、信じこんだ。

爪楊子をけづるやうに、細々と良心をとがらせて、
しなやかな仮名文字につづるもののあはれ。寂しさに千度洗はれて、
目もあざやかな歌枕。

象潟《きさかた》や鳰《にほ》の海。
羽箒でゐがいた
志賀のさざなみ。

鳥海、羽黒の
雲につき入る峯々、
錫杖のあとに湧出た奇瑞の湯。

遠山がすみ、山ざくら、蒔絵螺鈿の秋の虫づくし。

この国にみだれ咲く花の友禅もやう。
うつくしいものは惜しむひまなくうつりゆくと、詠歎をこめて、
いまになほ、自然の寂しさを、詩に小説に書きつづる人人。
ほんたうに君の言ふとほり、寂しさこそこの国土着の悲しい宿命で寂しさより他なにものこさない無一物。

だが、寂しさの後は貧困。水田から、うかばれない百姓ぐらしのながい伝統から
無知とあきらめと、卑屈から寂しさはひろがるのだ。

ああ、しかし、僕の寂しさは、
こんな国に僕がうまれあはせたことだ。
この国で育ち、友を作り、
朝は味噌汁にふきのたう、
夕食は、筍のさんせうあへの
はげた塗膳に坐ることだ。

そして、やがて老、祖先からうけたこの寂寥を、
子らにゆづり、
樒《しきみ》の葉のかげに、眠りにゆくこと。

そして僕が死んだあと、五年、十年、百年と、
永恒の末の末までも寂しさがつづき、
地のそこ、海のまはり、列島のはてからはてかけて、
十重に二十重に雲霧をこめ、
たちまち、しぐれ、たちまち、はれ、
うつろひやすいときのまの雲の岐れに、
いつもみづみづしい山や水の傷心をおもふとき、
僕は、茫然とする。僕の力はなえしぼむ。

僕はその寂しさを、決して、この国のふるめかしい風物のなかからひろひ出したのではない。
洋服をきて、巻たばこをふかし、西洋の思想を口にする人達のなかにもそつくり同じやうにながめるのだ。
よりあひの席でも喫茶店でも、友と話してゐるときでも断髪の小娘とをどりながらでも、
あの寂しさが人人のからだから湿気のやうに大きくしみだし、人人のうしろに影をひき、
さら、さら、さらさらと音を立て、あたりにひろがり、あたりにこめて、永恒から永恒へ、ながれはしるのをきいた。

三

かつてあの寂しさを軽蔑し、毛嫌ひしながらも僕は、わが身の一部としてひそかに執着してゐた。

潮来節を。うらぶれたながしの水調子を。

廓うらのそばあんどんと、しつぽくの湯気を。

立廻り、ゐなか役者の狂信徒に似た吊上つた眼つき。


万人が戻つてくる茶漬の味、風流。神信心。

どの家にもある糞壺のにほひをつけた人たちが、僕のまはりをゆきかうてゐる。

その人達にとつて、どうせ僕も一人なのだが。

僕の坐るむかうの椅子で、珈琲を前に、
僕のよんでる同じ夕刊をその人たちもよむ。
小学校では、おなじ字を教はつた。僕らは互ひに日本人だつたので、
日本人であるより幸はないと教へられた。
（それは結構なことだ。が、少々僕らは正直すぎる。）
僕らのうへには同じやうに、万世一系の天皇がゐます。

ああ、なにからなにまで、いやになるほどこまごまと、僕らは互ひに似てゐることか。
膚のいろから、眼つきから、人情から、潔癖から、
僕らの命がお互ひに僕らのものでない空無からも、なんと大きな寂しさがふきあげ、天までふきなびいてゐることか。

四

遂にこの寂しい精神のうぶすなたちが、戦争をもつてきたんだ。
君達のせゐぢやない。僕のせゐでは勿論ない。みんな寂しさがなせるわざなんだ。

寂しさが銃をかつがせ、寂しさの釣出しにあつて、旗のなびく方へ、
母や妻をふりすててまで出発したのだ。
かざり職人も、洗濯屋も、手代たちも、学生も、
風にそよぐ民くさになつて。

誰も彼も、区別はない。死ねばいいと教へられたのだ。
ちんぴらで、小心で、好人物な人人は、「天皇」の名で、目先まつくらになつて、腕白のやうによろこびさわいで出ていつた。

だが、銃後ではびくびくもので
あすの白羽の箭《や》を怖れ、
懐疑と不安をむりにおしのけ、
どうせ助からぬ、せめて今日一日を、
ふるまひ酒で酔つてすごさうとする。
エゴイズムと、愛情の浅さ。
黙々として忍び、乞食のやうに、
つながつて配給をまつ女たち。
日に日にかなしげになつてゆく人人の表情から
国をかたむけた民族の運命の
これほどさしせまつた、ふかい寂しさを僕はまだ、生れてからみたことはなかつたのだ。
しかし、もうどうでもいい。僕にとつて、そんな寂しさなんか、今は何でもない。

僕、僕がいま、ほんたうに寂しがつてゐる寂しさは、
この零落の方向とは反対に、
ひとりふみとどまつて、寂しさの根元をがつきとつきとめようとして、世界といつしよに歩いてゐるたつた一人の意欲も僕のまはりに感じられない、そのことだ。そのことだけなのだ。

（昭和二〇・五・五）

第二次大戦の敗戦直前に書かれたこの詩を私は「おっとせい」や「落下傘」とともに五十年もの間、繰り返し読んできた。大学生の時には敗戦直前の状況を思い出しながら、まだ子供だった私が知らなかったことをこの詩の中から読み取ろうとしていた。しかし今読むとこの詩は再び現在のことを語っているように思えるのである。戦時中の寂しさは誰がどこから見ても寂しさ以外の外見はなかった。それから長い年月を経た現在も寂しさは深まっているばかりである。銃をもってイラクに派遣されてゆく自衛隊の兵士達、君が代斉唱のときに立たなかった為に処分された百七十一人の教師達、首相の空疎な話し方。これらを讃えながら、文学や学問を論ずる学者や文学者たち。しかし今回は私たちをのせた氷山が崩れてゆくだけではすまないだろう。世界が崩壊する可能性すら見えているのである。

また、金子光晴は「鮫」のなかで、

「俺は、ハッと眼をつぶつて、奴らにぶつかつていつた。
奴らは壁だ。なにもうけつけない「世間」といふ要塞《バリケード》なのだ。
そして、海のうへは雨。
波のうへの小紋、淋しい散策《プロムナード》。」

と書いている。

金子光晴は日本の「世間」を寂しさの元凶と見た最初の詩人である。私はドイツで暮らした時もいつも金子光晴の詩を思い出していたが、ヨーロッパにおける個人の成立を研究のテーマとしてから、他方で「世間」を対象化しようとしていた。そのような時「金子光晴の会」に招待され、

「金子光晴とヨーロッパの個人の問題」(「こがね蟲」第五号)という題で話をした。そこで飯島耕一氏と知り合い、それ以来多くの著書を贈られてきた。それらを読んで私は、日本の現代詩がまさに私が求めようとしていたものを早くから捜していたことを知った。そののち「金子光晴と『世間』」という題で同じく「こがね蟲」第十号に書いている。ここでその論を繰り返すわけにはいかないが、参考にしていただければ幸いである。

ハインペルはどこかで「歴史家は詩人の後をとぼとぼと歩いてゆくものだ」と語っていたが、私はこの年になってようやくハインペルの言葉が理解できるようになった。

「日本世間学会」の発足

「世間」を研究テーマとしてから、機会があれば「世間」について書いてきた。そのためか差別の問題についての講演の依頼が増え、多い時には一週間に三度も関西、中国、九州方面へ出かけていった。なかには私が全くその名も知らない町の主婦達からの依頼もあり、差別や登校拒否児童の問題についても学ぶことがあった。京都府では「世間」を主題にした漫画まで作って差別問題に取り組んでいた。私はこのような講演を通じて自分の研究の成果を直接人々に伝えることが出来た。そして聴講者達から直接意見を聞くこともできた。この頃から私の学問は大学の学問というより市井の中の学問になりつつあった。このような関係のなかで私の「世間」論は進んでいった。

このようなある日、「日本世間学会の開催について」という文書が舞い込んだ。若手の刑法学者や社会学者、高校の教師や植木屋さんなどが集まって作った学会の案内であった。会場が近くの明治学院大学だったので当日私は出かけていった。秋田経法大学の瀬田川昌裕氏が私の『日本社会で生きるということ』の評をしていた。私は自分の書物が評されるのを始めて聞いた。こうして私もこの学会の一員となり、二〇〇四年ですでに会合も十回以上を重ねている。私が書いた「世間」に関する書物を読んだ方たちが作ったこの学会は今では四十人以上になり、それぞれが自分の体験した「世間」について語る場となっている。

私のこれまでの研究は以上述べたように、私の読者や聴講者達によって育てられたものということが出来る。西洋中世史の研究以来「世間」研究にいたるまで、私は多くの読者達によって支えられてきた。それらの方々に深い感謝の意を表したい。

あとがき

もう十年近く前になるが、新潮社の松家さんから自伝を書かないかという話があって考えてみた。当時の私はまだ自伝など書く歳ではないと思っていたのだが、すでに終わってしまった生涯ということではなく、途上にあるものとして書いてみてもよいのではないかと考え、いくつかの論点を絞って書くことにした。そのひとつが「世間」論である。私は長い間ドイツの中世史を研究していたのだが、ドイツでの生活の中で日本の「世間」のあり方に疑問をもち、その課題を研究対象にしようと思った。そのときの理由はいろいろ書いてきたが、いまだに充分には説明しきれていないとおもわれ、それを自分の歴史の中で明らかにしてみようと思ったことがひとつであった。

もうひとつの理由は私が一橋大学の学長になった時、二期六年間を通じて最大の問題が学長選考規則であった。敗戦直後に生まれ、かなり長い間正常に機能してきた一橋大学の学長選考規則がある時期から文部省の方針と合わなくなり、長い間文部省とせめぎあっていた。私が学長に就任したのはまさにその最終段階の時であった。戦後の混乱の中で生まれた民主化の夢がその後の反動化の流れの中で、立ち行かなくなっていたのである。国立大学の内情についてはほとんど知られていない。特に文部省との関係については全く暗闇の中にある。私はたまたま学長という職にあったため、その全局面に立ち会うことになった。私はすべての局面に立ち会い、みずから決定しなければならない立場にあった。私は歴史家としてその局面を書き残しておこうと考え、退任した後たまたま自伝の話があったので、その中で書いておこうとしたのである。しかし一橋大学学長選考規則の問題は戦後の国立大学史の中では特異な事件であり、一般の人々の関心を引くとは思われない。そのためにこの部分はおそらく人によっては読みにくいであろう。国立大学史の一環としてこの章を読んでいただければ幸いである。

「世間」論については最初は全くの手探りであった。日本にこれまで「世間」について書かれた論文がほとんどないことも解って驚かされた。私がこの問題についてはじめて著書を書いたのは一九九五年のことであった。当時この書には全く書評は現れず、唯一の書評はヨーロッパ研究者が書いたもので、私の「世間」論がヨーロッパの学者の文章を引用していないことをあげつらったものであった。しかしその間にも「世間」に関する一般の人々からの講演の依頼が引きもきらなかった。この問題は日本の被差別部落などの差別の問題と深く関わっていたからである。最近になっても学会などの態度はほとんど変わっていないが、大学や大学院などの入試問題に私の「世間」論から問題が出されることが多くなり、ある程度は認知されてきたのかもしれない。特に日本哲学会や東本願寺からこの問題との関連で講演を求められるようになり、ようやく多くの人々から意見を聞くことができるようになった。

七十歳の今日後どれ位生きていられるか解らないが、生きている限り、この問題について考えて行くつもりである。その間に私は病気をし、医者の中には仕事を辞めるように言う人もいたが、本書にあるように東京医科歯科大学の教授であった丸茂文昭氏は仕事をやめないように私を説得し、そのおかげで今日の私がある。この書を出すに当たり特に先生に感謝の意を捧げたい。

阿部謹也

二〇〇四年十一月二十日

本書は、季刊「考える人」（新潮社）二〇〇二年創刊号から二〇〇四年夏号まで全九回の連載に、加筆したものです。

阿部《あべ》謹也《きんや》自伝《じでん》

発　行……………2005年５月25日
２　刷……………2007年３月15日

著　者……………阿部《あべ》謹也《きんや》

発行者……………佐藤隆信
発行所……………株式会社新潮社
〒162-8711 東京都新宿区矢来町71
電話　編集部03-3266-5411
　　　読者係03-3266-5111
http://www.shinchosha.co.jp
印刷所……………大日本印刷株式会社
製本所……………大口製本印刷株式会社

乱丁・落丁本は、ご面倒ですが小社読者係宛お送り下さい。
送料小社負担にてお取替えいたします。
価格はカバーに表示してあります。

ISBN978-4-10-475901-9　C0023